全新彩色版

金敬梅 主编

中国文史大观

里行间画中国

中华歇后语故事

世界图书出版公司

目 录

中华歇后语故事

目录

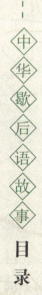

中华歇后语故事　目录

中华歇后语故事

目录

中华歇后语故事

目录

S篇 / 191

中华歇后语故事

目录

中华歇后语故事

目录

中华歇后语故事

目录

中华歇后语故事

目录

歇后语是汉语俗语中的一个特殊种类，又称为俏皮话。它是一种短小、风趣、形象的语句，产生并传播于民间，具有多样性、灵活性、口语化和性格化的特点。它以生动活泼、妙趣横生而为广大群众所喜闻乐见。

歇后语通常由两个部分构成：前一部分起"引子"的作用，后一部分起"后衬"的作用；前一部分是形象的比喻，像谜面，后一部分是解释、说明，像谜底。在特定的语言环境中，通常说出前一部分，"歇"去后一部分，就可以领会它的本意，因此称它为歇后语。

歇后语是唐人郑綮所创，起初它是唐诗的一种"歇后体"。据《旧唐书·郑綮列传》，郑綮喜欢写带"刺"的诗，人们称之为"郑五歇后体"。当时这些诗有很多是讽刺时弊的，后来，郑綮当了宰相，就变得寡言少语，不写什么带刺的歇后诗了，但歇后体却从此流传开来。唐宋以后，这种极具表现力的歇后语成了通俗文学作品中频繁使用的语言材料。至明清时，以描绘世情为旨趣的白话小说，更是纯熟地运用了这一语言形式。

《中华歇后语故事》一书以故事的形式讲述了歇后语的由来，具有趣味性；同时点出了歇后语要表达的思想内容，具有教育意义。

B 篇

八仙过海——各显神通

传说每年正月十五元宵节这天，观音菩萨会邀请各路神仙前来普陀仙岛赏灯游玩。上八洞神仙铁拐李、汉钟离、张果老、曹国舅、吕洞宾、何仙姑、韩湘子、蓝采和接到请帖后，一同欣然前往。

八仙一路游山玩水，非常尽兴，眼看就要到了，却被大海拦住了去路。他们正要腾云驾雾飞过大海时，吕洞宾提议说："我们平常难得一聚，今天大家在一起玩得这么开心，不如各自施展法术渡过大海，你们觉得怎样？"其他七位神仙听了纷纷表示赞同。

吕洞宾第一个施展法术，他将宝剑投入海中，只见宝剑变成了一块银色的木板，吕洞宾跳到上面疾驰而去；铁拐李也不甘落后，他摘下葫芦，口中念念有词，片刻间那葫芦变成了一艘船，铁拐李坐在上面用铁拐作桨划船前行；何仙姑则把花篮里的荷花变成一艘漂亮的小船，自己站在上面紧随吕洞宾和铁拐李；汉钟离则敲响了渔鼓，鱼儿们听到后纷纷聚集到他脚下形成了一座鱼桥，汉钟离笑眯眯地从鱼桥上过海；韩湘子将五色牡丹扔到海里，牡丹变成了凤凰，韩湘子骑着凤凰，吹着洞箫飘然过海；张果老把褡裢里的纸驴拿出来一抖，纸驴变成了真驴，张果老倒骑在上面绕海前行；曹国舅用避水犀宝带一挥，大海中间突然出现一条路来，曹国舅大步向前走去。

最后，剩下了蓝采和，他本想跟曹国舅一起走过去，可是曹国舅回头拦住他说："我们大家约好要各显神通的，你可不要偷懒啊！"蓝采和笑着解下腰间的一对白如意踩在脚下，只见如意变成一双有翅膀的鞋子，他穿着这双"鞋"很快追上了其他道友，还和着韩湘子的箫声唱歌。

八仙各自施展法术渡海，构成了一幅美妙的画面，"八仙过海——各显神通"的故事及歇后语也在民间流传开来。

○ 品画鉴宝　八仙图·清·苏长春

◎ 拓展阅读

阿斗的江山——白送 / 操场上捉迷藏——无处藏身 / 隔年的黄豆——不进油盐；油盐不进 / 纸扎的老虎——不用怕 / 揣着明白说糊涂——装傻

4

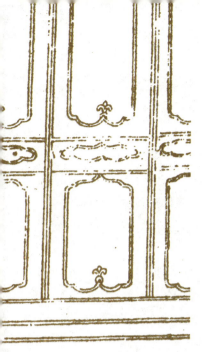

《白蛇传》中讲到了白娘子与许仙一见钟情的故事。

白娘子本是一条修炼千年的白蛇，她和一条青蛇一起住在深山里，虽然她们还没有得道成仙，但也能呼风唤雨、来去无踪。终年在山里修行，让她们觉得很寂寞，于是，这年清明时节，她们化身为漂亮的姑娘，以姐妹相称，来到西湖游玩。

四月的天气就像小孩子的脸一样变幻无常，当姐妹二人来到断桥时，本来阳光明媚的天突然下起雨来，她们又没带伞，只好赶紧找地方避雨。就在这时，迎面走来一位风度翩翩的公子，他手里拿着一把伞，尽管步履匆匆，却显得十分与众不同，这就是许仙，他刚扫完父母的墓，正往家赶。

白娘子看呆了，她暗想，原来世上还有如此英俊的男子！她就这样痴痴地看着这位少年，连自己快淋成落汤鸡都浑然不觉。站在一旁的小青看到白娘子这副样子，不禁抿着嘴笑了，她一把拉起白娘子的手跑到不远处的一棵树下避雨。

许仙看到两位姑娘没带伞，就上前说道："这树怎么能挡得住这么大的雨！两位姑娘如果不嫌弃的话，就用小生这把伞吧！"白娘子和小青连忙谦让，可许仙已经把伞递了过来，她们二人也就不再推辞。接着，许仙又问明二人住的地方，并到湖边叫了一艘船，要送她们回家。

白娘子看到许仙心地如此善良，爱慕之情油然而生；而许仙见二人特别是白娘子长得清丽脱俗，也不禁有些喜欢，但毕竟是初次见面，所以也只是在心里偷偷地喜欢。

后来经过小青的巧妙安排，白娘子和许仙终于结成了眷属。

◎ 拓展阅读

蜻蜓摇石柱——休想 / 蛤蟆吞西瓜——难下口 / 秤钩子钓鱼——捞不着 / 阿二吹笙——滥竽充数 / 锄头钩月亮——够不着

白娘子遇许仙——一见钟情

包公断案——铁面无私

包公是北宋时期庐州合肥（今安徽省合肥市）人，名拯，字希仁，曾任开封府知府，他不畏权贵、断案铁面无私的故事数不胜数，下面要讲的这则故事是其中比较典型的。

据说有一年开封发大水，许多村庄都被淹了，而用于排洪的惠民河却由于河道严重阻塞，无法很好地缓解洪水带来的压力。于是，包公派人调查河道阻塞的原因，结果发现河道阻塞是人为造成的，原来那些权贵们为了一己之私，利用河道修筑私人花园及亭台水榭，从而导致了河道的阻塞。

包公了解情况后二话不说，马上派人通知那些权贵从速拆除河道上的建筑，起初那些权贵还想仗着自己的权势抵制包公的命令，可是包公铁面无私，谁的账都不买，他们只好乖乖地把那些建筑拆了。

然而有个权贵却抵死不拆，包公差人去催，没想到那个权贵不但口出狂言，还拿出一份地契，硬说那些建在河道上的亭台水榭是他家祖传的基业。包公经过调查，查出地契是伪造的，于是勒令那个权贵即刻拆除花园，否则就向仁宗告发，那人一看形势对自己不利，只得乖乖地把建在河道上的建筑拆了，开封的洪水也因此逐渐得到了控制。

包公不仅对其他人铁面无私，对自己犯法的亲戚朋友也决不徇私。他的舅舅因为犯了法被抓到开封府，他也依法处置。有的亲戚想利用他做靠山，结果碰了一鼻子灰。时间一长，亲戚朋友也都了解了他的脾气，再也不敢为私事去找他求情了。

包公为官清廉，生活十分简朴，就是后来做了大官也没有丝毫改变，依旧很节俭。他临终时，没有给后代留下什么财产，却留下了这样的遗嘱："后世子孙做官一定要清廉，否则，终生不准进家门，死后也不能入包家坟地。"

包公深受老百姓的爱戴，人们尊称他为"包青天"。

◎ **拓展阅读**

厨子剥葱——扯皮 / 秤杆与秤砣——密不可分 / 阿二满街串——吊儿郎当 / 戈壁滩上的石头——明摆着 / 渴了打井——来不及了

比干宰相——无心

比干是《封神演义》中商纣王时的宰相，他为人正直，时常劝谏纣王要以国事为重，不要耽于逸乐。可是商纣王暴虐成性，又宠爱妲己，哪里听得进去比干的话。

这妲己本是个狐狸精，专以挑唆纣王陷害忠良为乐，由于比干多次劝说纣王疏远妲己，妲己怀恨在心，想伺机报复。

有一次，纣王又和往常一样同妲己等人饮酒作乐，突然，妲己惨叫一声倒在地上，口吐鲜血，不省人事。纣王一下子慌了，忙问怎么回事，这时纣王身边一个叫喜媚的宠姬说要治好妲己的病，只有一个办法，那就是找一颗玲珑心熬汤喝下去，要不然就无力回天了。纣王一听，忙问哪里能找到玲珑心，喜媚赶紧上前说道："大王不要着急，人人都说比干宰相有一颗七窍玲珑的心，大王借他的心给妲己治病岂不省事？"昏庸透顶的纣王听喜媚这么一说，也不管是真是假，连忙命人传比干。

原来，妲己和喜媚串通好要害死比干，所以就演了这么一出戏。在宫外的比干得到消息，知道自己此去必死无疑，于是穿戴整齐来到大殿上，他痛斥纣王昏庸无道，为妖孽所迷惑。纣王大怒，喝令左右武士挖出比干的心来，比干不等他们动手就自己剖开胸膛，取出心扔到地上后愤愤离去。奇怪的是，比干取出心后既没有马上死去，也没有流一滴血。

比干出宫后，立即去找姜子牙，因为在进宫前姜子牙给他喝了保护内脏的符水，可以保他不死，也不会流血。如果比干及时赶到姜子牙那里的话，还有办法活命，可是比干在路上看到一位大嫂在卖一种"无心菜"，出于好奇，他上前问道："你的菜没有菜心也能活，那么你说人要是无心还能活命吗？"大嫂听了，回答说："人若无心，必死无疑。"比干一听，口吐鲜血，当场就死了。

◎ 拓展阅读

厨房里的垃圾——鸡毛蒜皮 / 挨鞭子不挨棍子——吃软不吃硬 / 秤锤扔到大海里——直线下降 / 财神爷放账——无利可图

○ 品画鉴宝 灰陶鬲·商

俗话说的好："三百六十行，行行出状元。"铸剑能手有干将、莫邪，庖丁解牛也是大家耳熟能详的故事，我们这里要说的也是一位能人异士，他名叫伯乐，春秋时代人，擅长相马术。伯乐一生阅马无数，一眼就能看出哪匹马是好马，哪匹马是劣马。晚年时，他将自己相马的经验教训写下来，定名为《相马经》。他在书中详细介绍了相马的技巧，并结合图像列举了好马和劣马的特征。

伯乐有个儿子，他见父亲年事已高，就下定决心要学习相马术，以便将来子承父业，发扬广大相马术。于是他认真研读《相马经》，把其中的内容背得滚瓜烂熟，然后就辞别老父亲，带着《相马经》踌躇满志地出门去找千里马。

刚开始时，他对自己充满了信心，想到自己是伯乐的儿子，又有《相马经》在手，要找千里马肯定非常容易。一路上，他边走边玩，见到马就拿出《相马经》对号入座，一连相了好多马，也没有找到一匹千里马。

正当他感到沮丧时，凑巧看见一条小溪边的一只癞蛤蟆，他拿出《相马经》一对照，发现和书上所画的千里马的长相十分吻合，这个发现让他欣喜若狂，他小心翼翼地用布把癞蛤蟆包起来，兴冲冲地回家了。

回到家里，他兴冲冲地对伯乐说："爹爹，孩儿这次出门找到了一匹千里马，总算没有辜负您的期望！"他满心以为伯乐会夸奖他，没想到伯乐一看儿子所谓的"千里马"，半天没说话，末了，他很失望地对儿子说："你连马长什么样子都搞不清楚，还找什么千里马？书本只能用来参考，但不能代替实践啊！"

◎ **拓展阅读**

戈壁滩上的黄沙——无穷无尽 / 初一夜里出门——处处不明 / 乘飞机打伞——兜风 / 挨刀的鸭子——乱窜

C篇

蔡伯喈哭董卓——各有各的悲情

蔡伯喈，原名蔡邕，是东汉末年著名的文学家。

东汉末年政治腐败，宦官专政，皇帝有时不得不借助一些地方豪强来打击宦官，巩固皇权，董卓就是其中之一。可是后来，他擅自拥立陈留王刘协为帝，自任相国掌握实权。

董卓的行为激起了朝野内外的强烈反对，他为了安抚民心、巩固自己的权势采取了一些缓和矛盾的措施。

当时的士大夫阶层虽然不掌握实权，但无论是在朝廷还是民间都很有影响力。于是他极力笼络这些士大夫到朝中做官。蔡邕是当时有名的士大夫之一，也在被邀请之列，蔡邕刚开始不答应，他不想助纣为虐，便婉言谢绝了。可董卓不死心，派人要挟说，如果他不答应就要诛杀九族。迫于董卓的淫威，蔡邕只好答应了。

没过多久，朝中有个反对董卓的大臣王允用美人计，离间董卓和他义子吕布的关系，借吕布之手杀死了董卓，并把董卓的尸体拉到大街上示众。正当大家都在为除掉了董卓而感到高兴的时候，蔡邕一人抱着董卓的尸体大哭。王允听到报告后，很不高兴，他让手下把蔡邕抓来审问。"董卓这个逆贼，人人得而诛之，现在他被处死了，大家高兴还来不及，你为什么却要哭呢？"王允问道。

蔡邕连忙回答说："我虽然糊涂，但也不至于分不清是非黑白，除去了董卓确实是朝廷和我们老百姓的一大幸事。我哭并不是同情董卓，而是感到庆幸，是喜极而泣。我虽然曾在董卓手下做事，但实在是迫不得已，还望大人明察。如果大人能饶我不死，我一定呕心沥血，潜心著述汉朝历史。"王允听他说得有道理，也不再追究他哭董卓的事了。但想到蔡邕曾在董卓手下做过官，就以乱党的罪名将他关到牢里。

许多人都惋惜蔡邕的才华，纷纷为他求情，王允没有杀他，但没过多久蔡邕就病死在牢里。

◎ 拓展阅读

高速公路——通行无阻 / 初生的娃娃——小手小脚 / 城头上栽花——高中(种) / 挨了棒的狗——气急败坏 / 麻袋上绣花——底子太差

蔡桓公患病——讳疾忌医

扁鹊是战国时期的名医。有一次，他进宫拜见蔡桓公。在说话的时候，扁鹊发现桓公的脸色不好，于是他关切地问桓公："大王最近是不是感到有些不舒服啊？我看您的脸色不太好，恐怕是病了。不过，您不用担心，您这病现在只是在表面上，很容易治好的。蔡桓公听罢，脸色更难看了，他冷冷地对扁鹊说："我没病，身体好得很，多谢你关心。"

扁鹊离开后，蔡桓公还余怒未消，他对左右说："我看这个扁鹊只不过是徒有虚名罢了。我明明身体很健康，他却说我有病，我看他才是有病呢！是不是做医生的都喜欢这样，好让人夸奖他们医术高明啊？"

扁鹊惦记着桓公的病，隔了十天后又来探望。他见到桓公后，一看就知道桓公的病又严重了。他对桓公说："您的病恶化了，已经深入到肌肉里了，如果治疗及时还有救。"桓公觉得扁鹊是在危言耸听，并没把他的话放在心上。

等到又过了十天，扁鹊看到桓公后，忍不住惊呼道："大王，您已经病入肠胃，再不治疗恐怕性命不保啊！"桓公听到扁鹊竟然说自己会死，气得说不出话来，他的手下见状，便把扁鹊轰了出去。

十天后，桓公出宫，扁鹊看见了，大老远就跑开了。桓公感到奇怪，不明白扁鹊为什么要躲他。于是让手下把扁鹊找来问个究竟。扁鹊说："刚开始病在表面时，只用药热敷几次就好了；如果延误了治疗，病到肌肉里的话，也可以用针灸治疗；再恶化到肠胃里，就得服用汤药，再加以静养，最终也能治好；但如果病入骨髓之后，那就只有听天由命了。桓公的病已经深入到骨髓了，已经没有治愈的希望了。"

又过了五天，桓公感到浑身疼痛难当，于是急忙派人去找扁鹊。可是扁鹊知道桓公的病已无药可治，早就离开了，没过多久，桓公就一命呜呼了。

◎ 拓展阅读

王羲之看鹅——专心致志 / 高射炮打坦克——水平太低 / 城头上跑马——兜圈子；难转溜；转不过弯来 / 财迷转向——走路算财 / 初生的牛犊——不怕虎

曹操败走华容道——不出所料

公元前208年，曹操率领魏军在赤壁与蜀吴联军发生激战，诸葛亮用计火烧曹营，曹军远道而来，疲惫不堪，加之不熟悉水战，伤亡惨重。兵败后，曹操带领一些残兵败将突围出来，不想诸葛亮早已布下天罗地网捉拿曹操。

孙刘联军取胜后，诸葛亮来不及休息，回到帐中进行部署，他认为曹操生性多疑，这次兵败逃跑必定会走华容道，他让关羽去把守这个地方，又安排张飞、赵云埋伏在周围，以确保能万无一失地捉到曹操。张飞、赵云等将领一一领命而去。临行，诸葛亮吩咐关羽在华容道地势较高的地方生几堆火，以迷惑曹操。

曹操突围出来后，一路上受到蜀军和吴军的围追堵截，虽然每次都侥幸脱险，可是损失十分惨重，和他一起逃出来的兵士就只剩下几十人，也都狼狈不堪。这时，前去探路的士兵回来报告说前面有两条路，一条大路宽敞平坦，一条华容道泥泞难行，有几处地方还在冒烟。

曹操一听，冷笑一声说道"兵书上说'虚则实之，实则虚之'，这肯定是诸葛亮设下的圈套，我才不会上当呢！"于是他下令走华容道。

华容道十分狭窄，道路崎岖，非常难走，加上刚下过雨，路很滑，曹军走得极为吃力，但似乎没遇到追兵，他们平安无事地走过了最难走的一段路，每个人都松了一口气。可是就在曹操暗自得意之际，早就埋伏在此的关羽领兵冲上去，结果曹军死的死，跑的跑，曹操也被活捉了。可是关羽念及曹操对自己有恩，便把曹操给放了。

后人就用"曹操败走华容道——不出所料"这个歇后语来形容那些在意料之中的事。

◎ 拓展阅读

牛瘦骨不瘦——底子好 ／ 挨了刀的肥猪——不怕开水烫 ／ 初晴露太阳——重见天日；开云见日 ／ 高粱秆做磨棍——有劲使不上 ／ 城头上放风筝——出手高

　　诸葛亮是刘备的军师，他足智多谋。魏、蜀、吴三国之中蜀国的实力是最为弱的，但在诸葛亮的辅佐下，却也勉强能与其他两国抗衡。吴国的大将周瑜非常嫉妒诸葛亮的才能，总想找个机会羞辱他一番。

　　诸葛亮得到曹操要南下攻打吴国的消息后，来到吴国，动之以情，晓之以理，说服孙权和刘备结成联盟，共同对付曹操，孙权权衡利弊后同意了。周瑜却不以为然，他觉得吴国有长江天险，又有自己和鲁肃等人，没必要联合蜀国，但又碍于孙权的面子，不便说什么。于是他想了个计谋，想让诸葛亮知难而退。

　　周瑜派人请来诸葛亮，两人寒暄了一番后，周瑜话锋一转，对诸葛亮说："曹操领兵南下，免不了要跟他恶战一番，只是我们的箭恐怕不够，听说军师足智多谋，因此我想劳烦您找人尽快造十万支箭，不知军师意下如何？"周瑜以为这样肯定能难住诸葛亮，没想到诸葛亮很痛快地答应了，还说三天之内一定完成任务，否则任凭周瑜处置。周瑜本来只是想为难一下诸葛亮，见他答应得这么爽快，不知他葫芦里卖的什么药，也只好静观其变。

　　诸葛亮回去后找到鲁肃，跟他借了二十艘战船、六百名士兵，又找了些稻草、破布之类的东西，然后让士兵们连夜做了许多草人，并把草人都绑在船上，每条船由三十名士兵把守。一切准备停当后，时间已经到了第三天。诸葛亮派人把鲁肃请来和自己一起去拿箭。鲁肃心里虽然很纳闷，但他也很想看看诸葛亮到底如何造箭，于是就去了。

　　到了夜里四更，诸葛亮下令开船，此时江面上笼罩着浓雾，这种天气是很难行船的，更何况此时又是曹操攻吴的时候，万一被敌军发现，想撤退都困难。大家都捏着一把汗，提心吊胆地往前开。而诸葛亮则悠闲地坐在船舱里和鲁肃喝酒。

船行了大约一个时辰后，来到了离曹军驻扎处不远的地方，诸葛亮下令停船，并让士兵们敲锣打鼓，摇旗呐喊。曹操一看，以为是吴军来偷袭，连忙下令放箭，一时间，无数支箭如同雨点般射向吴军的船只，都插在了草人的身上，诸葛亮看草人差不多都插满了箭，于是下令掉转船头，这样，另外一边的草人身上也都插满了箭支。

　　这时候，天已破晓，浓雾正在慢慢地散去，于是诸葛亮下令撤退，只见船上的草人个个插满了箭，活像一只只刺猬。回到军营，诸葛亮让士兵把草人身上的箭都拔下来，不多不少，正好十万支。

○ 品画鉴宝　赤壁图·北宋·乔仲常

◎ 拓展阅读

高山上的青松——根子硬；四季常青 ／ 初八当重阳——不久（九）／ 挨了霜的狗尾巴草——蔫了 ／ 城墙上赶麻雀——白费功夫；白费劲；枉费工 ／ 猴子扳包谷——扳一个丢一个

陈世美犯法——包办

陈世美是宋朝仁宗时候荆州的一位书生，他家境贫寒，一家老小全靠妻子秦香莲织布卖布为生。陈世美寒窗苦读十年，进京赶考中了状元，又被公主看中要招为驸马，陈世美贪图富贵，隐瞒了自己有妻室儿女的事实，当上了驸马。

可怜秦香莲一人在家，既要孝敬公婆，又要照顾年幼的儿女，日子过得十分艰难。由于荆州连年干旱，加之陈世美离家多年音讯全无，于是一家人就到京城去找陈世美。由于路途遥远，上了年纪又体弱多病的老人经不起旅途的劳累，没过多久，便带着对儿子的牵挂离开了人世。秦香莲含泪埋葬了公婆，拖儿带女，历经千辛万苦终于来到了京城。

母子三人在京城一边乞讨，一边打听陈世美的消息，最后终于找到了他，母子三人以为找到了陈世美便有了依靠，都沉浸在久别重逢的欢乐中。可是她们怎么会想到陈世美已经离弃了她们母子，当起了驸马。陈世美对她们很冷淡，且拒不相认。

然而世上没有不透风的墙，这件事情被当时的丞相王延龄知道后，他很同情秦香莲母子，便让人好好招待他们，还找陈世美谈心，劝他接回秦香莲母子，然后将真相禀明皇上和公主，王丞相还保证为陈世美说好话。可是鬼迷心窍的陈世美哪里肯听，他竟然还派手下韩琪去杀秦香莲母子灭口，韩琪不忍心下手，母子三人才得以活命。

秦香莲没想到陈世美如此忘恩负义，于是就到处喊冤告状。有一天碰巧赶上包公从陈州回来，他知道事情的来龙去脉后，便设计叫来陈世美，让他和家人相认，没想到丧心病狂的陈世美不但不认妻子儿女，还竟然在公堂上拔剑刺向秦香莲母子，幸亏包公手下及时阻拦，秦香莲母子才免于被杀。

包公喝令手下将陈世美抓起来，陈世美仗着自己是驸马，气焰十分嚣张，嚷着要面见皇上，可包公不理他那一套，宁愿自己丢了乌纱帽也一定要将陈世美绳之以法。他将陈世美投入死牢，并写奏折禀明皇上。

铡美案

　　公主知道后，亲自到包公府上，前倨后恭，让他放了陈世美；皇后闻讯后也来找包公，甚至以死相威胁。可是任皇后和公主如何软磨硬泡，包公就是不改判。为了表明自己为民伸冤的决心，他摘下自己的官帽，脱去官袍，毅然决然地下令手下铡了陈世美。

◎ 拓展阅读

作家的皮包——里面大有文章 / 出土的陶俑——总算有了出头之日 / 矮子打狼——光喊不上 / 高个子走到屋檐下——不得不低头 / 城门楼上挂猪头——架子不小；好大的架子

程咬金是隋末唐初山东人氏，字知节。他长得身强力壮，性格鲁莽，因此常常闯祸。有一次失手将人打死，被捕入狱，后来在隋炀帝时获赦免。他出狱后便以贩卖私盐为生。

这时山东琅琊山上的一位绿林好汉尤俊达正在举行起义，他听说了程咬金的事情后，便设法找到他，让他入了伙。尤俊达问程咬金用什么兵器，程咬金回答说自己平日用板斧砍柴，所以会使几下斧头。于是尤俊达将一把八卦宣花斧送给程咬金，并教他斧法，可是程咬金生性愚钝，学得很慢。

晚上程咬金做了一个梦，他梦见一个白胡子老头教他斧法，教完后就不见了。程咬金惊醒后再也睡不着，便独自来到习武厅上练习那老头教他的斧法，虽然他已经记不得全部的招数，但结合白天尤俊达教的那些，练得也颇有几分声势。这时，尤俊达也被程咬金练武的声音吵醒了，他从门缝里一看，只见程咬金挥舞着斧子，与白天判若两人，招式也很不错，便失声叫道："好功夫！"程咬金谦虚了几句，并没有提起做梦的事情。

就这样，程咬金凭借着自己身强力壮和梦里学到的招数，跟着尤俊达劫龙衣，仅两斧头就打败了隋朝好汉之一的单雄信，从此，名声大振。后来又加入当时的农民起义军——瓦岗军，在李世民推翻隋朝建立唐朝的过程中立下了汗马功劳。

李世民设计杀了当时的另外一支起义领袖窦建德后，窦建德的手下商量着要报仇，其中南阳王朱登有勇有谋，武艺也很高强。朱登带人来到唐兵阵前叫阵，程咬金脾气暴躁，也不知朱登底细，以为也像他以前的手下败将一样，于是出阵交战。

刚开始时，朱登见程咬金长得如此威猛，斧头使得虎虎有声，确实也有些害怕，好在他比较沉着，他发现程咬金的斧子就前三下很有声势，可是从第四下开始力量就减弱了。他看准了这一点，就使出自己的武艺打得程咬金难以招架。

众人这才知道，程咬金的功夫，也不过三下而已。

◎ 拓展阅读

矮子放屁——低声下气 ／ 城门楼上乘凉——好出风头 ／ 月亮跟着太阳走——借光 ／ 高粱撒在麦子地——杂种 ／ 舍得麻油煎豆腐——下了大本钱

程咬金做皇帝——不耐烦

据《隋唐演义》记载：程咬金追随尤俊达后，他的三斧头工夫一时无人能敌，后来在攻打瓦岗军时，凭借着三斧头攻下瓦岗寨，拜了大旗，深受部众拥护，因而都拜他为"皇帝"。

一晃三年过去了，程咬金开始烦了。他毕竟是个江湖草莽出身，过惯了四处游荡、打打杀杀的生活，做皇帝让他觉得很不自由，简直是在受罪。忍耐了三年的他，终于忍无可忍，便在朝会时宣布不当皇帝了；还当着众人的面脱掉龙袍、摘下皇冠，说："在场众人有谁愿意做皇帝的话，主动站出来，我把皇位让给他。"

众人一看这架势，都有些不知所措，还以为程咬金对他们有什么不满，连忙跪下请求程咬金不要这样。可是看到程咬金再三推辞，样子很坚决，这才相信是真的。其中有个叫徐茂公的想起当初程咬金刚做皇帝时有张纸条上写着不会超过三年，看来今天果然应验了，知道这是天意，不可违抗，于是对大家说："诸位请听徐某一言，既然主公心意已决，我等也不可再勉强。在下心目中有一位合适的继任者，他就是魏国公李密，不知各位意下如何？"

大家听了，不禁哗然，李密因误杀越国公杨素，正被押往京城处斩，怎么能把他招来当皇帝呢？程咬金听了，不管三七二十一，带着几个手下骑马出了城，没过多久，就把李密给劫了回来。程咬金亲自把龙袍、皇冠给李密穿戴好，众人也都穿好朝服上朝拜贺，李密下旨改换年号，自立为西魏王，封程咬金为螭虎将军，还赐给他宅第和好多财物。就这样，程咬金把皇位让给李密，自己又过起了逍遥自在的日子。

◎ **拓展阅读**

城楼上亮相——高姿态 / 鱼口里的水——有进有出 / 高梁秆挑水——担当不起 / 高山顶上搭台子——高高在上 / 矮子观光——随声附和

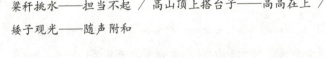

○ 品画鉴宝　拱手老人陶俑·隋

秦二世统治残暴，不堪压迫的百姓在一些领袖的带领下纷纷揭竿而起，最终把秦王朝推翻了。当初的农民军经过分化组合，形成项羽和刘邦两大势力，他们为了争夺最高统治者的位置，又发动了为期五年之久的战争，史称"楚汉战争"。

刚开始时，项羽处于优势。然而到公元前202年，形势却急转直下。刘邦率军把项羽围困在垓下（在今安徽省境内），项羽手下人心思归，士兵们无心作战，加之连日作战十分疲惫。到了夜晚，刘邦采纳张良的计策，让手下士兵唱起了楚地的歌谣，歌声传到项羽军中，士兵们听到是自己家乡的歌谣，纷纷放下武器倾听起来。项羽出来一听，听到四面八方都有歌声传来，此起彼伏，声势非常浩大。

项羽知道自己被刘邦包围了，这次是在劫难逃，又见士兵们为民谣打动，有的因为想家而哭泣，士气十分低落。于是无奈地回到帐中与虞姬借酒浇愁，而他的坐骑也在营帐外嘶鸣着。项羽十分难过，他对着虞姬慷慨悲歌："力拔山兮气盖世，时不利兮骓不逝。骓不逝兮可奈何，虞姬虞姬奈若何！"唱罢，便跌坐在椅子上，虞姬看到项羽如此，也唱了一曲表明自己要与项羽生死与共的决心，她唱道："汉兵已略地，四面楚歌声。大王意气尽，贱妾何聊生！"唱完就拔剑自刎了。项羽悲痛难当，带领八百多骑兵突围，途中迷路又折回，损失惨重。

最后来到乌江边时，仅剩二十八骑，而这时又有汉兵追来，项羽穷途末路之际，想到自己一败涂地，无颜回去面对江东父老，于是就在江边自刎而死。

◎ **拓展阅读**

出山的猛虎——凶相毕露；势不可当 / 矮子爬楼梯——巴不得；迫切盼望 / 城隍爷躲债——穷鬼 / 高粱地里打阳伞——难顶难撑 / 铁匠绣花——软硬功夫都有

楚河汉界——一清二楚

楚汉相争初期，项羽在各方面势力都比刘邦强大。有一次，项羽劫持了刘邦的父亲和妻子吕氏。刘邦非常担心，连忙招集张良等谋士商量营救父亲和妻子。张良分析说："项羽肯定要回来补充粮草，到时再想办法救出太公和吕后吧。"后来项羽果然带人回来了，于是刘邦派能说会道的侯公去项羽军中求见。

侯公见到项羽后，对项羽说："小的奉沛公之命拜见项王主要是为了两件事情：其一是恳请项王放了刘太公和吕后，那我们大家将永远感激您的大恩大德；其二是为了避免将来楚汉之间再发生类似的争端，最好是划分清楚两国的界限，互不侵犯，还请大王恩准。"

项羽听了，不屑一顾地说："刘邦一向诡计多端，这次派你来不知又要耍什么花样，我是不会上你们的当的。"

侯公连忙赔笑道："项王误会了，汉王只不过是挂念太公和吕后的安危，上次他来到彭城只是想带走家人，没有别的意思。后来得知项王扣留了太公和吕后，这才迫不得已与项王发生冲突，并不是有意冒犯。如今汉王派我来跟您求和，并恳请您开恩放了太公和吕后，您何不做个顺水人情放了他们，这样一来，不仅汉王一家感念您的恩德不再与您作对，更会让天下人看到项王您的宽宏大量、大仁大义，这可是得到民心的好事啊！"

侯公凭借着自己的三寸不烂之舌，谈古论今，把项羽吹捧了一番，项羽听了很是受用，于是答应释放刘邦的父亲和妻子，还让项伯和侯公议定两国的边界。经过一番讨价还价，两国商定以位于荥阳东南二十里外的鸿沟为界，鸿沟以东为楚界，以西归汉。

○ 品画鉴宝 四牛骑士贮贝器·西汉

◎ 拓展阅读

矮子里面拔将军——将就材料；短中取长 / 出门坐飞机——远走高飞 / 高粱秆做鞭杆——经不起摔打 / 城隍爷掉井里，土地爷扒头看——不敢劳（捞）驾；劳（捞）不起大驾 / 小和尚念经——有口无心

古时候，有个叫淳于尊的人，有一天，他和几个朋友一起喝酒聊天，不知不觉就喝得烂醉如泥，趴在酒桌上睡着了。朋友见他醉成这样，就把他送到家里休息，有两个跟他关系很好的还留在他家照看着他，这时的淳于尊躺在床上睡得特别的香。

淳于尊在睡梦中见到两个身穿紫衣的人来到跟前，作了一揖后对他说："我们是槐安国王派来的使节，特地来邀请你到我们国家一游。"淳于尊听了，糊里糊涂地跟着那两个人出了门。门外早就停了一辆华丽的车子，他们三人上车一同前往槐安国。一会儿工夫来到一棵大槐树下，那车子载着淳于尊和两位使节钻入树根部的一个大洞里。

下车后，淳于尊感到眼前一亮，心想原来这个树洞里别有洞天，只见阳光明媚，鸟语花香，仿佛置身于仙境一般。

淳于尊跟在使臣后面，一路欣赏着美景，没走多远便来到槐安国王宫内，淳于尊拜见了槐安国王，国王见到他十分高兴，赏赐给他许多金银财宝，还把最心爱的女儿瑶芳公主嫁给淳于尊。淳于尊受宠若惊，在槐安国做起了驸马，集荣华富贵于一身。后来应他的请求，槐安国王还派他去南柯郡当太守。淳于尊带着瑶芳公主来到南柯郡，在公主辅佐下把南柯郡治理得井井有条，深受百姓爱戴。

光阴似箭，一眨眼淳于尊来到槐安国已经三十年了。此时的他，可以说是春风得意，家庭美满，他和瑶芳公主养育了七个儿女，子孙满堂，其乐融融。

然而，不幸的是，不久瑶芳公主身患重病，不治而亡。淳于尊中年丧妻，悲痛不已。恰在此时，有檀萝国举兵攻打槐安国，国王派淳于尊领兵阻击，但被檀萝国打败了。槐安国王盛怒之下，罢免了淳于尊的官职，并把他关入牢中，后来又派人送他回家。

然后淳于尊就惊醒了，他睁眼一看，见自己躺在家里的床上，两位朋友坐在一边小声地说话，这才明白刚才只不过是做了个梦。他在梦里享受了各种荣华富贵，度过了大半生，醒来后发现自己依然住在草屋茅舍中，不禁有些怅然若失。

◎ 拓展阅读

出门戴口罩——嘴上一套 / 写字出了格——不在行 / 城隍菩萨拉二胡——鬼扯 / 蛤蟆戴帽子——充矮胖子 / 矮子婆娘——见识低

淳于尊享富贵　南柯一梦

D 篇

大观园里哭贾母——各有各的伤心处

《红楼梦》是清朝时期曹雪芹写的一部古典名著，以贾、史、王、薛四大家族的荣辱兴衰反映当时的社会现状，其中又以贾母为代表的贾家为主要线索。贾母一生经历了贾府由盛转衰的不同阶段，在家破人亡中悲凉地死去。她死后，贾府上下人人痛哭哀悼。所不同的是，哭灵的人各有悲情，有的人是真心为贾母的去世难过，有的人则是由贾母之死联想到自身的遭遇而哭，也有的人是因为触景生情想起故人而哭。

这真哭贾母的人就是鸳鸯，她是贾母的贴身丫鬟，服侍贾母日常的饮食起居，与贾母朝夕相对，和贾母的感情一点也不亚于宝玉等人。所以，当贾母去世后，鸳鸯哭得死去活来，还强忍悲痛求凤姐将丧事尽可能办得体面一些，哭着说如果丧事办得不好，自己就对不起贾母。凤姐虽然为难，但还是答应了。等到众人都散去准备丧事时，鸳鸯独自守着贾母越哭越伤心，最后悬梁自尽了。

而史湘云直到出殡那天才从婆家赶来，她自幼父母双亡，贾母把她接到贾府，对她十分疼爱，对待她跟宝玉等人没什么分别。长大后又给她选了一个情投意合的夫君，成亲后他们夫妻恩爱，日子过得很舒心，只可惜好景不长，结婚不久丈夫就得了痨病，如今躺在病榻上奄奄一息。史湘云一想到自己悲惨的身世还有眼下的痛苦，就忍不住悲从中来，放声大哭，让人听了心酸不已。

再说贾母一向视为心肝宝贝的宝玉，他见自己的妻子宝钗还有史湘云等众姐妹个个身着孝服，脸上脂粉不施，却显得比平时更有风韵，似乎一下子俏丽了许多。宝玉心想古人认为梅花是花中之魁，但跟自己眼前这些淡妆素裹的女子们相比，梅花又算得了什么呢？继而想到如果黛玉在场的话，肯定更是胜过众姐妹一筹。想到这里，忍不住一阵心酸，泪如雨下，众人见了，还以为他是感念贾母平日对他的疼爱才痛哭，纷纷过来安慰他，殊不知他是因思念黛玉而落泪。

◎ 拓展阅读

矮子骑大马——上下两难；上下为难 / 鸽子光拣高门楼飞——忘本 / 城隍菩萨的马——不见起（骑） / 抽烟烧枕头——怨不着别人 / 剃头的割耳朵——外行

西汉末年，外戚王莽篡权夺位，建立了大新政权，他任命岑彭为当时棘阳县（在今河南省境内）县令。没过多久，王莽政权被推翻，棘阳县城也被农民起义军攻陷，岑彭只好投降了刘玄。后来刘秀的势力逐渐强大，受到许多人的拥戴，岑彭于是又投靠了刘秀，跟随刘秀南征北战，屡立战功，在刘秀建立东汉政权后被封为归德侯。

后来刘秀吞并了其他的势力，并以刘汉正统代表自居，建立了东汉王朝，这就是汉光武帝。刘秀虽然镇压了许多敌对势力，可是仍有一些地方割据势力不肯归顺，其中有两个较为强大的反对光武帝的地方势力：一个是割据巴蜀（今四川地区）的公孙述，一个是称霸陇西（今甘肃省境内）的隗嚣。

公元32年，身为大将军的岑彭随光武帝亲征陇西的隗嚣，将隗嚣围困在陇西城内。隗嚣派人带着厚礼到巴蜀向公孙述求援，于是公孙述就派了大将军李育带领一队人马前去支援隗嚣，结果还没到陇西，就被岑彭率领的汉军包围在上邽（在今甘肃省境内）。光武帝见一时攻破不了城池，就留了一封诏书给岑彭，自己先回京城洛阳去了。

岑彭接到诏书一看，见上面写着："如果攻占了陇西和上邽两城的话，不必马上返回京城，在当地短暂休整后就率军南下去攻打巴蜀地区的公孙述。你知道人总是不知足的，我也一样，既然已经得到陇地，那为什么不趁势收复巴蜀，早日结束割据的局面呢？"

后来人们根据这个故事得出了"得陇望蜀——贪心不足"这则歇后语，比喻得寸进尺，贪得无厌。

◎ 品画鉴宝　羽人器座·西汉

◎ **拓展阅读**

城隍奶奶接生——出了鬼胎 ／ 丑八怪搽胭脂——自以为美 ／ 堵了水道沟——不通 ／ 矮子坐高凳——够不着；上下够不着；上下为难 ／ 芝麻落进针眼里——巧极了

得陇望蜀——贪心不足

东施效颦——愚蠢可笑

○ 品画鉴宝　兰花灵芝扇面·明·马守真

《诗经》中记载说，东施是当时有名的丑女，人们见了她都躲着走，而和她住在同一个村子里的西施却貌美如花，一颦一笑都让人倾倒不已。

有一天，西施心口疼，她用手捂着胸口恰巧从东施家门口经过。东施看到西施皱着眉头的样子很好看，她心想自己要是这么做肯定也会很好看，于是她就模仿西施的样子捂着胸口、皱起眉头在村子里走来走去，一边走一边还大声呻吟，装出很痛苦的样子。

村里人看到西施皱眉，觉得比平时更好看了，于是大家纷纷上前嘘寒问暖，并没有注意到东施。等到有人看见东施时，几乎都没认出来是她，还被她那个样子吓了一大跳，有几个小孩都被吓哭了，连狗都"汪汪"地叫了起来，人们赶紧关上大门，惟恐避之不及。

东施看到事情并不像自己预期的那样，感到很失望，回到家里好多天都闭门不出。她怎么也想不明白，自己模仿西施的样子模仿得那么好，可是为什么人们的反应却是那么的不同。而村里人觉得东施模仿西施的样子十分愚蠢可笑，他们把东施效颦的事情当笑话讲给亲戚朋友们听，所以这个故事在很多地方流传开来，还被收入《诗经》，一直流传到今天。

◎ **拓展阅读**

臭虫咬胖子——揩油；沾油水 ／ 阎王检阅——净是鬼 ／ 蛤蟆爬上樱桃树——想吃高味 ／ 庵堂里的木鱼——任人敲打

《三国演义》中记载说：关云长大意失荆州，孙权手下把他们父子都杀死了。就在东吴上下沉浸在胜利的喜悦中时，惟独一名叫张昭的谋士很担忧，他找到孙权，忧心忡忡地说道："我们恐怕高兴得太早了，虽然荆州已经收了回来，可是我们杀了关云长父子，您也知道刘、关、张是同甘苦、共患难的结义兄弟，刘备有诸葛亮为他出谋划策，又有一批大将，万一举兵来为关云长报仇的话，我们该怎么办呢？"

孙权杀关公时并没有考虑那么多，如今听张昭这么一说，才觉得自己杀关公是件很不明智的事情。但事到如今后悔也没用，于是他赶紧向张昭请教应对之计。

张昭胸有成竹地说道："当今之计只有嫁祸于曹操，才能保证我们的安全。"他进一步分析道，"刘备手下虽然人才济济，但他的实力并不强大，不过，万一他与曹操联合起来，那我们东吴就有亡国之忧了。依我之见，我们不如把关公的人头送给曹操，反正他也有杀关公之心，这样一来，就可以让刘备以为是曹操杀了关公，那我们的危险就解除了。如果刘备报仇心切，敢斗胆与曹操抗衡的话，我们就可以趁机浑水摸鱼，图谋蜀地了。"孙权一听，立即转忧为喜，并派人快马加鞭将关公的人头送往曹魏。

曹操老奸巨猾，他一眼就看穿了东吴的居心，他才不会那么轻易地上当呢！于是他想了一个两全其美的办法，既可以避免和刘备交恶，又可以报复孙权。然后立即着手部署。他让人搭建了一座很不错的灵堂，将关公的头供在里面让大家祭奠，一面派人给关公刻了个木身子，三天后隆重下葬，满朝文武都披麻戴孝，其排场不亚于王侯的葬礼。

刘备听到曹操厚葬关公的消息后，对曹操的敌意少了几分，然而对东吴的仇恨却更深了。可笑东吴嫁祸不成，反而搬起石头砸了自己的脚，不仅和刘备结了仇，还得罪了曹操这个劲敌。

◎ 拓展阅读

樵夫买柴——不务正业 ／ 臭豆腐下油锅——有点香 ／ 城隍庙里挂弓箭——色（射）鬼 ／ 一个教师一路拳——各有各的打法 ／ 鹌鹑要吃树上果——够不着；尽想好事；想得倒美

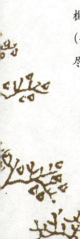

东吴招亲——弄假成真

赤壁之战中，刘备采用诸葛亮的计策从孙权那里将荆州"借"了过来，可是战争结束很久，刘备却迟迟没有归还的意思，孙权虽然很着急，但也无可奈何。

正巧这时传来刘备夫人去世的消息，于是大将军周瑜便提议孙权假装跟刘备提亲，将妹妹孙尚香许配给刘备，然后趁刘备来迎亲的时候抓住他，逼他归还荆州，必要的话就把刘备杀了。

刘备收到信函后不明白孙权葫芦里卖的什么药，就找来诸葛亮商议应对之策。诸葛亮一看来信就识破了东吴的计谋，刘备没想到孙权原来是想用美人计引诱自己上当，他很生气，决定不理睬孙权。但诸葛亮却不这么认为，他俯在刘备耳边如此这般地交代了一番，刘备听了，转怒为喜，当即决定择日起程前往东吴。

临行前，诸葛亮对负责护送刘备的大将军赵子龙交代了一些事情，于是刘备就在赵子龙和五百名士兵的保护下，浩浩荡荡地乘船南下。走了几天他们一行人来到东吴境内，在东吴的南徐下船后，他们依照诸葛亮的计策到处采购结婚要用的东西，逢人就说孙刘联姻的事情，只一天时间，这里的人都知道孙权要把妹妹嫁给刘备。

刘备还去拜访了周瑜的岳父乔国老，乔国老见到刘备后非常高兴，他认为孙刘联盟是一件好事。

乔国老送走刘备后，就连忙去给孙权的母亲道喜，孙老夫人本来还不知道有这么回事，她不听则已，一听之下气不打一处来。她派人把孙权叫到跟前痛骂了一顿，骂孙权眼里没有母亲，自作主张把妹妹许配给刘备。孙权见母亲生气，赶紧一边赔不是，一边把周瑜的计策说给母亲。孙老夫人听说还要杀了刘备，更是气得不得了，破口大骂周瑜存心不良，要让孙尚香守寡。孙权本想劝母亲息怒，结果事与愿违，一时有些不知所措，孙老夫人见孙权为难，就不再责备他，而是让孙权安排她和刘备见面。

第二天，孙老夫人在甘露寺见到了刘备，她以前只是听说过刘备，今天还是头一次与刘备相见。她见刘备气宇轩昂、谈吐不俗，觉得招他做女婿也不委屈自己的女儿，于是就同意了这门亲事。

过了几天刘备就和孙尚香成了亲，为了保护刘备，孙老夫人让他们夫妇住在自己的府上，使周瑜没有机会加害于刘备。就这样，刘备不仅顺利地娶了孙权的妹妹，而且毫发无伤。孙权见事情弄假成真，尽管心里十分郁闷，却也无计可施。

◎ 拓展阅读

立秋的石榴——点子多 / 臭水坑里的核桃——不是好人（仁） / 城隍庙里的猪头——有主的 / 岸上看人溺水——见死不救 / 割下鼻子换面吃——不要脸

鎦皇救淜房續佳偶

林屋山民

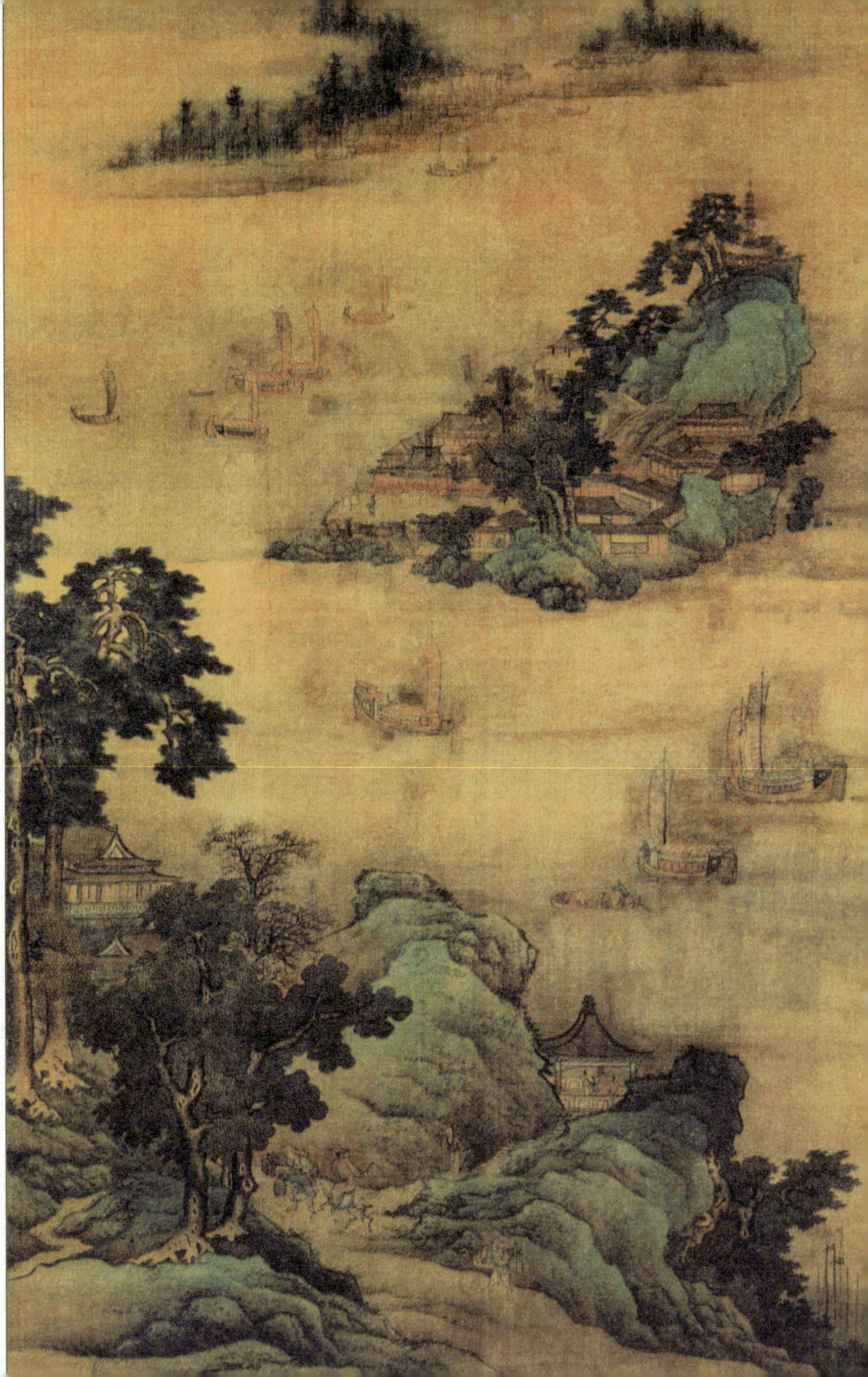

青绿山水图·清·章声

窦尔敦是清朝初年活跃在山东一带的一名绿林好汉，他的事迹很多，盗马是其中最富传奇色彩也是流传最广的。

当时有个叫黄三太的镖师与官府勾结，残酷压榨老百姓，还到处镇压绿林豪杰，窦尔敦十分看不惯他，一心想为民除害，于是就约黄三太在李家店比武，结果黄三太在比武的过程中用暗器伤了窦尔敦，幸亏伤得不重，他才得以侥幸逃脱。窦尔敦没想到黄三太如此卑鄙无耻，竟然用这种下九流的手段暗算自己。为了躲避朝廷和黄三太的追捕，窦尔敦跑到山里养伤，伤愈后索性组建起一支队伍占山为王，公开与朝廷作对。

有一次，窦尔敦得到情报说皇帝要到围场打猎，当朝太尉、皇帝跟前的红人梁九公和黄三太负责护卫，窦尔敦决定给他们一点颜色看看，于是他精心挑选了几十名好汉连夜赶到围场隐蔽起来。而黄三太好不容易得到了一个接近皇帝的机会，能不好好表现表现吗？所以他行事特别小心，每天在皇帝出去打猎前后都要亲自到各处查看，一连几天风平浪静，他就有些松懈了，每天的检查也只是例行公事罢了。窦尔敦等人就在夜里悄悄潜入，盗走了皇帝的御马，临走前还在马厩里留下了一张字条，上面写着"欲知盗马者何人，问黄三太便知"。

第二天，围场里乱了套，皇帝知道御马被盗后勃然大怒，他命手下将黄三太绑起来审问，黄三太做梦也没想到自己会无端被人陷害，现在有这个字条，一时又查不出是什么人干的，所以黄三太被革职查办，不久病死在牢里。

黄三太的儿子黄天霸也是誓死效忠朝廷的，当时跟随施琅经略海防，因御马被盗之事也受到牵连，皇上下旨让他回京追回御马，否则就满门抄斩。后来御马总算被追回，但黄天霸没有再受到重用，黄家也因此破落。而窦尔敦盗马的故事世代流传，还被编为京剧在舞台上演出。

○ 品画鉴宝　骏马图·清·郎世宁

◎ 拓展阅读

顺风吹火——用力不多 ／ 按别人的脚码买鞋——生搬硬套 ／ 一根筷子吃藕——专挑眼 ／ 草鞋无样——边打边像 ／ 城隍庙里打官司——死对头

窦尔敦盗马——嫁祸于人

F 篇

范进中举——喜疯了

科举是我国古代选拔官吏的重要途径，科举考试与知识分子的命运是密切相关的，然而每次考试中举的毕竟是少数人，有些人由于各种原因参加多次考试都没有考中过。

范进就是这样的一个失败者，他从二十岁起先后参加科举考试数十次，直到四十岁都没有考中。后来有一次，一位主考官知道他的情况后，觉得范进屡败屡试，其情可嘉，于是就将他取为秀才，范进再接再厉，居然又考中了举人。起先范进并不知道自己考中了，那天由于家里都揭不开锅了，所以一大早，他就抱着一只老母鸡到集市上卖，好换点粮食。而那天正好是发榜的日子，官府派人到范进家报喜，他的家人知道后很高兴，他母亲央求一位邻居到集市上叫他回来，刚开始范进还不相信，觉得邻居是在戏弄自己，所以他仍旧蹲在集市上等买主。邻居急了，一把夺过老母鸡拉着范进回家。见到了官府的报喜官，范进这才相信自己真的考中了。他高兴得手舞足蹈，嘴里还喃喃地说："中了！中了！"接着就晕了过去，倒在地上牙关紧闭，不省人事。可怜他的老母亲都被吓坏了，邻居赶紧往范进嘴里滴了几滴水，范进才醒了过来。没想到范进醒来后，一骨碌爬起来跑出了家门，在场的人都大吃一惊，不知道他要干什么。由于前两天下雨，地面很湿，没走多远，范进就跌倒了，弄得浑身是泥，众人刚上前把他扶了起来，他又挣脱众人，跑到集市上去了，像个小孩子一样又唱又跳，众人这才知道范进是高兴过度，乐疯了。有人提议让范进的岳父胡屠夫把范进拉回来，因为范进平时很怕胡屠夫，没准能吓醒。

胡屠夫往常很看不起这个女婿，觉得范进整日不务正业、游手好闲，如今又在众人面前丢人现眼，他就气不打一处来。众人跟在胡屠夫后面来到集市上，只见范进像个泥人似的站在那里，鞋也掉了一只，嘴里还念念有词地说："中了！中了！"胡屠夫看见范进这副模样，更是气得不得了，他上去狠狠地打了范进一巴掌，把范进打倒在地，众人上前又是捶背，又是喂水，好半天范进才醒过来，恢复了正常。

◎ 拓展阅读

白纸上坟——糊弄鬼 / 厨师打鸡蛋——各个击破 / 大衣柜没把手——抠门 / 公鸡戴眼镜——官（冠）不大，架子倒不小 / 买麻花不吃——要的是这股劲

到溉是五代十国时期后梁的大学问家，他的孙子到荩天资聪颖，又有爷爷教导，所以小小年纪就能吟诗做对，是当时有名的神童。有一次，梁武帝巡视时，让到溉带着到荩同行。

梁武帝巡视完京口的军事布防情况后，命到溉等人随同上了北固楼。君臣一行登临高处，心旷神怡，不禁诗兴大发，梁武帝让众人以眼前的景色为题，各自赋诗一首。

不一会儿工夫，都已作好拿给梁武帝看，武帝看后觉得都不错，其中尤以到荩作的诗最为突出。他当着众人的面把到荩夸奖了一番，还赏赐了东西，随同的其他人也夸到荩有出息，到溉也受到武帝的表扬，说他教导有方，到溉听了，心里感到无比的光荣。

接着梁武帝话锋一转，半开玩笑地问到溉说："你平时拿出来的诗词是不是你的孙子替你写的？想不到他年纪这么小就有这么大的才华，将来长大了一定是我们大梁的栋梁之材啊！"到溉一时不明白梁武帝的意思，以为是在责备他，连忙跪下辩解说："微臣平日的拙作都是自己所写，并非由孙儿代笔，请皇上明察！"梁武帝一看这架势，知道到溉误会了自己的意思，于是命到溉起身，然后作了一首"连珠（一种诗体）"让到溉看。

到溉接过来一看，上面龙飞凤舞写着这样几句："研磨墨以誊文，笔飞毫以书信。如飞蛾之扑火，岂焚身之可吝。必耄年其已及，可假之于少荩。"

原来梁武帝的意思是说，人们决定了做某件事就要无怨无悔地把它做下去，就好比飞蛾扑火，明知道会被烧死，还是要那么做。如今你虽然还没有到才思枯竭的地步，但已经老了，倒不如一心一意地教导孙子，将他培养成才。眼下有些书写的事情也可以让孙子来代劳，让他多一些锻炼的机会。

◎ **拓展阅读**

抱木炭亲嘴——碰一鼻子灰 / 大炮安刺刀——远近都行 / 对镜子作揖——自己恭维自己 / 飞机上生孩子——高产 / 木鱼改梆子——还是挨打的货

飞蛾扑火——无怨无悔

○ 品画鉴宝　银首人俑灯·战国

39

苻坚逃到八公山——草木皆兵

东晋时，北方氐族建立了秦国，到其首领苻坚时，逐渐强大起来。苻坚为人刚愎自用，骄横跋扈。他屡次率军进犯东晋，先后占领了东晋的梁、益二州（今陕西、四川大部），强征当地壮丁入伍，引起极大民愤。后来他不顾弟弟苻融以及绝大多数大臣的反对，自认为前秦强兵百万，投鞭断流，加上一些别有用心的贵族怂恿，苻坚于公元383年，下令大举侵犯偏安江南的东晋。

东晋政权内部经过激烈的争论后，以宰相谢安为首的主战派占了上风。谢安沉着冷静，指挥有方，他首先派桓冲控制长江中游，封谢石为征讨大都督、谢玄为前锋都督率八万兵马在淮水抗击敌人，还让各处加紧防御。

前秦先头部队在苻融的率领卜渡过淮水，进驻洛涧（淮水支流，在今安徽省境内），谢玄军队向西推进到洛涧以东。这时前秦主力已经抵达项城（在今河南省境内），苻坚带领八千轻骑南下，亲自坐镇指挥。

苻坚派他在襄阳俘获的朱序去诱降谢石，没想到朱序来到晋营后，却把自己所知道的苻坚兵力部署情况和作战策略都告诉了谢石，还建议谢石趁前秦军队军心不稳，主力还未赶到时发动攻击，击败秦军，并答应做内应。商量好后，朱序就回去了。

第二天，晋军发动攻击，晋军上下一心，同仇敌忾，秦军哪里抵挡得住，没过多久，就阵脚大乱，节节败退。秦军军心涣散，争相逃命，好多人被踩死，还有的人在渡河时被淹死，伤亡惨重。苻坚在几名亲兵的保护下好不容易逃出重围，跑到附近的八公山上，到了夜里，只觉得草木皆兵，吓得一夜都没敢睡。

后来东晋和前秦在淝水（在今安徽省境内）开战，东晋以少胜多战胜前秦，苻坚在混乱中受伤，后来被姚苌所杀，前秦政权也随之瓦解。

◎ 拓展阅读

按倒牛头喝水——办不到 / 出洞的狐狸——贼头贼脑 / 蛤蟆荡秋千——摆不起来 / 城隍老爷剃脑壳——鬼头鬼脑

○ 品画鉴宝 东山携伎图·明·郭诩 画中谢安须飘洒、神色自若，由歌伎们围绕簇拥，缓步前行。他的身躯占据中央位置，比例较身旁的女子更显突出，衬托出主人公气宇轩昂的姿态。

G 篇

高俅当太尉——一步登天

宋哲宗年间，东京汴梁城内有个姓高的年轻人，他祖上也曾在朝为官，显赫一时，不过到他这一代不知什么原因家道衰落了，日子过得很艰难。他在弟兄中排行第二，人们就叫他"高二"。这高二平时游手好闲，整日和一帮地痞流氓混在一起打打杀杀，家人和街坊朋友都看不起他。他有个爱好，就是踢蹴鞠（类似今天的足球运动），而且踢得非常好，所以人们又叫他"高俅"。

后来高俅受人雇佣到汴梁城外做事，结果犯了法被关进牢里，定罪后流放到其他地方服刑，这一去就是三年。到第四年的时候，恰逢宋哲宗几年一度的大赦，高俅也在被赦免之列。他高高兴兴地回到汴梁，找到以前的几个主顾想谋个差事，可是这些人都嫌高俅爱惹是生非，又坐过牢，所以都不愿意雇佣他。最后有人推荐他到王晋卿那里，王晋卿是宋哲宗的妹夫，很有权势，他收留了高俅，还让他做了自己的近侍。

王晋卿听说哲宗将来很有可能传位于端王（即后来的宋徽宗），于是极力巴结端王，他派高俅去给端王敬献两件非常珍贵的玉器。高俅带着这两件宝物来到端王府中，正赶上端王和一些随从在踢蹴球，他们踢得十分投入，并没有注意到场边的高俅，高俅虽然也很想踢，可是又不敢放肆，只好眼巴巴地看他们踢。

就在这时，蹴球被踢到端王这边，端王还没反应过来，眼看就要接不住了，高俅再也顾不得那么多，一个箭步冲入场内将球接住并传给了端王。端王见场上突然冒出来一个陌生人，便问他是什么人，高俅如实禀报后，端王并没有看那两件玉器，倒是对高俅的球技很感兴趣，让他也下场踢，高俅上场后，着实表现了一番。

几天后，端王就亲自到王晋卿府中把高俅要了过来，从此，高俅几乎天天陪着端王踢蹴球。两个月后，哲宗得病不治而亡，哲宗并无子嗣可以继承王位，于是端王便顺理成章地做了皇帝。半年后，徽宗封高俅为太尉，与当年落魄的时候比，真可谓是一步登天。

◎ 拓展阅读

哑巴吃黄连——有苦难言 / 胳膊肘里灌醋——酸溜溜的 / 城隍老爷娶妻——抬轿的是鬼，坐轿的也是鬼 / 百尺竿头挂剪刀——高才（裁） / 铁杵磨成绣花针——功到自然成

公子重耳是晋献公的儿子，晋献公年老的时候，宠爱妃子骊姬，想把骊姬生的小儿子奚齐立为太子，于是把原来的太子申生杀了。太子一死，献公另外两个儿子重耳和夷吾都感到危险，就逃到别的诸侯国去避难。

晋献公死后，晋国发生了内乱，后来夷吾在秦穆公的帮助下回国夺取了君位，他也想除掉重耳，重耳不得不再次逃难。秦穆公本来打算通过立夷吾为晋国国君来为秦国谋利益，没想到夷吾做了晋国国君以后，不但不听秦穆公的话，反倒跟秦国作对，还发动战争。夷吾一死，他的儿子又同秦国不和，秦穆公才决定帮助重耳回国。

他领兵找到重耳后，把自己的决定告诉重耳，重耳和他的随从们都很高兴。归心似箭的重耳恨不得马上回到晋国，他们在秦穆公的护送下来到黄河边准备渡河。

重耳第一个上了船，其他人也争先恐后地跟在后面，其中有个负责行李的人把一些吃剩的饭菜还有旧衣服、旧鞋也拿上了船，重耳看见后，有些不高兴，他就对那个人说："你也真是的，现在跟以前不一样了，我这次回去就要成为一国之君了，要什么有什么，你还把这些东西搬到船上干什么，还不赶紧扔掉！"其他人也随声附和着，连忙把东西都扔到了岸上。

重耳的随从中有个叫狐偃的，是个有勇有谋的人，跟随重耳在外逃难多年，吃尽了各种苦头，此刻看见重耳和其他人还没回国就如此得意忘形，他心里很不是滋味。

于是狐偃来到重耳面前说道："恭喜公子要回去做国君了，到时晋国自会有大臣辅佐，如今又有秦国帮忙，我也没什么可担心的了，公子回去后好自为之，我在这边会祈求上苍保佑您的。"说完后，把秦穆公送给自己的一块白玉交到重耳手里说是做个纪念。

重耳感到很吃惊，他不知道狐偃怎么突然改变了主意，他忙问道："你陪我逃难这么多年，无论多么凶险的情况都没离开过我，如今就要回国了，我想让你们跟我回去好好享几年福，也好报答你们这些年陪我吃苦的恩情，怎么好端端地说不回去了呢？"

狐偃回答说："不是我不怀念自己的国家，也不是不愿意享福，而是考虑到自己现在就像那些剩菜和旧衣服一样，回去也没什么用处，倒不如留在这里好些。"重耳一听，知道狐偃是在批评自己不应该忘记曾经的苦难，于是他对狐偃及众人说："你们大家放心，我重耳决不是忘恩负义之人，我们共同患难的经历将会铭刻在我心中！"为了表示自己的决心，重耳亲自下船把刚才扔掉的剩饭菜和旧衣服都拿到了船上带回了晋国。

就这样，他们一行人在秦国的护送下渡过黄河，流亡了十九年的重耳回国即位，这就是晋文公。

◎ **拓展阅读**

城隍老爷嫁女儿——鬼打扮 ／ 出洞的老鼠——东张西望 ／ 拐子追马——望生莫及 ／ 割了猫尾巴拌猫食——自己吃自己 ／ 小猫吃小鱼儿——有头有尾

民间传说中"八仙"之一的吕洞宾本来是官宦子弟，但由于科举屡试不第，因此对现实感到失望的他就皈依了道教，苦心修炼，最后成为"八仙"之一。

吕洞宾在家时结识了一位名叫苟杳的朋友，两人意气相投，情同手足。苟杳家境十分贫寒，吕洞宾就把他带到自己家里，让苟杳安心读书，将来考取功名，苟杳感激之余，更加努力读书。

后来，吕洞宾家的一位朋友来做客，他看到苟杳一表人才，谈吐不俗，就想招苟杳为妹夫。吕洞宾开始不太赞成，因为他怕成家会影响苟杳读书，可是他看到苟杳也有心成亲，也只好同意了。但他怕苟杳贪欢不用功读书，因此私下对苟杳说："既然你们情投意合，我也不好再说什么了，但我有一个条件，那就是你成亲头三天不得进洞房，由我来陪新娘。"苟杳简直不敢相信自己的耳朵，他觉得这个条件太欺负人了，正要发作，但一想到吕洞宾对自己恩重如山，于是咬牙答应了。

苟杳无比屈辱地度过了新婚的前三天，当第四天来到洞房后，新娘子哭着问道："夫君为什么接连三日只管坐在窗前读书，理都不理我，难道是嫌弃我吗？"

原来，那天入洞房后，吕洞宾来到洞房里，一声不响地坐到书桌前看书，等到新娘睡了，他就回自己房中休息，如此三天，他们没说过一句话，新娘也没看清楚自己的夫君到底长什么样。夫妻俩这才明白吕洞宾的一片苦心，于是苟杳更加发奋苦读了。

后来苟杳果然不负众望，金榜高中的他带着妻子辞别吕洞宾一家到外地做官。没过多久，吕洞宾家里失火，他一下子变得一贫如洗。无奈之下，只好去找苟杳。苟杳夫妇自然对他厚加款待，惟恐怠慢了他，但他们始终没提要帮助吕洞宾重建家园的事，吕洞宾也不好意思开口，最后只得告辞回家，有人见他可怜就送了点路费给他。

当吕洞宾回到他原来住的地方时，只见那里有一栋非常气派的新房子。他还以为走错了，走到门口往里一张望，却看到院子里停着一个大棺材，他的妻子哭得跟个泪人似的，见到他进门，吓得跳了起来。

原来苟杳暗地里派人给吕洞宾修好了新房子，还让人送了一口棺材回来，吕夫人以为吕洞宾死了，所以就发生了刚才那一幕，夫妻俩打开棺材一看，只见里面全是金银财宝，最上面有一张字条，写着："苟杳不是负心郎，路送银，家盖房，你让我妻守空房，我让你妻哭断肠！"吕洞宾这才明白苟杳的用意。

后来人们根据这个故事，编了"狗咬吕洞宾——不识好人心"这个歇后语。

狗咬吕洞宾——不识好人心

◎ 拓展阅读

大轮船出国——外行（航）／ 马笼头给牛戴——生搬硬套／ 城隍老爷戴孝——白跑（袍）／ 割麦不用——连根拔／ 百货店里卖鞋袜——各有尺码

管仲和鲍叔牙都是春秋时齐国的大臣，他们在入朝做官前就是好朋友。刚开始两人合伙经商，由于管仲家境较差，没有太多的本钱，而鲍叔牙不仅不嫌弃，还跟他对半分利，因为鲍叔牙觉得管仲家里困难，就应该多分点利；后来他们又一起参军打仗，和敌人作战时，管仲一个劲儿往后躲，可是等到撤退时却跑在最前面，人人都说管仲是个贪生怕死的胆小鬼，惟独鲍叔牙说管仲是为了活着回去奉养母亲才这么做的。管仲十分感激鲍叔牙，觉得世上只有鲍叔牙最了解他。

后来两人都入朝做官，管仲为国卿，鲍叔牙为大夫。没过多久，齐国发生内乱，管、鲍二人分别跟随公子纠和小白去鲁国和莒国（今山东省莒县）避难。他们虽然身在他乡，却时刻注意着齐国的动向，当得知齐襄公被杀的消息后，他们立刻动身回国，因为公子纠为长，所以齐国的大臣们想立他为国君，于是派人到鲁国去接他回齐。而此时公子小白也不甘落后，他日夜兼程地往回赶，想抢先回到齐国做国君。

在这种情况下，为了保险起见，管仲将公子纠托付给手下可靠之人送回齐国，自己却率领一帮人马去阻截公子小白。管仲追了很长一段路，才赶上他们，并假装很恭敬地问小白："公子匆匆忙忙去哪儿？"公子小白见管仲来了，忍不住有些慌乱，但他还是强做镇定地回答道："当然是回国奔丧了。"管仲又说："有公子纠在，您就不用操心了，还是走慢些吧。"

这时一直在小白身边沉默不语的鲍叔牙再也忍不住了，他对管仲说："虽然我们是好朋友，但现在各为其主，你不要多管闲事！"管仲听了鲍叔牙的话，心里很不好受，但也没办法。他一咬牙，趁众人不注意，一箭射向坐在车里的公子小白，公子小白惨叫一声就倒下了。

可是管仲怎么也没想到，他那一箭并没有射死公子小白，后来小白提前赶回齐国做了国君，他本来想处死管仲，后来在鲍叔牙的劝说下，才饶恕了管仲，并拜他为宰相。

◎ 拓展阅读

蛤蟆带笼头——好大的脸皮 ／ 成熟的花生果——满人(仁) ／ 出了笼的黄雀——自由自在 ／ 百斤重担能上肩，一两笔杆提不动——大老粗

○ 品画鉴宝　牺尊·春秋

管鲍之交——各为其主

关公战秦琼——乱了朝代

山东军阀韩复榘父子虽然雄霸一方，却胸无点墨，闹了不少笑话。据说有一次韩复榘为给父亲庆贺生日，专门在家里搭了一个戏台子，找来一个很有名的戏班子打算唱几天戏，让老爷子高兴高兴。头一天，大家拜寿完毕后，都坐在戏台前看戏，戏台上的演员们唱得十分卖力，台下的人听得如痴如醉，喝彩声不断。

可大家正在兴头上时，老爷子却突然叫停，管事的不知出了什么事，吓得赶紧跑到老爷子跟前请示。老爷子没好气地问道："刚才台上唱的是哪出啊？"管事的回答说."是关公千里走单骑。"

老爷子又问："这关公是什么地方人？"管事的回答说关公是山西人。老爷子一听就不干了，他大声责骂道："他是山西人，跑到我们山东干什么来了，经过我的同意了吗？"管事的吓坏了，不知如何是好，老爷子接着又说道："我们山东有秦琼，你们为什么不唱啊？我看这样吧，你们让他们两个在台上比试一下，就唱一出《关公战秦琼》，看谁厉害！"

管事的一听，顿时傻了眼了，这是哪出跟哪出啊，一个在三国，一个在唐朝，从来就没有这么一出戏啊！管事的很为难，也不敢说老爷子说的不对，只好说不会唱。老爷子听了火冒三丈，也不顾有那么多人在场就破口大骂道："不会唱？那你们是干什么吃的，现编也得给我唱，唱不了就饿你们三天，看你们会唱不会唱！"

管事的一看这架势，吓得赶紧回到后面跟演员们商议对策。最后终于想了一个办法，就让演刘备的演员临时装扮成秦琼，现编了几句台词就上场了，两位演员一上场，台下的观众有些莫名其妙，不知道他们怎么收场，只有韩复榘的父亲一人兴高采烈，大声地为秦琼喝彩。好在关公和秦琼都是武将，不用编很多台词，两位演员就在台上你来我往，打了几十回合，最后为了迎合老爷子，就以秦琼战胜关公结束。

后来这件事传到外边，成了人们茶余饭后的笑料。

◎ **拓展阅读**

成吉思汗的兵马——所向无敌 ／ 出了土的笋子——冒尖；露头 ／ 百里草原一人家——孤孤单单 ／ 哥俩上京城——同奔前程 ／ 隔靴搔痒——摸不到痛处

管宁割席——断交

　　三国时期有两个魏国人管宁和华歆，他们一起寒窗苦读多年，刚开始是很要好的朋友，可是后来却分道扬镳了。原来他们的志趣截然不同：管宁生活俭朴，把金钱和功名等看得很淡，可华歆正好相反，他醉心于功名利禄，贪图荣华富贵。

　　管宁和华歆有一次到园子里锄草，锄了半天突然锄出一块金子来，管宁视而不见，继续锄草，然而华歆一见到金子就两眼放光，再也迈不动步子，他捡起金子，高兴得心花怒放，想把金子据为己有，可是看到管宁对金子无动于衷，又想到书中不要贪财的教导，只好依依不舍地把金子扔了。可是后来他一直对那块金子念念不忘，管宁看到华歆如此贪婪，心里十分厌恶，但是他什么也没说。

　　后来又发生了一件事，促使管宁下定决心要跟华歆断交。

　　这天，两人像往常一样跪在一张席子上读书，这时外面锣鼓喧天，好不热闹，管宁仿佛没听见似的接着读书，而华歆哪里坐得住，他扔下书本就跑出去看热闹。原来有个大官从他们门前经过，华歆看到那位大官坐在八抬大轿中，前呼后拥，风光极了，他都看呆了，心里羡慕得不得了，一直看到那队伍走出很远才回去。回去后，他把刚才的排场跟管宁形容了一通，脸上流露出无限神往的样子。

　　以前管宁一直忍着不说，他期盼着华歆能通过读书改掉那些恶习，可是他的愿望并没有实现，而今天华歆这副德行，更让他忍无可忍，管宁二话不说从腰间抽出随身佩带的小刀把他们膝下的席子割为两半，对华歆说："我们道不同，不相为谋。从今以后，再也不是朋友，你好自为之吧！"就这样，两人从此成为陌路人。

◎ **拓展阅读**

出了窑的砖——定了型；定型了 / 百灵戏牡丹——鸟语花香 / 撑船的老板——看风使舵 / 隔墙扔盒子——非（飞）礼 / 铁匠铺里的风箱——不拉不开窍

○品画鉴宝　圆饼首短剑·战国

51

关羽失荆州——骄兵必败

据《三国演义》记载，关羽依照诸葛亮的计策，水淹曹魏七军，势如破竹，锐不可当，然后他又乘胜率军去攻打樊城。曹操见关羽如此勇不可挡，顿时慌了手脚，忙召集群臣商量该怎么办。商议的结果是，他们打算利用孙吴和刘蜀的矛盾，联合孙吴抗击关羽。

原来孙吴和刘蜀因为荆州的事闹得很僵，刘备借荆州不还，孙权苦于没有能力收回，这次曹操正好利用这一点。他答应把江南荆襄地区割让给孙权，条件是要孙权乘机夺取荆州，以缓解樊城被围的困境。这也正合孙权的心意，于是两家联合准备共同对付关羽。

孙权派大将军吕蒙率兵去攻打荆州，吕蒙来到离荆州不远的陆口一看，只见荆州城防备十分森严，看情形只能智取，不可力敌，于是他想了一个计策，自己扎病不出，还让手下到处说他病得很重。

不久，孙权就派陆逊来接替吕蒙，并把吕蒙接回去"养病"。关羽不知是计，他听说孙权派陆逊来夺取荆州，就在众人面前把孙权狠狠地嘲笑了一通，说："孙权连调兵遣将都不懂，还想夺取荆州？谁不知道陆逊是一介书生，哪里懂得打仗啊？我本来还有点担心，如今看来，保全荆州完全没有问题！"

于是，关羽把防守荆州的大部分兵力调到樊城去，有几个手下劝他慎重一些以防东吴乘虚而入夺取荆州，可是关羽哪里听得进去。就这样，荆州只有少量将士把守，防备比较松懈。而此时的东吴得知关羽率领主力去攻打樊城后，便命吕蒙统领一队兵马赶回荆州城外，同时还派一部分人乔装成商人混入荆州城内，等到半夜的时候，他们突然发动进攻，里应外合攻下了荆州。

关羽在樊城得知荆州被东吴攻破后，心里非常后悔没听手下的劝告，太掉以轻心以致丢了荆州，可是为时已晚，已经没有挽回的余地了。

◎ 拓展阅读

百年松树，五月芭蕉——粗枝大叶 / 撑不开的伞——没骨头 / 出笼的馍馍烤着吃——欠火候 / 隔墙扔簸箕——反复不定 / 鸟过拉弓——错过时机

○ 品画鉴宝　木雕关公站像

据《三国演义》记载，刘备在窘迫之际向孙权"借"荆州作为立足之地，还立下字据说将来一定归还，可是直到刘备占领益州自封为"汉中王"后，他仍无归还之意。东吴上下都十分不满。于是东吴大将鲁肃派人邀请镇守荆州的关羽（字云长）赴宴，想胁迫关羽交出荆州。他事先派刀斧手埋伏在宴会厅内，还派遣吕蒙和甘宁埋伏在长江边上。

关羽早料到鲁肃请自己赴宴肯定没有好事，众人也再三劝他不要去。然而，他让关平带领一队人马作为接应之后，自己就一人单刀赴会去了。

鲁肃将关羽迎入江边的亭子内，两人寒暄了一番，关羽假装不知鲁肃请客的用意，一杯接一杯地畅饮着美酒，一边不停地谈古论今。鲁肃好不容易找了个机会将话题转移到了归还荆州的事上。关羽说："喝酒，喝酒！我们现在不谈公事！"鲁肃却不理会，他接着说："起初我主公见你们远道而来，没有立足之处，才将荆州暂时借给你们。当时说得好好的，等你们过了最艰难的时候就归还，而且还立字为据；如今刘备占领了益州，做了汉中王，诸葛瑾也到益州见过刘备了，刘备只答应割三郡给我们。可是即便如此，你都不执行，你们怎么能这么不讲信用呢？"

关羽反驳道："你怎么不想想在乌林战役中，我们兄弟冒着那么大的危险，奋不顾身与敌人作战，帮了你们的大忙，所以荆州是我们应得的！"鲁肃说："你们是帮了我们的忙，这没错，可是你们也得到了不少好处啊！现在你们占领了益州，还霸占着荆州，你们这么背信弃义，就不怕天下人耻笑吗？"

关羽听他这么说，也觉得理亏，可是他还是推脱说："这得看我兄长的决定，我只是奉命行事。"此时的鲁肃已经很生气了，可还是耐着性子说："天下谁不知道你们兄弟三人情同手足，你有什么不能决定的呢？"

这时随关羽来的周仓插话道："这天下的土地又不是你们东吴一家的，只要是有德行的人都可以拥有！"关羽佯装生气，怒斥周仓无礼，让他退下。按照他们事先的计划，周仓来到江边挥动手中的红旗通知躲在芦苇丛中的关平等人。

关羽拉着鲁肃的手，摇摇晃晃地来到江边，等关平来到后，关羽和周仓跳上船疾驶而去，东吴的伏兵投鼠忌器，只好眼睁睁地看着关羽离开。

◎ 拓展阅读

晨雾炊烟———一吹就散 / 出炉的铁水———沾不得 / 隔着河摆手———承情不过 / 巡警训爸爸———公事公办 / 百岁公公吹火———老气

关云长单刀赴会——有胆有魄

關羽單刀赴會

海陽星北氏

据《三国演义》记载，曹操设计迫使关羽（字云长）投降，关羽提出了三个条件：只投降汉献帝，不投降曹操；赡养两位嫂夫人，不许外人打扰；一旦打听到刘备的消息，就要离开。曹操爱才心切，就答应了关羽的条件，打算回去后慢慢感化他。于是，关羽保护着两位嫂嫂来到许昌。

曹操把关羽安顿在一座豪宅里，每天锦衣玉食，还三天两头地宴请关羽。尽管曹操费尽心机想笼络关羽，可是关羽却不为所动。他虽然身在曹营，却无时无刻不在想念着刘备。曹操不停地送给关羽各种东西，后来把吕布骑过的赤兔马也送给了关羽。与以往不同的是，关羽这次并没有拒绝，还向曹操表示感谢，曹操十分不解。关羽说："赤兔马是难得的好马，可以日行千里，我有了这匹宝马，就可以很快见到我的兄长了。"曹操听了，不禁愕然。

曹操派张辽去劝关羽。张辽凭借三寸不烂之舌，分析利害得失，劝关羽一心一意追随曹操，但关羽仍然不动心，他义正严词地对张辽说："你说得很对，而且曹丞相对我也不错，可是我与刘备有桃园结义之情，我们情同手足，誓同生死，如今兄长有难，我怎么能贪图富贵，弃他于不顾呢？"张辽进一步试探说："如果刘备已经死了，你愿意归附曹丞相吗？"没想到关羽说："如果兄长已死，那我就到阴曹地府去见他！"

张辽把关羽的话说给曹操之后，曹操惋惜之余，不禁为关羽的忠肝义胆所感动。后来，关羽得知刘备的消息后，马上离开许昌，带着两位嫂夫人辗转找到刘备，继续为刘备效力。

◎ **拓展阅读**

陈谷做种子——难发芽 ／ 抽芽的蒜头——多心 ／ 隔着筛子看人——把人看零散了 ／ 拔了的闹钟——专做提醒人的事 ／ 百丈高竿挂红灯——红到顶了

关云长降曹——身在曹营心在汉

H 篇

汉高祖斩白蛇——一刀两断

汉高祖刘邦在举起反秦大旗之前，是沛县的泗水亭长，负责地方治安。秦朝统治残暴，徭役名目繁多。秦二世即位不久，就诏令各地限期把囚徒都押解到骊山服劳役。沛县也接到了命令，县令不敢怠慢，赶紧清点了押在牢里的犯人数目，一一登记造册，然后让刘邦和几个衙役负责押送犯人到骊山去。

沛县到骊山路途遥远，而且很不好走，没走多远，犯人们逃的逃，死的死，实际人数比花名册上登记的少了十几个。刘邦很发愁，因为按照当时的情况，他们不可能按时到达骊山，这在秦律中是不允许的；何况又少了这么多人，到时候他这个负责押送的人也难辞其咎，想到这些，他的心里就很不痛快。

这天，他们一行人经过一片大沼泽，队伍行进得更缓慢了。刘邦也无法催促大家快行，只好闷闷不乐地跟在犯人们后面赶路。到了傍晚，他们早早地在沼泽中休息。刘邦喝了几口酒，一为解乏，二为消愁。喝到后来，他忍不住对犯人们说："你们到骊山去服役也是死路一条，不如我现在放了你们，大家各自逃命去吧！"

众人一听，无不赞同，死气沉沉的人群顿时活跃了起来。这时有人问刘邦怎么回去交差，刘邦苦笑着说："我放了你们就是犯了死罪，哪里还敢回去？也只好远走高飞了！"于是那些犯人再三向刘邦表示感谢，然后就各奔东西了，有十几个愿意追随刘邦的就留了下来。

刘邦带着那十几个人连夜在大沼泽中行进，天色已经很晚了，他们只能摸索着前进。这时突然听到前面的人大叫一声，后面的人不知道发生了什么事，本来就心虚的他们吓得转身就跑。但刘邦喝住他们，问到底出了什么事，有人说前边有一条大白蛇横在路中间挡住了去路。

刘邦听了哈哈大笑，说道："我们是要干大事的人，怎么能被一条蛇给吓住呢？"他借着酒劲上前就把那条蛇砍成两半，并用刀把蛇的尸体挑到路边，众人这才回过神来。他们对刘邦的胆识佩服不已，庆幸自己跟对了人。

◎ 拓展阅读

柏木椽子——宁折不弯 / 抽了筋的老虎——塌了架 / 隔着窗户咬耳朵——偏听偏言 / 陈醋当酒喝——哭笑不得

诗人张继的《枫桥夜泊》中有"姑苏城外寒山寺，夜半钟声到客船"的诗句，写的是诗人夜晚在姑苏停泊，深夜无眠，听到寒山寺的钟声的事情。许多人都知道这首诗，但恐怕很少有人了解寒山寺的钟的来历。

相传这口大钟本来在东洋大海，天长日久有了些灵性，它厌倦了整日面对大海看潮涨潮落的日子，于是决定到神州大地游览一番。这天，它来到了姑苏枫桥，这就是诗人张继后来停泊的枫桥。这口大钟见这里风景优美，想好好欣赏欣赏，而且它也很累了，所以它就落到地面上，一边欣赏美景，一边休息。

就在这时，寒山寺的住持寒山和尚经过这里发现了它，寒山见这口钟十分奇特，以前从未在此地见过，心想一定不是个凡物。于是寒山赶紧回寺里找了几个人带着一条铁链把这口钟捆住，抬到了寺里。

这口钟心里暗暗叫苦，后悔自己不应该贪恋美景，害得自己被锁在这里。它拼命挣扎想挣脱铁链，无奈铁链很结实，反倒把自己累得筋疲力尽。最后，这口钟决定先养精蓄锐，等到夜深人静时，再努力挣脱铁链逃走。

可是它没想到寒山和尚早就料到它会逃跑，所以藏在一边暗中注意着它的动静。到了半夜，这口钟正奋力挣脱铁链时，躲在旁边的寒山和尚就用木棍使劲敲它，这口钟万分沮丧，加之有铁链在身，所以发出来的钟声听上去好像是有人说："懊恼来——，懊恼来——"一样。寒山和尚不停地敲着，后来这钟累了，也没劲儿逃跑了。为了防止它再次逃跑，此后每天半夜，寒山寺的和尚都要敲钟，因此，才会有"夜半钟声到客船"的诗句。

◎ 拓展阅读

沉香木当柴烧——用材不当 / 柏油烫猪头——连根拔 / 抽了架的丝瓜——蔫了 / 给刺儿头理发——难题（剃） / 虾子落锅——死了还是红的

寒山寺的钟——懊恼来

韩湘子出家——一去不回

韩湘子是传说中的"八仙"之一，他本来是唐代大文学家韩愈的侄子，韩湘子自幼父母双亡，由韩愈夫妇抚养。有一年，吕洞宾路过韩愈家，他见韩湘子相貌不凡，于是想度他。因此，他自荐到韩愈府上，说自己是官无上（即"吕"）先生，经史子集无所不通，韩愈觉得他博学，于是就把他留下来教韩湘子读书，他白天给韩湘子讲解学问，到夜间就偷偷地传授道家修炼的法术。

吕洞宾一边教韩湘子法术，一边还不时地用话语点拨，他对韩湘子说："学而优则仕，你现在用功读书是为了将来能做官，享受荣华富贵，可是人的一生是很短暂的，每个人都难逃一死；而我们道家却可以通过修炼得道成仙，可以长生不老，可是修炼是很苦的，而且要全身心地投入，因此，学问和修炼只能选一样，你到底想学哪个？"韩湘子想了一会儿回答说："既然如此，那我就学修炼之术吧。"

从此以后，韩湘子就潜心学习道家的法术，时间一长，被韩愈知道了，他一气之下赶走了"官无上"先生，还把韩湘子斥责了一顿。可是韩湘子已经迷上了修炼之术，到了夜晚，他趁家人不注意，留下一封信悄悄地离家出走了。吕洞宾临走时曾告诉韩湘子他住在终南山碧云峰，于是韩湘子就前往终南山找他。

韩湘子一路吃尽了苦头，又怕韩愈找他，所以多半走夜路，好不容易来到离终南山不远的太白岭，可这里十分荒凉，人迹罕至，加之又是夜间，更是恐怖。

韩湘子小心翼翼地往前走，一不留神来到一个堆满森森白骨的地方，这时突然冒出令人毛骨悚然的声音："你这个不孝的东西，你父母因你而死，你叔叔将你抚养成人，教你读书，你受人之恩，却不思回报，我要吃了你，但是如果你改变主意回家的话，我可以放过你。"没想到韩湘子不仅没有被吓倒，而且从容回答道："我只想修炼得道，到时再报答叔叔也不迟，你就是吃了我，我也不后悔！"

韩湘子接着往前走，一路上又遇到美女引诱，还有饿虎、毒虫挡道，可是都没能使他改变主意，奇怪的是，当韩湘子表明自己的决心后，这些东西都自动消失，并没有伤害到他，原来这都是吕洞宾为考验他故意布置的。

最后，在经受住了各种考验后，韩湘子终于找到了吕洞宾，吕洞宾表明了自己的真实身份，韩湘子就拜他为师，最后也成为"八仙"之一。

◎ **拓展阅读**

戴乌纱帽弹棉花——有功（弓）之臣 / 臣民进皇宫——层层深入 / 跟着猴子会钻圈——学坏了 / 败家子回头——金不换 / 抽刀断水——枉费心机

据《汉书》记载，韩信是汉初的一员大将，他刚开始是项羽手下的一个小军官，由于得不到重用，就转而投靠刘邦，然而起初境况并不比在项羽手下强。正在他心灰意冷之际，刘邦手下的丞相萧何发现他是个人才，于是在刘邦面前再三推荐，刘邦这才开始重用他，任命他为大将军。

韩信确实是个杰出的军事统帅，他为刘邦夺取天下立下了汗马功劳，刘邦先后封他做齐王、楚王。韩信功高位重，日益骄横，这引起了刘邦的不满，再加上有人挑拨离间，说韩信有造反之心。于是刘邦采纳陈平的计谋，派人对韩信说自己要到云梦泽（在今湖北省境内）巡幸，让韩信护从，然后趁韩信不备，将他捉住，夺了兵权，降职为淮阴侯。

后来有一次，刘邦和韩信在一起谈论军国大事，说到刘邦手下各位武将的本领，两人各有一套见解。刘邦随口问韩信："依你之见，我要是带兵打仗，能指挥多少人呢？"韩信回答说："您也就统率十万左右兵马吧。"

刘邦有些不高兴了，他接着问道："我只能带十万兵，那你呢？"韩信从容不迫地答道："我嘛，带多少都没问题，越多越好。"刘邦又问："你说你带兵越多越好，意思就是你很会带兵了！既然如此，为什么你会成为我的阶下囚呢？"韩信回答道："因为我只会带兵，而您虽然不太会带兵，却善于带将，所以我才会被您捉住。"

○ 韩信像 韩信，西汉开国功臣，初属项羽，后归刘邦。中国历史上伟大的军事家、战略家、统帅和军事理论家。中国军事思想谋战派代表人物，被后人尊为战神。

◎ **拓展阅读**

扯足顺风篷——得势 / 虫子钻进核桃里——假充好人（仁）；冒充好人（仁） / 隔着山头吹喇叭——对不上号 / 败将收残兵——重整旗鼓

韩信打赵国——背水一战

据《汉书》记载，韩信被刘邦封为左丞相后，率兵攻下了魏国和代国，接着把兵锋指向了东边的赵国。

赵王歇当时正在宴请众臣，当他得知这个消息后，吓得心惊胆颤，连酒杯都拿不稳，赵国的文武大臣们顿时陷入一片惊慌之中，只有大将陈余还算镇定，他对赵王和其他大臣说道："我们不必如此害怕，韩信虽然把魏国和代国消灭了，但他不是我们赵国的对手，我国兵多将广，更何况还有井陉（在今河北省境内）天险，只要我们守住这个地方，那就没什么可怕的了。"

赵王歇和其他众人听了陈余的这番话，也慢慢地镇静了下来。于是赵王歇当场就下令调集二十万兵马，由陈余统率前往井陉阻击韩信。

却说韩信带着先锋部队到井陉一看，只见此地地势极为险要，知道赵国要据此抵抗，所以他下令在井陉口外三十里处下营。一连几天，韩信都高挂免战牌，任凭赵军如何叫阵都不理会。

在做好了充分的准备之后，韩信在帐中调兵遣将，部署妥当就击鼓开战了。按照事先安排好的计划，韩信率领主力正面攻击赵军，两军在阵前你来我往，杀得天昏地暗，互有伤亡。突然间韩信掉头往回跑去，他手下的士兵们不明所以，见主将跑了，也丧失了斗志，跟着撤退。韩信一直跑到一条河边才停了下来，赵军见韩信跑到河边，不禁暗笑他是在自寻死路，于是立功心切的他们个个奋不顾身地冲上来。

而此时的汉军后无退路，前面又有杀红了眼的赵兵，在这种情况下，他们别无他法，只好横下心来，准备背水一战。强烈的求生欲望使汉军士兵变得勇不可挡，赵军的进攻一次次被打退，最后赵军只好先撤退。而此时韩信手下的大将灌婴和曹参率兵攻占了赵军大营，当赵军看到自己的营帐内外插满了汉军的旗帜时，顿时傻眼了。一时间赵军乱成一团，士兵们纷纷逃命，即便军官将几个逃兵当场杀死也不能阻止其他人的逃亡。

韩信乘势反攻过来，和灌婴、曹参一起打败了赵军，赵将陈余也在乱军中被杀死，就这样汉军长驱直入攻入邯郸，活捉了赵王。

◎ 拓展阅读

拜把子兄弟开茧店——结党营私（丝） / 虫蛀的苹果——放到哪，烂到哪 / 扯着胡子打秋千——谦虚（牵须） / 隔着门缝看吕洞宾——小看贤（仙）人

○品画鉴宝 汉殿论宫图·明·刘俊 此图画法工细严谨，设色淡雅，人物衣纹的线条较为粗重直挺，人物丰满。

和尚戴着道士帽——闷瞪僧

相传清朝雍正年间，少林寺有个叫隆兴的和尚，他酷爱读书，有时候也即兴写点文章。只要一有时间，隆兴就埋首于书堆中，时间长了，就变得不爱说话，别的师兄弟跟他说点什么，他就默默地听着，但他从来不会主动找人说话，甚至有时候一天连一句话都不说。加之他说起话来文绉绉的，满口之乎者也，别人也受不了，所以，除非迫不得已，别人一般都不跟他说话。

当时的中岳庙有个和隆兴年纪相仿的道士，也爱读书写字，他们俩不知怎么就认识了，由于两个人有共同的爱好，所以非常谈得来，他们还经常在一起切磋文章。

有一次，隆兴又去拜访他的道士朋友，两人在一起一边品着茶，一边谈论诗文，不知不觉已经到了傍晚，隆兴急忙告别道士赶回少林寺，匆忙之中，错把道士的帽子当做僧帽戴走了，由于两人都还没有从诗文的意境中清醒过来，所以谁都没有发觉。

隆兴急急忙忙地回到寺里，刚一进门就见迎面走来几个师兄弟，隆兴便停下来向他们行礼，还没等他行完礼，师兄弟们就都大笑了起来，隆兴被他们笑得莫名其妙，不知道自己有什么可笑的。这时方丈来了，看到隆兴的样子也笑了，隆兴赶紧给方丈行礼，方丈将隆兴头上的道士帽摘下来，说道："和尚戴着道士帽，真是个闷瞪僧！"

隆兴这才明白是自己走得太匆忙，戴错了帽子，才惹得众人笑，可是不善言辞的他又不知如何解释，只好目瞪口呆地站在原地，嘴里喃喃地说道："差矣！差矣！"

○ 品画鉴宝　五彩云龙纹盘·清

◎ 拓展阅读

小泥鳅跳龙门——妄想成龙 / 跟狗交朋友——离了吃喝不行 / 扯起风帆又荡桨——有福不会享 / 挖井碰上自流泉——好得很 / 拜旨走进吕祖庙——走错门了；找错了门

老虎是百兽之王，别说是动物们，就是人也怕老虎。有一天，老虎饿了，它想到林子里去捉只小动物吃，老虎一踏进林子里，所有的动物都吓得东躲西藏，没有了踪影，连小鸟都停止了歌唱。

老虎走了半天也没见到一只动物，正当它又气又饿之际，有一只狐狸出现了，狐狸没想到会碰上老虎，它一看躲不过去了，就硬着头皮来到老虎跟前，媚笑着向老虎问好，老虎见有了猎物，心情也好多了，它对狐狸说："我走了半天也没找到吃的，正好你来了，我要吃了你！"说着就张开血盆大口，准备把狐狸吃下去。狐狸急中生智，它连忙退到一边，壮着胆子对老虎说："我不怕你吃我，但有一件事情我得告诉你，我是上天派来专门掌管动物的使者，你要是吃了我就是违背了上天的旨意，你敢吗？"

老虎刚开始并不相信，它知道狐狸的生性狡猾，一再嘱咐自己不要上当，可是它哪里经得住狐狸连哄带骗，忍不住有些半信半疑，善于察言观色的狐狸看到老虎动摇了，赶紧又趁热打铁地说道："你可以不相信我的话，但是你只要跟我走一圈就知道我并没有骗你。"老虎心想那样也好，免得自己犯错误真的得罪了上天，于是就答应了。

老虎就在狐狸的哄骗下，让狐狸跟着自己走了一圈，老虎看到它们所到之处，果然如狐狸所说，所有的动物都悄无声息地躲了起来，似乎比自己单独出来的时候还安静。到了这个时候，它已经完全相信了狐狸的话，于是它把狐狸送到家，还客客气气地跟狐狸道别。

可怜的老虎到最后也没明白动物们怕的是它，而不是狐狸，狐狸只不过是沾了它的光而已。

◎ 拓展阅读

独臂将军——有一手 ／ 扳倒碓窝吓婆婆——泼妇 ／ 冲着姨夫叫丈人——乱认亲 ／ 隔黄河送秋波——没人领情；不领情 ／ 扯裤子补补丁——堵不完的窟窿

狐狸引着老虎走——狐假虎威

画蛇添足——多此一举

战国时期的楚国，有一个掌管祭祀的人在一次祭祀后赏给下人们一壶酒，那几个下人一看，只有一小壶，不够他们大家一起喝的，于是就聚在一起商量到底怎么分这壶酒，有人提议说："不如这样吧，我们大家每人在地上画一条蛇，看谁画得又快又好，那么这壶酒就归谁！"其他人想不出更好的办法，于是就同意了。

接下来，他们几人就都蹲在地上开始画蛇。有一个画好蛇后看大家还没画完，就站起来在一旁得意地说："哈哈！我已经画完了，看来今天这壶酒就是我的了！"边说边拿起酒壶准备要喝，不过他看别人还在地上埋头画蛇，就改变了注意，说道："算了，看你们画得那么慢，不知什么时候才能画完呢，我还是先给蛇画上脚再喝酒吧！"于是，他又蹲下来给蛇画脚。

还没等他画完蛇脚，第二个人已经把蛇画完了，这个人不由分说地把酒壶从画蛇脚的那人手中抢过来紧紧抱在怀里。画蛇脚的人气坏了，站起来要大家评理，可是还没等他开口，那人就理直气壮地说道："蛇本来并没有脚，你非要画蛇添足。既然如此，按我们商量好的来说，你就是还没有画完，而我已经画完了，这酒难道不该归我喝吗？"说着就咕咚咕咚地把一壶酒灌下肚了。

画蛇添足的这个人被说得无言以对，他非常后悔自己给蛇画脚，多此一举不说，到口的酒还让人给抢走了，只好眼巴巴地看着别人把酒喝了。

◎ 拓展阅读

蛤蟆嘴底下落苍蝇——白送一口肉；送来的口食 / 扳着炉子烤头发——了（燎）不得 / 冲着和尚骂秃子——寻着惹气 / 冲瞎子问路——方向不明；找错了人 / 螃蟹过马路——横行霸道

○ 品画鉴宝　彩绘帛画·西汉

66

华佗是我国古代的名医，他的医术十分高明，经他诊治的病人不计其数，无论什么样的疑难杂症都难不倒他，病人只要按照他开的药方吃药，少则三五天，多则几个月，疾病都能治愈好。因此，来找他看病的人很多，他只要有时间也会到处去帮人治病。人们在感激之余，都管他叫"神医"。

有一个病人嗓子不舒服，总觉得有什么东西堵在嗓子眼里，吃饭喝水都很困难，而且还老是肚子疼，看了好几个医生，吃了很多药也不管用。这天，这个病人又犯病了，一整天半粒米未进，呼吸都很困难，家里人看此状况赶紧用车子推着他去看病。碰巧在半路上遇见了华佗，华佗上前诊断了一会儿，就对病人家属说："其实他得的并不是什么大病，你们不要担心，再往前走几步就有一个小饭铺，你们去要点葱姜蒜什么的，就着醋给病人灌下去就可以了。"说完就走了。

这家人并不认识华佗，对他的话也半信半疑，但看到病人很痛苦的样子，于是决定试一试。他们果然在前面找到了那家饭铺，要了点葱姜蒜，按照华佗的嘱咐和着醋给病人喝下去了。

说也奇怪，那病人以前吃了那么多药都没治好病，可是吃了华佗开的"药"还不到一顿饭的工夫就吐出来一条虫子，然后嗓子也不难受了，病也好了，原来病人生病是蛔虫作怪，现在蛔虫死了，病自然也就好了。

后来，这家人从别人口中得知救了他们家人命的原来是名医华佗，于是专程到华佗家表示感谢。他们把那条虫子挂在车上来到华佗家，当时华佗正好出外行医没在家。他家门口有个小孩看见车上挂的虫子就对客人说："你们是来找华佗大夫的吧？我一看你们车上挂的虫子就知道，他家里有十几条这样的虫子呢。"那些虫子都是被华佗治好的病人拿来的，华佗把这些虫子做成标本，仔细研究。

◎ **拓展阅读**

扳着指头算账——有数 / 赤脚的和尚——两头光 / 隔墙点灯——谁也不沾谁的光 / 车上拉客——宰（载）人 / 猫不吃死老鼠——假慈悲

据《封神演义》记载，商纣王每年元旦时都要在宫里接受群臣的拜贺，这一年也不例外，纣王身着簇新而华丽的龙袍坐在大殿上接受文武百官的朝拜。

此时的后宫也是一派欢乐的气象，一些朝廷命妇也穿着朝服来拜见王后妲己。其中镇国武成王黄飞虎的夫人贾氏也在其中，她除了拜见妲己还要去拜见黄妃，黄妃是黄飞虎的妹妹，所以，贾氏作为嫂嫂也是朝廷命妇，于情于理都应该去见见黄妃。

王后妲己看到前来拜贺的名单中有黄飞虎的夫人，不禁想起黄飞虎和比干设计火烧她的狐狸同党、用神鹰挠破自己脸皮的那一段旧仇来，她咬牙切齿地自言自语道："黄飞虎，我暂且还奈何不了你，但我不会放过你的夫人的，你等着瞧吧！"

她敷衍了事地接待完几位命妇，等轮到贾氏时，她假装很热情地问长问短，贾氏行完礼后，她又亲自把贾氏扶起来，随意地问起贾氏的年龄，得知贾氏比自己大几岁时，她又虚情假意要跟贾氏结为姐妹。贾氏对妲己的所做所为是有所耳闻的，所以心里很不情愿，但又不敢得罪妲己，还没等她回答，妲己就已经姐姐长姐姐短的叫上了，还让人摆酒设宴，贾氏虽万般不情愿但也无可奈何。没过多久，宫女来报说纣王回宫了，贾氏连忙起身告辞。

贾氏为自己终于摆脱了妲己而松了一口气，她哪里知道还有更大的不幸在等着她。纣王回宫后，妲己就假意将贾氏夸赞了一番，说她有闭月羞花之貌、沉鱼落雁之姿，妲己这番添油加醋的话语引起了好色的纣王的觊觎之心。

妲己见纣王眼中流露出神往之色，她气得牙根都痒痒，可是一心想陷害贾氏的她并没有流露出自己的气愤，反而更加和颜悦色地为纣王出主意说，由她出面将贾氏约到摘星楼与纣王相见，纣王一听顿时心花怒放。

贾氏应妲己之约来到摘星楼才知道自己被骗了，她抵死不从，大骂纣王无道、侮辱功臣家眷，最后满怀屈辱跳楼自尽。黄妃闻讯赶来，也指责纣王荒淫无耻，恼羞成怒的纣王将黄妃推下楼去，顷刻之间，姑嫂二人都命赴黄泉。

消息很快传到宫外，黄飞虎悲愤难当，他一气之下带着自己的兄弟子侄及一帮手下在商都朝歌造反，一路杀过临潼、佳梦、穿云、青龙、汜水等五关，最后来到西岐投奔了周武王。

◎ 拓展阅读

班房里的衙役——听差的 / 车工三班倒——连轴转 / 赤膊上阵——要大干了 /
挂羊头卖狗肉——里外不一 / 眼镜蛇打喷嚏——满嘴放毒

台阁春光图·清·上官周　此画描绘的是初春时节的景色。游人或骑马，或乘船，或安坐在湖心亭内观赏自然风光。

黄鹤楼上看翻船——幸灾乐祸

明朝初年，有个名叫沈万山的人，他是金陵（今江苏南京）人氏。他家财万贯，富可敌国，据说当时的皇帝都没他富有，南京城的三分之一都是他出资修建的，可以想见这个人是多么的富有。

沈万山的儿子沈少三是个典型的纨绔子弟，整日游手好闲，不务正业，过着纸醉金迷的生活。有一次，他带了几个随从到各地游山玩水，主仆几人来到湖北省境内，登上了黄鹤楼。从黄鹤楼上看去，江面上波涛滚滚，很有气势，来往的船只很多，显得十分热闹，旁边的几个文人墨客纷纷咏诗作赋抒发胸襟，可是这沈少三虽然腰缠万贯，却是草包一个，他不懂得眼前的景色有什么美妙可言，反而觉得很乏味。

正在他感到兴味索然时，他的一个善于察言观色的随从建议从黄鹤楼上往下撒钱，沈少三一听，顿时来了精神，就让手下赶紧去办。很快，沈少三的手下抬了一箱子金箔，沈少三兴高采烈地抓起金箔往江中抛去，金箔在阳光的照耀下闪闪发光，看上去很壮观。那些在船上的人们看到从黄鹤楼上飘下来这么多的金箔，纷纷来抢，一时间江面上乱做一团，很是危险，可是人们顾不得这些，还是拼命地去抢金箔，沈少三在上面看到江面上乱哄哄的十分热闹，他也感到很开心，兴奋地手舞足蹈。可是没过多久，悲剧发生了，好几艘船被撞翻了，有人落水了，正在大喊"救命"，可是其他人只顾着抢金箔，哪里还顾得上救人，而沈少三主仆则在黄鹤楼上高兴得不得了。

有一个在江边钓鱼的老头看到这一切后，忍不住冲沈少三喊道："你们还不停手，都淹死人了，你们不但见死不救还幸灾乐祸，太过分了吧！"没想到沈少三回答道："他们这些人是死有余辜，谁让他们这么贪财呢！"老头摇了摇头，无话可说。

◎ 拓展阅读

斑鸠抱窝——悬蛋 / 池塘里摸菩萨——劳（捞）神 / 隔长江抛媚眼——无人理会 / 腿肚子上擦粉——过分讲究了 / 车道沟里的泥鳅——兴不起大浪

黄忠是刘备手下的五员虎将之一，以箭术精准闻名。他在投靠刘备之前是长沙太守韩玄的手下，刘备派关羽去攻打长沙，黄忠奉命迎战，二人打得难解难分，不分胜负。突然战马受惊，黄忠掉下马来，此时关羽要取黄忠性命可以说是易如反掌，可是生性讲义气的关羽觉得乘人之危不是好汉所为，于是他放了黄忠一马，黄忠也因此捡了一条命。

韩玄对黄忠输给关羽感到十分不满，命令他下次与关羽交锋时要用箭射死关羽，从而保住长沙。黄忠虽然表面上答应了，可是他内心却很矛盾，他想到要不是关羽手下留情，自己早就没命了，如今不但不能报答关羽的救命之恩还要用箭射死他，这让他感到很为难，他绞尽脑汁终于想了一个万全之策，才放心睡去。

第二天一大早，两人再次交锋，三十个回合后，黄忠假装战败逃走，关羽求胜心切，没有多想就在后面紧追不舍。黄忠看关羽追来，就依着韩玄的命令，拿出弓箭对着关羽虚放了两箭，关羽正在后悔自己轻敌上当，可是他发现只听到弓响，但没有箭射来，于是忍不住在心里嘲笑黄忠徒有虚名，然后就放心大胆地继续追赶，黄忠见关羽没有停止的意思，只好对着关羽的帽缨放了一箭，关羽听到弓响，急忙勒住马，抬手一摸帽缨掉了下来，而自己安然无事，这才明白黄忠的箭法名不虚传，刚才是黄忠手下留情，于是赶紧打马回营。

黄忠的一举一动并没有逃过韩玄的眼睛，韩玄准备以通敌罪名处死黄忠，结果反倒被手下另一员大将魏延所杀，二人献出了长沙，投靠了刘备，成为刘备手下的得力大将。

◎ **拓展阅读**

斑马的脑袋——头头是道 / 冲着柳树要枣吃——故意习难；有意为难 / 蛤蟆顶桌子——自不量力；不自量 / 搬起磨盘打月亮——不自量力

J 篇

击鼓骂曹——当场指责

魏太祖

在古典文学名著《三国演义》里，有个祢衡击鼓骂操的故事。祢衡，字正平，三国平原般（今山东省临邑东北）人。他颇有才干，能言善辩。

有一次，曹操召见祢衡，不叫他坐。祢衡仰天长叹说："天地虽阔，怎么没有一个人呢？"曹操问："我手下有数十人，都是当世英雄，怎么说没有人？"祢衡说："你手下这些人，我都认识，不是要命将军，就是要钱太守，都像衣架、饭囊、酒桶、肉袋之辈！"曹操听了大怒，不肯重用他，叫他当了个打鼓手，早晚朝贺和宴会时，都叫他打鼓助乐，想用这个办法侮辱和奚落祢衡。

一天，曹操在大厅上宴请宾客，叫祢衡出来打鼓。按规矩，打鼓手要更换新衣服，可是祢衡仍然穿着破旧衣服出来打鼓。曹操左右的人问他："为什么不换新衣服？"祢衡并不答腔，还当场脱下衣服，裸体而立，在众宾客面前，大出曹操的丑！曹操气得大骂："大庭广众这样做，真是太无礼！"

祢衡回答："欺君罔上，才是无礼。我露父母之形，以显出清白的身体！"曹操问："你清白，谁污浊？"祢衡慢条斯理地告诉他："你不识贤愚，是眼浊；不读诗书，是口浊；不纳忠言，是耳浊；不通古今，是身浊；不容诸侯，是腹浊，常怀篡逆，是心浊！"祢衡袒露着身体，当着众人面，一边击鼓，一边大讲曹操的罪恶行径。

曹操当场被骂得火冒三丈，立即令人将他遣送给荆州刘表。曹操想借刀杀人，被刘表识破，又转送给江夏太守黄祖。不久，祢衡被黄祖杀害。

后来，人们根据这个故事，编成了歇后语"击鼓骂曹——当场指责"。

◎ **拓展阅读**

炒面捏娃娃——熟人 / 刚上蒸笼的馒头——面生 / 搬菩萨洗澡——越弄越糟；白费神；空劳神 / 池塘里的荷花——出污泥而不染 / 猪八戒演讲——大嘴说大话

据《红楼梦》里说，贾宝玉出生时口里含着一块玉，那玉就叫通灵玉。通灵玉的正面写着"莫失莫忘，仙寿恒昌"；反面写着"一除邪祟，二疗冤疾，三知祸福"。通灵玉是件稀世罕宝，而且伴随着贾宝玉出世，无疑成了贾宝玉的护身符，因此，贾府上上下下都把这块通灵玉视为贾宝玉的命根子。

贾宝玉第一次见林黛玉时，心里非常欢喜，感觉似曾相识。他问了林黛玉的姓名后，接着又问道："妹妹有玉没有？"林黛玉实实在在地回答说："我没有玉，你那玉是件稀罕之宝，岂是人人都有的？"贾宝玉一听这位花容月貌、神仙似的妹妹竟然没有玉，顿时发起狂来，摘下通灵玉，狠狠地甩到地下，骂道："什么稀罕物？人的高下不识，还说灵不灵呢！我也不要这讨厌的东西。"

贾府上上下下的人见贾宝玉摔了通灵玉，顿时慌了神，吓得一齐拥上前争着拾。贾母在一旁更是急得搂着宝玉说道："孽障！你生气要打人骂人都可以，何苦摔那命根子！"贾宝玉哭道："家里众姐妹都没有，如今来了个神仙似的妹妹也没有，可见这不是个好东西。"贾母怕他再使性子摔玉，连忙哄他说："你这妹妹原来也是有玉的，后来因为你姑妈去世时，舍不得你妹妹，就将玉作为殉葬之物带了去。所以，你妹妹才说没有玉。"听她这么一说，贾宝玉才没有作声，重新佩戴上了那块通灵玉。

又有一回，宝玉那块通灵玉不知怎得失了灵，接着凤姐、宝玉叔嫂俩人突然中了邪，不省人事，经多方医治也无效，两人性命危在旦夕。这时幸亏一僧一道从天而降，将那通灵玉摩弄了一番，那块失灵的通灵玉才恢复了灵效。不久，宝玉、凤姐的病也就不治而愈了。

后来，贾宝玉的通灵玉不小心丢失了，贾府举家不安，怕宝玉再出什么祸端。贾宝玉的侍女个个吓得魂飞魄散。袭人哭着对其他侍女说："谁不知道这玉是性命般的东西呢？真要丢了这块通灵玉，比丢了宝二爷还要厉害呢，我们这些人可就要粉身碎骨了。"贾府上下四下里清查，遍发寻物启示："如有人拾到送来者，情愿送银一万两；如有知人检得，送信找得者，送银五千两。"但通灵玉仍是杳无踪迹。贾宝玉从此神魂颠倒，精神失常。贾母叹息道："通灵玉是宝玉的命根子，因丢了，所以他才这么丧魂失魄的！"

后来人们就用歇后语"贾宝玉的通灵玉——命根子"来形容那些十分珍贵的东西。

◎ 拓展阅读

刚进庙的和尚念佛经——现学现唱 ／ 搬起石磙砸碾盘——实（石）打实（石）／
痴情碰冷遇——伤透心肝；伤透心 ／ 炒成菜不放盐——有言（盐）在先 ／ 嘴巴
上抹石灰——白吃

贾宝玉结婚——不是心上人

《红楼梦》中贾宝玉生来地位特殊，而且长得清秀可爱，又深得一家之主史老太君的宠爱，真可谓是荣国府的宝贝。他因长期生活在众姐妹等女儿群中，形成了独特而古怪的性格。贾宝玉认为女子是世界上最洁净美好的，而男子则浊气逼人。他处处同情和爱护女性，喜欢和女孩子在一起游玩，而从不计较她们地位的尊卑。

自从林黛玉进了贾府，贾宝玉便把对女性的爱移到了黛玉一个人的身上。他初见黛玉，就感觉是久别重逢，可以说是一见钟情。后来，他和黛玉同住在贾母房中的暖阁里，朝夕相处，再加上两人都淡泊名利，讨厌官场上那些道貌岸然的伪君子，在相互接触和长期交流中产生了爱情。

然而，尽管贾府上上下下的人都知道宝黛二人情真意切、感情深厚，却偏偏要拆散他们。这是怎么回事呢？原来封建家庭的专制者们都看中了善于应酬也懂得讨贾母欢心的薛宝钗，并一厢情愿地认为薛宝钗才是"宝二奶奶"的最佳人选，硬要把薛宝钗配给贾宝玉。为了瞒住贾宝玉促成贾薛二人的婚姻，王熙凤费尽心机，巧设"掉包计"，明说娶黛玉，却把宝钗送入洞房。对这一切，宝玉蒙在鼓里，成婚那天，他欢欢喜喜隔着盖头情意绵绵地问道："妹妹，身上好了？好些天不见。"

等到揭了盖头，心中一怔，定睛一看，却是宝钗。他悲痛欲绝，指着宝钗说："坐在那里的这一位美人儿是谁？""我是在哪里呢？这不是做梦么？"于是又发疯似的口口声声叫着要去找林妹妹。宝钗听了心如刀割。与此同时，病弱不堪的林黛玉情断气绝，悲痛而死。

宝钗为了断绝宝玉对林黛玉的思念，故意泄漏了黛玉的死讯。宝玉痛不欲生，经过抗争，终于到黛玉灵前哭了一场。后来，宝玉再次走进潇湘馆，痛苦地诉说道："林妹妹，林妹妹！好好儿的，是我害了你了！你别怨我，只是父母做主，并不是我负心！"可见宝钗在他心里依然是没有位置的。

后来，人们根据这段故事，编成了歇后语"贾宝玉结婚——不是心上人"。

◎ 拓展阅读

赶马车人的草料袋——草包 ／ 炒了的虾米——红人(仁) ／ 吃着梅子问酸甜——明知故问 ／ 搬石头打天——自不量力；不自量；办不到；够不着 ／ 喉咙里使勺子——淘（掏）气

蒋干过江——净干失着事

据《三国演义》描述，为了打败曹操，东吴名将黄盖以"无故被打遂生怨恨"为名，偷偷向曹操献书投降。生性多疑的曹操也怕中了周瑜的计谋，于是派谋士蒋干又一次过河探听虚实。

周瑜一听"自视才高，实则平庸无能"的蒋干又要来，不觉心中暗喜。他立即同鲁肃和江东的庞统，一起设下破曹的计策，然后请蒋干进来。周瑜一见到蒋干，便假意板着面孔说："子翼（蒋干的字），上回你来盗书，险些误我大事。今天你又前来，料定必无好意！"蒋干张张嘴，无话可说。于是周瑜吩咐手下人："把我的老朋友送到西山庵休息几天，好生招待。等我破了曹军，再送他过江去。"

蒋干就这样被送到西山后的小庵里。他终日见不到周瑜，想走又走不安心，心里既着急又郁闷。这天晚上，蒋干出庵散步，无意中遇见庞统，便说道："凤雏先生（庞统号凤雏），久仰大名！为何独住在此？"庞统说道："周瑜气量太小，不能容人，我只得隐居在此。"蒋干于是赶快劝说道："凤雏先生足智多谋，何必非为小小的东吴效命呢？如有意归曹，我可给你引见。"庞统欣然答应，两人连夜设法过江。蒋干把庞统介绍给曹操，曹操大喜，亲自将庞统引进帐中，共商军务。

连日来，令曹操寝食难安的是，曹兵大半是北方人，初到南方，水土不服，加上很多人不习水性，练兵时晕船呕吐，生病的很多，还死了不少人。曹操为此忧心忡忡，就向庞统讨教。

庞统思索了片刻，献策说："大江之中，潮涨潮落，风浪不息。北方士兵不习惯坐船，一受颠簸，就会生病。如果设法把大小战船搭配起来，头尾用铁环锁在一起，上铺宽板，人走在上面就像平地一般，不管风浪多大，都不会再晕船了。"曹操听了大喜，立刻传令军中铁匠连夜打造连环大钉，锁住船只。

曹操又上当了！这是周瑜和庞统设下的连环计，为下一步火烧赤壁，大破曹军，做好了准备。人们根据这个故事，编成了歇后语"蒋干过江——净干失着事"。

◎ **拓展阅读**

吃着黄连唱着歌——以苦为乐 / 板凳上放鸡蛋——好险；冒险；危险；靠不住；不可靠 / 赶脚的不问道——路子对头 / 炒胡豆下酒——干脆；干干脆脆 / 孔雀的尾巴——翘得太高了

姜子牙的坐骑——四不像

据《封神演义》记载，商汤太师闻仲是个很厉害的人物，但是却十分的顽固，誓死效忠荒淫无道的商纣王。这次，他又千方百计邀请到了四海九龙岛的四位道人，一同前往岐山征伐姜子牙（即姜太公）。这四位道人的坐骑个个都是凶神恶煞：王魔骑狴犴，杨森骑狻猊，高友乾骑的是花斑豹，李兴霸骑的是狰狞，都十分凶猛。

不久，两军对阵，四兽气势汹汹地冲出阵来。姜子牙军队的战马经不起那些野兽恶气的冲击，一见到异兽战马就都筋骨酥软，滚翻在地，因此，战将们都纷纷跌下马来，就连姜子牙本人也被怪兽撞下马鞍。万般无奈之下，姜子牙只得上昆仑山玉虚宫去找他的师父——元始天尊想办法。元始天尊令白鹤童子牵来一匹四不像，微笑着对姜子牙说："这匹四不像，虽然样子古怪，但威力很大。你就骑着它前往西岐，去会会那四个怪物。"说完，又命南极仙翁拿来一支"打神鞭"，送给姜子牙。这"打神鞭"也十分厉害。姜子牙急忙跪拜接受，叩首辞别了元始天尊。

走出玉虚宫，他便骑上四不像，往顶上角一拍，这匹四不像闪了一道红光便腾空而起，直往西岐飞去。到了西岐，姜子牙便乘坐这匹四不像，在文殊广法天尊诸神的帮助下，很快消灭了九龙岛四位道人。

后来，人们根据这个故事，编成了歇后语"姜太公的坐骑——四不像"。

◎ 拓展阅读

板凳上睡觉——难翻身；翻不了身 / 炒菜的铁锅——腻透了 / 吃竹竿长大的——直性人；直性子 / 刚备鞍的马驹——挨鞭子的日子到了 / 头发上贴膏药——毛病

姜太公钓鱼——愿者上钩

据《封神演义》描述，自从姜子牙（即姜太公）在纣王面前火烧琵琶精后，很得纣王的赏识，不久便被封了官。

然而，纣王荒淫无道，整日就知道和狐狸精姐己吃喝玩乐，根本不理政事。姜子牙多次劝谏，纣王都置之不理。姜子牙觉得在纣王手下为官，不能实现自己造福百姓的抱负，便弃官逃往西岐，隐居在渭水河畔。他常常独自一人静静地坐在河边，用无饵的直钩在离水面三尺以上的地方钓鱼，口中说道："负命者上钩来！"有个打柴的人从旁经过，见此情景，便笑他太傻，"无饵的直钩怎么能钓上来鱼呢？"姜子牙却不理会打柴人的嘲笑，念念有词地说："短杆长线守蟠溪，这个机关哪个知。只钓当今君与臣，何尝意在水中鱼！"

就这样，一天又一天，一年又一年，时光很快过去了。渐渐地，姜子牙须发斑白了，身体也衰老了，可是他仍旧天天坐在渭水河边钓鱼，痴心地等着他的"大鱼"上钩。他心里拯救万民的抱负，丝毫没有改变，他相信自己终有一天可以遇到开明的君主。

到了八十岁时，姜子牙的大鱼终于"上钩"了。周文王从渭河边经过，听了姜子牙对国家大事的见解和对天下形势的分析，大有相见恨晚的感觉，就恳切地请姜子牙去做丞相，辅佐自己。姜子牙也激动地说："吾太公望子久矣。"

后来，周文王去世了，他的儿子武王继位，尊称姜子牙为"师尚父"。在伐纣灭殷的过程中，姜子牙出谋划策，立下了很大功劳。

后来，人们根据这个故事，编成了歇后语"姜太公钓鱼——愿者上钩"。

◎ 拓展阅读

板凳上钻窟窿——有板眼；有板有眼 / 赶着绵羊上火焰山——硬往死里逼 / 吃斋的恶婆子——口素心不善 / 光脑壳上搽猪油——滑头 / 朝廷老爷拾大粪——有福不会享

○ 品画鉴宝　青白釉托盏·北宋

这则歇后语，来源于京剧《雏凤凌空》。

北宋时期，辽兵依靠兵强马壮大举进犯三关，杨八姐、杨九妹奉命到三关助战，但因求战心切，加之地形不熟，很快中了敌人的诱兵之计，被困在双龙谷不得脱身。三关元帅杨六郎急忙命孟良回朝搬救兵。然而，当时宋朝文武百官中，竟没有一个统兵的将才。万般无奈之下，经老丞相寇准和佘太君的竭力推荐，宋朝皇帝才答应以杨府的烧火丫头杨排风为大将，率兵前往救三关。

寇丞相考虑到一个姑娘带兵，恐怕众将士们不服气，就自荐担任监军，与杨排风共赴三关。杨六郎手下有个叫焦赞的人，武艺十分高强，他见来的大将原是杨府的烧火丫头，心里就嘀咕起来。寇丞相看出焦赞心有不服，便说道："如有哪位将军不服，可站出来与排风比武较量！"焦赞很快就站了出来。

第二天一大早，杨六郎和寇准就来到了校场，登上将台，担任比武裁判。杨排风和焦赞各持兵器，骑马开始比武。杨排风是个女儿家，知道自己拼力气是难以取胜焦赞的，就决定设法消耗焦赞的体力，然后再见机行事。焦赞在军中一向很少遇到对手，哪会把这娇小纤弱的丫头放在心上？他本以为取胜是轻而易举的事，不料双马相交，两棍相接时，他才感到杨排风的武艺也实在是不错。战了半个时辰，焦赞居然接连挨了杨排风好几棍子，渐渐地竟只有招架之力了。杨排风觉察到焦赞体力不支，斗志渐衰，便抓住时机，扬起一棍，将焦赞打下马来。见此情形，寇准在一旁问道："焦赞，你服不服气？杨排风能担任大将吗？"焦赞也是一个十分爽快的人，他连声答道："我服了！以后全凭杨大将调遣！"

◎ 拓展阅读

板斧劈柴　　一面砍／朝廷的太监——后继无人／吃鱼不吐骨头——说话带刺儿／干打雷不下雨——虚张声势／灰堆里打喷嚏——碰一鼻子灰

急时抱佛脚——来不及

据说很久以前，在我国云南边境的西南边还有一个小国，那里的人都信仰佛教。有一天，那个小国的一个年轻人犯了大错，按照国家的法律应当被处死，公差就在后面追捕他。这个年轻人见无路可逃，就匆匆忙忙跑进山上的一座寺庙里，拼命抱住殿上大佛像的脚，喃喃自语，表示悔改，并愿立刻剃发为僧，以赎前罪。追捕的官差见他诚心悔过，便不再抓捕他，而让他入寺剃发当了和尚。其他的百姓听说了此事，便悄悄流传开这样一句话：平时不烧香，急来抱佛脚。

关于"急来抱佛脚"这句话，在我国宋朝的一本书中还记载着这样一个有趣的故事：有一次，北宋丞相王安石在和一位朋友饮酒作对。王安石先说上联："老欲依僧"。朋友很快对出下联："急时抱佛"。王安石接着说："我这个上联，只要在前面加一个'投'字，便成了一句古诗——'投老欲依僧'"朋友微微一笑道："我这个下联，只要在句尾加上一个字'脚'字，便成了一句俗谚——'急时抱佛脚'。"说到这里，二人都忍不住哈哈大笑起来。

于是，后人便根据这两则小故事编成了"急时抱佛脚——来不及"这句歇后语。

◎ 拓展阅读

朝天一箭——无的放矢 / 吃药用冰糖作引子——又苦又甜 / 板门上贴门神——一个向东，一个向西 / 干池塘里的青蛙——盼下雨 / 老虎嘴上拔胡子——找死

○ 品画鉴宝　定窑白釉孩儿枕·宋

　　战国时期，秦王嬴政灭掉魏国和韩国后，准备大举进犯燕国。燕国比较弱小，无力与秦抗衡。于是，太子丹就暗地里派荆轲去刺杀秦王。

　　荆轲带着秦国逃亡将军樊於期的头和督亢（今河北易县、固安一带）的地图，作为献给秦王的礼物，来到秦国。他先用重金收买了秦王身边宠信的几个人，骗取了秦王的好感和信任。很快，秦王便决定择定佳日，在大殿上隆重地接见荆轲。

　　这一天，秦王穿着礼服，坐在宝座上迎接荆轲的到来。荆轲手捧着装有樊於期头颅的匣子昂首挺胸地走在前面。他的随从秦舞阳捧着燕国献给秦国的督亢地图慢慢地跟在后面。秦舞阳虽说胆子很大，但从未见过这种盛大而庄严的场面，他刚踏上台阶，两手便开始发抖，腿也微微发颤，脸色都吓白了。秦舞阳的异常变化，引起了秦朝一些官员的注意。这时，荆轲却装作没有什么事的样子，回头去朝秦舞阳笑了笑，给他壮壮胆。然后荆轲不慌不忙地登上台阶，跪下来向秦王说道："我们都是小国家的人，从来没有见过什么大世面，所以会在大王您的面前显得紧张害怕。若有失礼之处，还望大王宽恕。"秦王对这些并没有在意，他连忙扶起荆轲说道："这些都是小事，你不必放在心上。请你尽快把督亢的地图拿给我看看。"

　　荆轲转身从秦舞阳手里接过地图，捧到秦王面前，缓缓打开。当地图快展到尽头的时候，突然露出一把匕首，这是燕太子丹和荆轲事先暗藏在地图中的。秦王一见匕首，倒吸了一口冷气。说时迟，那时快，没容秦王转过神来，荆轲就一步冲上前去，用左手抓住秦王的衣袖，右手举起匕首就向秦王猛力刺去。但是，没有刺中。秦王跳起来就逃。荆轲一把没抓住他，却将他的袖子扯断了。秦王想拔出剑来杀死荆轲，可是慌乱之中竟怎么也拔不出来。

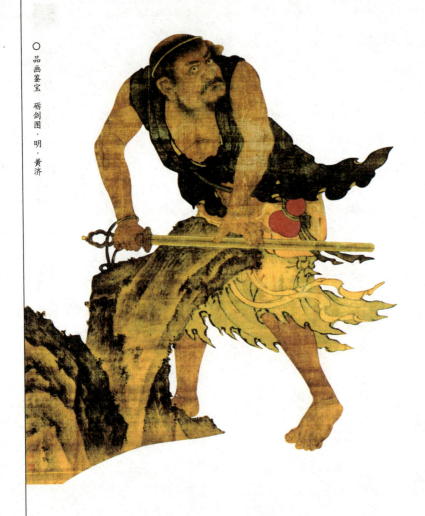

荆轲追着秦王要杀他，秦王只好围着柱子左躲右闪。满朝文武因事发突然，一时竟不知如何是好。慌乱中，一个还算比较镇定的大臣提醒秦王，将剑推倒背上，这才把剑拔出来。最后，秦王用剑砍断了荆轲的左腿。荆轲全然不顾，还拼尽全力将手中的匕首投向秦王。但不幸，仍旧没有投中。这时，殿外的武士一拥而上，将荆轲杀死了。秦王吓得半天没有缓过神来。

歇后语"荆轲献地图——暗藏杀机"就来源于此故事。

◎ 拓展阅读

朝天椒——又尖又辣 ／ 干草点灯——十有九空 ／ 吃枣子不吐核——囫囵吞 ／
按下葫芦起了瓢——顾了这头丢那头；此起彼落 ／ 关节炎遇上了连阴天——
老毛病又犯了

春秋战国时期，晋国准备举兵攻打北虢，不得不经过虞国国境。晋国大夫荀息向晋献公建议，希望他送给虞公四匹千里马和一块名贵的璧，请求虞公借一条道路，使晋军好去攻打北虢。晋献公开始不舍得，他说："白璧可是我的心爱之物，怎么舍得送给别人！"荀息于是开导他说："大王，如果虞国答应借路给我们，那么不久，虞国也会被我们晋国灭掉。送去的宝物等于说是暂时储存在虞国，到时候你再拿回来就是了。有什么不舍得呢？"

晋献公觉得荀息说的很有道理，于是就派他带着千里马和白璧出使虞国。荀息来到虞国，献上宝物，对虞公说明了来意。虞公收下晋国送来的千里马和宝物，非常高兴。他拿着白璧，爱不释手，连声赞叹。虞国有个大夫名叫宫之奇，他是个很有远见的人，见虞公收下宝物打算借路给晋国，就急忙劝阻道："大王，千万不能答应他们啊！北虢是咱们的邻邦，和我们国家的关系就好像是嘴唇和牙齿一样。如果嘴唇没有了，难道牙齿还能保得住吗？今天我们借路给晋国，让它去灭掉虢国，明天将被晋国灭掉的就是虞国了。"

虞公生气地说："晋国给我送来无价之宝，是想和我们虞国永远和好。难道我们那么吝啬，连一条路也不借吗？再说了，晋国和我们是同姓，怎么会害我们呢？"宫之奇见虞公一意孤行，仰天长叹一声，道："虞国就要亡国了啊！晋国趁这次灭掉北虢的机会，一定会灭掉虞国的！"虞公听了更加恼怒，准备治他的罪。于是，宫之奇就带着全家人悄悄离开了虞国，外出避难去了。虞公"很大方"地同意借路给晋国去进攻北虢。

然而，不出宫之奇所料，晋军在灭了北虢班师回朝时，途经虞国，假装暂住，顺手也把虞国灭掉了。晋献公取回了原先送给虞公的千里马和白璧，而目光短浅的虞公却成了晋国的俘虏。

歇后语"晋国借路攻北虢——唇亡齿寒"就源于此故事，比喻利害关系十分密切。

◎ 拓展阅读

盖了九床被子做美梦——想不透 / 超载的火车——任重道远 / 案板上的擀面杖——光棍一条 / 吃香蕉剥皮——吃里爬（扒）外 / 乌鸦唱山歌——不堪入耳

晋国借路攻北虢——唇亡齿寒

晋襄公放败将——纵虎归山

春秋时期，秦国大将军孟明视率领军队灭了滑国之后，途径地势险恶的崤山一带，却意外遭到了晋军的伏击。秦军措手不及，被晋军打败。大将孟明视和副将西乞术、白乙丙全成了晋国的俘虏。

晋襄公的后母文嬴（原是秦国公主）听说秦国打了败仗，大将孟明视等被晋军活捉了，就对晋襄公说："秦国跟我们是亲戚，我们如果杀了孟明视这些将领，肯定会伤了两国的和气。不如把他们放回去，让秦穆公处置他们吧！"晋襄公说："如果我今日放过他们，日后他们带兵来犯，那可怎么办呢？"文嬴说："以前你父亲也被秦国抓住过，可是，秦国不但没有杀他，反而把他放了回来，并且帮助他作了国君。你父亲刚刚去世，我们就忘恩负义，这会被天下人耻笑的啊！"晋襄公觉得文嬴说的也有道理，于是就把孟明视等三个败将全放走了。

晋国大将先轸得知此事后，怒气冲冲地质问晋襄公说："将士们在战场上流血拼命，才捉住他们。可是，大王你却凭妇人的一句话，就把他们轻易放走了。你这么做，也不想想会留下多大的后患。"晋襄公此时也觉得放走败将不对，遂悔恨不已，急忙派大将阳处父带人去追赶。

孟明视、西乞术、白乙丙三人被释放后，害怕晋襄公反悔，就拼命地往秦国逃去。到了黄河边上，回头一看，果然发现有人追赶。前无去路，后有追兵，孟明视等十分恐慌。正在紧急关头，只见一只小船飞快地向他们摇过来，原来是他们的好朋友前来迎接他们了。

小船载着孟明视等人刚刚离开河沿，晋国大将阳处父就带人赶到了。阳处父对孟明视高喊道："将军，请留步！我们国君派我赶来给你们送些车马，请你们收下吧！"孟明视站在船头大声回答说：

○ 品画鉴宝　兰竹图·明·魏之璜

"谢谢你们国君的不杀之恩！如果我们回去没有被杀掉的话，三年后，我们会亲自回来答谢晋国的。"孟明视等回到秦国后，秦穆公不但没有治他们的罪，还亲自到城外去迎接他们，仍然让他们执掌兵权。

三年后，孟明视果然带着军队到晋国"答谢"来了。他一举攻占了晋国好几座大城，洗刷了三年前崤山大败的耻辱。

歇后语"晋襄公放败将——纵虎归山"就来源于这则小故事。

◎ 拓展阅读

钞票洗额头——见钱眼开　/ 吃咸鱼蘸酱——多余　/ 盖房请来箍桶匠——找错了人　/ 案板上的肉——任人宰割；随人宰割　/ 近视眼看月亮——好大的星

K 篇

孔子拜师——不耻下问

据《论语》记载：有一次，孔子去太庙参加鲁国国君的祭祖典礼。他一进太庙，就向别人询问祭祖典礼的事，几乎把每个细节都问到了。当时有人讥笑他说："谁说'邹人之子'（孔子的父亲做过邹县的县官，所以当时有人把孔子称为'邹人之子'，即邹县县官的儿子。）懂得礼仪？来到太庙什么事都要问！"孔子听了那人的讥讽，回答道："我对于自己不明白的事，必定向别人请教，这恰恰是我要求知礼的表现啊！如果明明不知道却假装知道，而耻于向别人请教，我就永远不会懂得礼仪。"

孔子曾向许多人拜师学习。他向郯子请教过官名，向苌弘学习过音律，跟师襄学习过操琴，还向老子请教过《周礼》中的有关道理。在当时，郯子、苌弘、师襄和老子这些人的名声及社会地位远远在孔子之下，学问也不如孔子，然而孔子却不计较这些，仍旧虚心地向他们请教，学习他们的长处以弥补自己的不足。

卫国有个名叫孔圉的大夫，他死后谥号为"文"，因此人称"孔文子"。对于这件事，孔子的一个学生不理解，就问孔子道："孔圉为什么被称为'文'呢？"孔子回答说："他敏而好学，不耻下问，所以就用'文'字来作为他的谥号。"从这句话中，我们也可以看出孔子对"不耻下问"的学习态度是多么的推崇，而他自己也确实做到了这一点。

"孔夫子拜师——不耻下问"这个歇后语就是从这里引来的，常常用来比喻一些谦虚谨慎、不骄不躁、勇于向不如自己的人请教而不以为耻的人。

◎ 拓展阅读

案板上的鱼——挨刀的货 / 吃稀糊糊游西湖——穷开心 / 千年的石佛像——老实人 / 走路看脚印——太小心了 / 鸡蛋里挑骨头——找麻烦

○ 品画鉴宝　孔子圣迹图·清·焦秉贞

孔明大摆空城计——化险为夷

诸葛亮（字孔明）一出祁山时，由于错用言过其实的马谡，结果痛失街亭和列柳城。诸葛亮认为失了街亭，军队便进不能攻，退不能守了。于是，便传下密令，叫大军暗暗收拾行装，准备退兵。一切安排好后，诸葛亮自引五千人退到西城县。

西城县虽是个偏僻小县，但却是蜀国的屯粮之所。诸葛亮组织一帮人马在那里搬运粮草，正忙得不可开交。忽有人急报，魏国大将司马懿引十五万大军潮水般向西城杀来。此时诸葛亮身边只有一些文官，他所带的五千人又分了一半先运粮草走了，现在还没有回来。众人听到这消息，一个个吓得面如土色、魂飞魄散，不知如何是好。有人主张趁司马懿的大军尚未赶到，赶快弃城逃跑。诸葛亮心想：我身边只有两千五百兵马，若这样慌慌张张弃城而逃，跑不了多远就会被司马懿生擒活捉。诸葛亮不愧是诸葛亮，他思索了片刻，便想出了一条妙计。他沉着冷静地下令道："旌旗尽皆隐匿，诸军各守城铺，如有妄行出入高声言语者，立即斩首。大开四门，每一门用二十个军士扮成百姓洒扫街道。魏兵到时，不可擅动。"吩咐完毕，他身披鹤氅，头戴华阳巾，坐在城楼之上，笑容可掬，焚香操琴。左边有一位小童手捧宝剑，右边有一位小童手执浮尘。司马懿率大军来到城下，正要攻城，见此情景，心中顿生疑虑。他怀疑城内有伏兵，怕轻举妄动会中了诸葛亮的诡计，于是慌令退兵。诸葛亮见魏军渐渐远去，这才松了一口气。众官不解地问诸葛亮道："司马懿是魏国的名将，今统帅十五万大军来攻打西城，为何见了丞相，又突然不战自退了呢？"诸葛亮说："司马懿料我一生办事谨慎，从不轻易冒险。今天见我这模样，怀疑城中有兵埋伏，所以就速速退去了。今天我冒险摆空城计，也是不得已而为之呀！"

后人在这个故事的基础上，引出了歇后语"孔明大摆空城计——化险为夷"和"孔明弹琴退仲达（司马懿，字仲达）——好沉着"等。

◎ 拓展阅读

唱戏没主角——胡闹台 / 吃窝头就辣椒——图爽快 / 嘎小子买烧鸡——闹了个大窝脖 / 暗地里盯梢——偷偷摸摸 / 串起来的螃蟹——横行不了

孔明给周瑜看病——自有妙方

据《三国演义》记载：

曹操的军队和孙权、刘备的联军在赤壁对峙。这一天，东吴大都督周瑜来到山上眺望对岸曹军的形势。西北风吹动着山上的军旗，呼啦拉直响。这一情景触动了周瑜的一桩心事，他猛然大叫一声，口吐鲜血，昏倒在地上，不省人事。

东吴众将士见曹操强兵压境之际，大都督忽然生病，一个个心急如焚，慌了手脚。鲁肃请来东吴名医为周瑜诊治，但仍不见丝毫好转。无奈之下，他急忙去找诸葛亮想办法。鲁肃见到诸葛亮后，把周瑜暴病的事原原本本讲了一遍。诸葛亮听后，微微一笑说道："周都督的病是心病，心病还需心药医。只要我用一剂良方，担保药到病除。"鲁肃一听，喜出望外，连忙请诸葛亮去探望周瑜。

两人一前一后进入中军帐。周瑜见诸葛亮到来，连忙叫人扶起坐在床上。诸葛亮上前问候道："多日不见大都督，想不到贵体欠安。"周瑜欠身说："人有旦夕祸福，岂能担保不生病呢？"诸葛亮绕个弯说："是啊，'人有旦夕祸福'，'天也有不测风云'！"周瑜听罢，大吃一惊。他恐被诸葛亮识破心事，忙装作痛苦不堪的样子，呻吟了几声，掩饰过去。诸葛亮接着问道："都督心中是不是有些烦闷积郁？"周瑜点头。诸葛亮又说："积郁之病，需先理顺气，一呼一吸之间，自然可痊。"周瑜素知诸葛亮料事如神，知道自己今日是瞒不过去了，但还是想再试一试诸葛亮。于是，他就假意问道："若想顺气，应服什么药？"诸葛亮笑着说："我自有妙方，可使都督消除积郁。"周瑜会意，连忙屏退左右。诸葛亮要了纸笔，很快便开出了"药方"。周瑜接过"药方"一看，只见上面写着十六个字："欲破曹公，宜用火攻。万事俱备，只欠东风！"周瑜大惊失色，心里暗暗寻思到：原来诸葛亮早已知道了我的心事，真乃神人呀！

于是，周瑜就把自己的忧虑和盘托出，并认真地向诸葛亮请教。诸葛亮也不推辞，欣然表示愿意为周瑜去借东风。

后人根据这个故事引出了"孔明给周瑜看病——自有妙方"这个歇后语。

◎ 拓展阅读

旮旯里藏毒蛇——不露头 / 暗地里耍拳——瞎打一阵 / 吃苇坯拉炕席——满肚子瞎编；肚里编；嘴能编 / 唱戏的念道白——自言自语 / 纸糊人过河——衣服湿了，架子不倒

据《三国演义》记载，孙刘联合抗曹后，诸葛亮与周瑜利用曹军的弱点和曹操骄傲轻敌的错误情绪，通过黄盖使用"苦肉计"，庞统巧授"连环计"，使得火攻曹军的准备工作紧张而顺利地进行着。

然而，要想火攻曹操，必须得有东风相助。可一连几天，江面上都刮着呼呼的西北风。周瑜为此急出了病。诸葛亮精通天文，他已测定这几天会起东南风。但他故意哄骗周瑜说："我以前跟高人学过法术，有呼风唤雨的本领。只要都督为我筑起一个坛，我上坛做法，担保可以借三日三夜东风给你。"周瑜不信，让诸葛亮立下了军令状，这才传令在南屏山筑起了一个七星坛，让诸葛亮赶快做法借东风。

这一天，诸葛亮赤着双脚，身上穿了一件道士用的法衣，像模像样地登上了七星坛，开始做法借风。然而，从上午到晚上，仍然刮着西北风，周瑜和众将士都很焦急。周瑜心想：如果诸葛亮借不来东风，我一定要按军法处置他。到了三更时分，令众人吃惊的是，诸葛亮果然"借"到了东风。军心为之大振，周瑜一声令下，孙刘联军顺风放火。一时间，曹军战船烟火弥漫，大火一直烧到了岸上的军营里。结果，曹操水军死伤大半。曹操见大势已去，只得带兵狼狈逃走。

后来，人们根据这个故事，编成了"孔明借东风——巧用天时"、"诸葛亮借东风——神机妙算"等歇后语。

◎ 拓展阅读

腹中容不得一根毛——肚量小 / 吃歪藤长大的——乱纠缠 / 唱戏的拿马鞭子——走人了 / 暗室里穿针——难过 / 豆腐里寻骨头——找碴

孔明挥泪斩马谡——明正军纪

在《三国演义》中讲到，三国时蜀国的大将马谡，武艺高强，见识超群。他平时对行军作战的方略谈得头头是道，因此也很得诸葛亮的赏识。

然而，刘备临死时，却叮嘱诸葛亮说："马谡这个人言过其实，你千万不可重用他啊，否则，一定会贻误大事！"诸葛亮不大同意刘备对马谡的看法，仍让马谡做参军，每次召见他，总是从白天谈到深夜才罢休。

后来，诸葛亮准备从北山出兵攻打祁山，想一举灭掉曹魏，以报先主刘备的知遇之恩。诸葛亮手下的人都建议选派宿将魏延或吴壹去当先锋，然而诸葛亮没有采纳这些人的建议，仍旧命马谡率领大军去打头阵，和魏将张郃战于街亭。

马谡虽然对兵法很了解，但为人傲慢无礼，自以为是。诸葛亮派他去打头阵后，他没有按照诸葛亮原来的部署行事，也不听部下的忠告，一意孤行，结果被张郃打得大败，几乎全军覆没。因此，诸葛亮的整个进军计划被破坏，无奈只好退兵汉中。

诸葛亮为了明正军纪，不得不斩了马谡，同时他又想起先主刘备临终前的叮嘱，心里十分愧疚。于是，他亲自写奏章给后主刘禅，请求降职三等，以示处分。刘禅把诸葛亮降为右将军，但仍让他行丞相事，权责还和以前一样。

后来人们根据这个故事，编成了歇后语"孔明挥泪斩马谡——明正军纪"、"马谡用兵——言过其实"和"诸葛亮斩马谡——违心办事"等。

◎ 拓展阅读

唱戏的教徒弟——幕后指点 / 富贵人家的小姐——弱不禁风 / 癞蛤蟆想吃天鹅肉——痴心妄想；妄想 / 暗中使绊子——蔫儿坏 / 刮风扫地，下雨泼街——假积极

刘备在白帝城托孤之后就一命归西，后主刘禅天性愚钝，碌碌无为。蜀国上下一切军政要事都落在了诸葛亮一人身上。然而，诸葛亮始终不忘刘备当年的知遇之恩，尽心尽力辅佐刘禅。

诸葛亮平定南中叛乱后，又亲自率师北伐。然而，诸葛亮五次北伐，连连失利，这主要是因为他遇到了强大的对手——司马懿。司马懿是魏国的大将，他善晓兵机，深明韬略，用兵神速，几乎是三国中唯一可与诸葛亮匹敌的军事家。诸葛亮怕自己年世已高，有生之年不能实现先主刘备一统天下的雄心壮志，于是决定再出祁山。

诸葛亮六出祁山后，兵屯五丈原，想一举灭掉魏国。司马懿在上方谷受挫后，任凭诸葛亮如何挑衅，他始终坚守不去。诸葛亮无奈，心急如焚。

诸葛亮六出祁山之初，曾下书东吴，吴国同意和蜀国联合共取中原。然而吴国出兵不利，不久便大败而归。诸葛亮听到这一连串不幸的消息，不胜悲痛。他心力交瘁，长叹一声，终于昏倒在地，半晌才醒过来。

晚上，诸葛亮由部下姜维搀扶着，拖着疲惫不堪的身体走出了中军帐。这是一个中秋的夜晚，月白风清，星河明亮。诸葛亮仰观天文，发现将星失位，其色煌煌，摇摇欲坠，由此推断自己命在旦夕。他急忙吩咐姜维引四十九位甲兵，各执皂旗，身穿皂衣，环绕在中军帐外，闲杂人等，休得进入中军帐。诸葛亮在中军帐中祈禳北斗，自设香花祭物，中布七盏大灯，顺布四十九盏小灯。内安本命灯一盏于地上，拜斗七天。如果主灯不灭，诸葛亮便可以延寿十二年；如果主灯熄灭，他则必死无疑。

诸葛亮拜服于地祷告，读青词，通宵达旦。他白天还要处理军事要务，晚上则披发仗剑，踏罡布斗，压镇将星。祭祀到了第六夜，诸葛亮见主灯灿烂，心中暗喜。不料，正在这时，大将魏延闯入中军帐来报军情，由于脚步太急，将主灯扑灭。诸葛亮弃剑长叹一声说："生死有命，富贵在天！既然主灯已灭，我的阳寿也就要终了了。"

诸葛亮在弥留之际，还强支病体，令左右扶着上了小车，出寨遍观各军营。不久，他便病逝在五丈原（今陕西眉县）的营帐中。

后人在此故事的基础上，引出了"孔明拜斗——自知要死了"这一歇后语。

◎ 拓展阅读

父子观虎斗——大惊小怪 ／ 唱戏的抖三抖——假威风 ／ 吃水不记掘井人——忘本 ／ 熬尽了灯油——烧心（芯） ／ 狗熊耍扁担——就是那么两下子

孔子论弟子——一分为二

据《列子·仲尼》记载：

有一天，孔子的学生子夏问道："老师，您认为颜回的为人怎么样呢？"孔子回答说："颜回的仁义比我强"。子夏又问道："那么，您认为子贡的为人又怎样呢？"孔子回答说："子贡的口快善辩是我所不及的。"子夏接着又问："您认为子路的为人怎样呢？"孔子说："子路十分勇敢，我在这方面不如他。"子夏再问："子张的为人又怎样呢？"孔子回答说："子张的庄重超过了我。"

子夏听了老师的回答大惑不解。于是，他离席问孔子道："既然他们都比你强，为什么都愿意拜您为师，向您学习呢？"孔子不慌不忙地说："子夏，你坐下来，让我细细给你说。颜回虽然讲仁义，但他不懂得变通；子贡虽然口才好又善辩，但他不够谦虚，听不进别人的反面意见；子路十分勇敢，但他有勇无谋，不懂得退让；子张虽然庄重，但他却与别人合不来。他们四人各有所长，也各有所短，这就是他们都愿意拜我为师，都愿意跟着我学习的缘故。"

正是由于孔子看人，能够做到一分为二，优点和缺点都能看到，在此基础上"因材施教"，才使他成为一位影响深远的大教育家。人们也根据这个故事编成了歇后语"孔子论弟子——一分为二"。

◎ 拓展阅读

武大郎放风筝——出手不高 / 鳖子上烙冰——化汤了 / 唱戏的掉眼泪——可歌可泣；装相；收买人心 / 父子猜拳——爷俩好 / 盲人卖豆芽——瞎抓 / 土地公看傀儡——愈看愈花

○ 品画鉴宝　圣迹之图·明

○ 品画鉴宝　说唱俑·西汉

■ 匡衡凿壁——借光

　　"头悬梁，锥刺股"的好学精神，历来为世人所称颂。而"匡衡凿壁"的故事，也为人们所津津乐道，它讲述的是我国古代一位年轻人勤奋好学的经历。

　　据《西京杂记》记载，西汉学者匡衡年轻时十分好学。他家境贫寒，白天要出去干活养家糊口，只有到了晚上才能静下心来看书。但由于没有钱买蜡烛，一到夜晚，小屋里便漆黑一片，什么也看不见。这可怎么办呢？匡衡为此十分苦恼。

　　有一天，他偶然发现只有一墙之隔的邻屋家里点着蜡烛，他灵机一动，就在自家的墙壁上悄悄地凿了一个小孔，蜡烛微弱的烛光就透过洞口照在书上。就这样，匡衡常常在洞口旁看书到深夜。后来邻居发现了这件事，对他勤奋好学的精神十分赞赏，不但没有责怪他凿穿墙壁，还经常给他一些力所能及的帮助，这使得匡衡深受鼓舞，读起书来也更加用功。

　　匡衡所居住的地方有一个大户人家，主人虽不识字，却有很多藏书。匡衡知道了之后，就特意卷起铺盖来到了这个大户人家当佣工。他每天起早贪黑地干活，十分勤快。主人见了非常高兴，就想给他多发些工钱，然而匡衡执意不要。主人感到很奇怪，就问他怎么回事。匡衡诚恳地说："我没有什么别的要求，只要你允许我读你家的藏书，我就心满意足了。"主人被匡衡的好学精神所打动，就把家里的书借给他读。

　　一天天过去了，匡衡凭着勤奋好学的精神，终于成为西汉时期有名的学者。后来，他还做了汉元帝的丞相。

　　"匡衡凿壁——借光"这句歇后语就源于这个故事。

◎ 拓展阅读

泥菩萨的眼睛——有珠无光 / 吃桑叶吐丝——肚里有货 / 唱戏的点兵——名不副实 / 釜底抽薪——奄奄一息（熄）/ 鳌子上烙饼——翻来翻去

L 篇

浪里白条斗李逵——以长攻短

《水浒传》里的"黑旋风"李逵出身贫寒，但却为人仗义，性情豪爽。他在江州与"及时雨"宋江第一次见面时，宋江见他生活拮据，就送给他十两银子。可是，不一会儿就让他给赌博输掉了。他心中实在是过意不去，就想弄两条活鱼送给宋江吃，结果一不小心又把渔船主人养在舱里的活鱼都给放跑了，这下可闯了大祸！

这渔船主人名叫张顺，绰号"浪里白条"。张顺看李逵放走了他辛苦捕来的鱼，哪里肯依，于是就和李逵对打起来。李逵身强力壮且武艺高超，弱小的张顺战了几个回合，渐渐有些招架不住，眼看就要败下阵来。这时张顺忽然想到，自己从小生活在水边，水上功夫了得，若能把对手引下水来，肯定能将他制服。于是他一转身跳到了船上，用言语激李逵下水。李逵是个"旱鸭子"，不通水性，任凭张顺怎么挑衅，就是不肯下水。于是，张顺就拿着竹篙猛往李逵的腿上戳，戳得李逵上了火，终于中了张顺的计跳上了船。

张顺见李逵上了船，心中暗喜，就一下子把船撑到了江心。李逵水性不高，看四周都是水，心里直发慌，可又上不了岸。这时，张顺扔下竹篙，对李逵说："我用不着跟你厮打，先叫你喝点水再说。"说完，张顺两脚一晃，就把船翻了个底朝上，李逵一下子落入水中，张顺先把他摁到水底，又把他提上来。这两个人，一个浑身黑肉，一个遍体白肉，张顺把李逵灌得直翻白眼。可怜李逵空有一身蛮力，这时却有劲使不上来。机智的张顺凭借自己的水中功夫，打败了力气比自己大、武功比自己高的李逵。

在岸上看热闹的人见此情景，无不鼓掌喝彩，直到熟人在岸上把张顺喝上岸，张顺方才罢休。

后来，人们就根据这个故事引出了"浪里白条斗李逵——以长攻短"的歇后语。

○ 品画鉴宝 定窑白釉五兽足熏炉·宋

◎ **拓展阅读**

唱戏的穿龙袍——成不了皇帝 / 吃了早饭睡午觉——乱了时辰 / 斧砍三江水——不断流 / 八百铜钱穿一串——不成调（吊）/ 脑袋顶上流脓——坏到了顶

据《三国演义》描述，刘备出兵攻取汉中时，老将黄忠不服老，坚决请求出战。他虽然年事已高，但威风不减当年，几仗下来，竟攻下了曹军的粮库天荡山，获得了大批粮草。刘备闻此喜讯，心中自然十分高兴，他打算亲自率兵出征，一举平定汉中。于是，他将黄忠召来说道："如果我让老将军您去攻打定军山，不知道您还能不能拿下来？要不要先休息几天再说呢？"黄忠一听不高兴了，就说："主公不要以为我年纪大了，就一定会输给那些娃娃们。如果你不相信我的能力，黄忠愿立军令状！"

黄忠立即率兵下了天荡山，来到定军山口。他想尽快拿下定军山，向刘备报喜，可他一次次挑战，坚守定军山的曹将夏侯渊就是不肯出来迎战。过了好久，夏侯渊突然接到曹操送来的一封信，信上说曹操亲率大军四十万来争夺汉中。夏侯渊心想：曹操的大军一到，功劳就让别人抢了去。如果我再不出战，就没有立功的机会了。于是，他立即下令：张郃守山，夏侯尚出兵诱敌。黄忠得知夏侯渊出兵了，心中大喜。他先令牙将陈式应敌，结果被夏侯尚活捉了。黄忠又下令士兵向前逼近。两军交锋，夏侯尚见前来跟他交手的竟是一位年迈的老将，便哈哈大笑，轻蔑地说："难道刘备手下没有人了吗？"黄忠一听，也不答话，拍马舞刀，直取夏侯尚只一个回合，便活捉了夏侯尚，并用他换回了陈式。

黄忠率军逼到定军山下，夏侯渊仍旧坚守，按兵不动。这时，身经百战的黄忠便决定先去攻打定军山西面的一座山头。这个山头防守力量薄弱，只有几百人马，他们见黄忠大军拥来，吓得拔腿就跑。夏侯渊知道后，便分兵围住了黄忠占的山头，想引他下山，决一死战。但黄忠视而不见，也按兵不动，直到曹兵倦怠，渐渐放松警惕了，黄忠便一马当先，率军冲下山来，势如破竹，直扑夏侯渊营寨，夏侯渊营寨顿时乱作一团。只见黄忠宝刀一闪，夏侯渊就被砍死马下，黄忠乘势去夺定军山。在赵云等人的配合下，打得曹军落花流水，弃甲而逃。

人们根据这个故事编成了歇后语"老黄忠下天荡山——一扫而平"。

◎ 拓展阅读

八辈子的老陈账——说不清 / 吃了一肚子响雷——胆大包天 / 耳朵漏风——听不进 / 脑门子上长眼睛——朝上看 / 唱戏的挨刀——不怕；无伤大体；无关大体

101

李逵骂宋江——过后赔不是

据《水浒传》描述，"黑旋风"李逵虽然性情急躁、行事莽撞，但却心地善良、疾恶如仇。

这天，李逵和"浪子"燕青一起投宿在刘太公庄上。当晚，他俩听说刘太公的女儿两日前被梁山泊的宋江强抢去了。李逵信以为真，一气之下，就立即返回山寨，怒气冲冲地直奔忠义堂而来。

李逵拔出大斧，先砍倒了杏黄旗，又把"替天行道"四个大字撕得粉碎，接着，他又抢斧上堂，要杀宋江。众人见他这样，慌忙将他拦住，问他到底出了什么事。李逵已经气得说不出话来，还是燕青将事情的来龙去脉详细地向众兄弟说了一遍。

宋江听了，急忙申辩道："哪有这回事？我宋江虽然称不上英雄好汉，但岂会做这种伤天害理的事情？"李逵怒目圆睁，大声嚷道："我和燕青亲耳听到，难道是冤枉你不成？我平时把你当作好汉，你原来却是畜生！快把那女子送还刘老，不然，我这把板斧可是翻脸不认人的！"宋江一听他这么说，也动了气："你且不要闹嚷，既然那刘太公和各位庄客都在，我们现在便可到那庄上当面对质。若抢他女儿的人是我，我自己拿脖子受你板斧；如果不是我，你这家伙没上下，该当何罪？"李逵大声说道："如果不是你，我就把这颗脑袋输给你！"

宋江一行人来到刘太公庄上，李逵把刘太公叫了出来，让他当着众位兄弟的面仔细认一认宋江。他手里提着板斧立在宋江旁边，只等那刘太公说一声"是"，便要下手。刘太公来到宋江面前，定睛仔细地看了又看，然后摇摇头说："不是他，不是他！"宋江说："刘太公，我便是梁山泊宋江，你的女儿是被别的人假托我的名字骗抢去了，你如果打听出来是谁，我替你做主。"说完，他回头瞪了李逵一眼，也不说话，便引着众人回山寨去了。

燕青见宋江生气走了，急忙问李逵道："我们冤枉了宋大哥，这可如何是好呢？"李逵说："只因为我性子太急，这才做错了事。事到如今，我也没脸回去见哥哥了，我自己把头割下来，你拿着回去向哥哥谢罪吧。"燕青见他这样，慌忙劝道："好兄弟，这只是误会，宋大哥心胸开阔，想必也不会伤你性命。"

于是，李逵按照燕青教的办法脱下衣服，绑缚麻绳，背上荆仗，自己到忠义堂负荆请罪来了。宋江见李逵认错，气也消了，他站起身扶起李逵说："你一向行事莽撞，也不查明真相便来兴师问罪。这次且饶过你，你去将那'假宋江'捉来，救回刘太公的女儿，也算是将功补过吧。"李逵听了，高兴得跳起来，拍拍胸脯说："我去捉那厮，保证手到擒来！"

后来，李逵和燕青打听到抢刘太公女儿的是牛头山的王江和董海，便杀了这两个毛贼，将那女子送回到刘太公庄上。

人们由这个故事引出了"李逵骂宋江——过后赔不是"这个歇后语。

◎ 拓展阅读

歪嘴和尚——没正经 / 八哥啄柿子——拣软的欺 / 吃了砒霜的老母鸡——抬不起
头来 / 耳朵上挂板子——打听打听；打听 / 唱皮影戏的跌跟头——丢人打家伙

○ 品画鉴宝　彩绘勾首陶马·唐

李义府为人——笑里藏刀

　　李义府，是唐初饶阳（今属河北）人，由于他善于奉承拍马，深受皇帝的宠信，官职一升再升。唐太宗时，他官为监察御史，后又任太子舍人。唐高宗时，李义府的官职已经升至中书令、右丞相。

　　李义府在朝中官位显赫，权力很大，但他的平易近人却是伪装出来的。他表面上看起来总是谦逊谨慎、公正廉洁，无论是职位比他高的人还是职位比他低的人，他都是笑脸相迎、温和谦恭。不明真相的人，还真会把他当成老好人。但实际上，他内心十分偏狭、阴险，好猜忌，好嫉妒，谁要是不合他的心意，他就暗中陷害。

　　有一次，李义府听说监狱里有位女囚犯，正值青春妙龄，而且貌美如花，不觉怦然心动。他用甜言蜜语说通了狱吏毕正义，让他免了这位女囚犯的罪，这个女犯刚一出狱，就被李义府设计霸占了，后来，有人为此告发了毕正义。

　　道貌岸然的李义府此时却装出一副对这件事一无所知的样子，当着众位官吏的面，对毕正义教训了一番，还煞有介事地说："你怎么能够知法犯法呢？圣上待你不薄，你却背地里干这种事，如何对得起自己的良心呢？"事情到了这一步，毕正义跳进黄河也洗不清了，便含冤自杀了。对于告发者王某，李义府表面上不说什么，背地里却在唐高宗面前大进谗言，结果，不久王某便被罢了官，还被发配到边远的地区。

　　时间一长，上至官吏，下至黎民百姓都看清了李义府的真实面目，难怪当时的人们对李义府的评价就是"笑里藏刀"，真可谓一针见血。

　　歇后语"李义府为人——笑里藏刀"就由此而来，比喻表面和善而内心阴险狠毒。

◎ 拓展阅读

唱木偶戏的——尽捉弄人 / 春天河边——富有诗（湿）意 / 耳朵眼里下棋——摆不开阵势 / 八个老汉划拳——三令五申（伸） / 歪嘴吹海螺——两将就

北宋末年，高俅当上了太尉，由于他膝下无子，发迹后便收养了自己叔叔的一个儿子高衙内。高衙内狗仗人势，在北京城里专干淫污人家妻女的勾当，百姓们因为惧怕高俅的权势，不敢与他争锋，背后都叫他"花花太岁"。

高衙内有一次在岳庙附近游玩，偶遇了八十万禁军枪棒教头林冲的妻子，他见林冲的妻子气质高雅、貌美如花，就三番五次设计调戏。然而，因有林冲相护，他的图谋一直未能得逞。高衙内因此对林冲心生怨恨，总想置林冲于死地，然后再霸占他的妻子。于是，他便和贼父高俅等人设下了一条毒计。

有一天，林冲花了一千两银子买了一把宝刀，回到家里，林冲把这口刀拿在手中，翻来覆去地看还看不够。他心想：这把刀可真是稀世珍品，千两银子花得太值了！听说高太尉府中也有口宝刀，我以前几次要借看，他都不肯。今天我也买了一口宝刀，不知和他的刀比起来怎么样呢？

第二天上午，林冲的家里忽然来了两个素不相识的人，他们口称是高太尉的旨意，传林冲到太尉府内比刀。林冲虽然从未见过他们，但听说他俩是新来的参随，也就没有怀疑，急忙穿好衣服，手里拿着新买的宝刀，随着那两个人进了太尉府。

那两个人带着林冲从前厅到后堂，一连穿过了好几道门，最后来到了一座厅堂前。两人叫林冲暂在檐前等候，说是自己要入内禀告太尉，林冲也不便多问，便只好耐心等待。可是他左等右等，大概过了半个时辰，仍不见有人来唤他，不禁心中生疑。林冲把头探入帘中一看，顿时大惊失色。原来这是军机重地白虎堂！朝廷明文规定闲杂人等不得擅入白虎堂。林冲一下子慌了神，急忙转身要走开，却被高俅逮个正着！高俅矢口否认"比刀"一事，假惺惺地呵斥道："林冲，你胆子可真不小啊！没有接到命令，你居然敢随随便便闯入白虎堂！你眼里还有没有王法？你手里还拿着大刀，莫非是来刺杀本官的！"林冲急忙申辩，可是高俅哪里肯听？欲加之罪，何患无辞？就这样，林冲误中高俅等人的奸计，被打入了监牢。

歇后语"林冲误闯白虎堂——单刀直入"就由此而来。

◎ 拓展阅读

唱歌不看曲本——离了谱 ／ 春天的毛毛雨——贵如油 ／ 二尺长的笛子——神吹 ／ 歪嘴当骑兵——马上丢丑 ／ 八个钱买碗馄饨——没有面

林冲到了野猪林——绝处逢生

　　前一篇已经讲过，林冲被高俅陷害，被刺配沧州充军。解押林冲的官差董超和薛霸二人，早就被高俅用银两收买。一路上，他们不但百般折磨林冲，还奉高俅之命，准备在路上见机行事杀掉林冲，然而，林冲却浑然不觉，还幻想着早日刑满释放，好回到东京一家团聚。

　　这一天，他们来到了偏僻的野猪林，这里森林茂密，人烟稀少。三人走进林里，解下行李准备休息。林冲走了好几天的路，累得要命，再加上一路上被那两个解差折磨，更是苦不堪言。好不容易可以休息了，于是他找了棵大树躺下，不一会便迷迷糊糊地睡着了。朦胧之中，林冲觉得有人在捆绑自己，睁开眼一看，原来是董、薛二人。董超和薛霸谎称害怕林冲逃跑，所以才把他捆绑在树上。林冲也不做理会，由着他俩捆绑，自己继续睡觉。

　　这两个解差把林冲缚绑之后，却转过身去，一起拿着水火棍，冲到了林冲跟前。董超一脚将林冲踹醒，恶狠狠地说："林教头，休怪我俩无情，俗话说，'人为财死，鸟为食亡。'我俩拿了高太尉的银子，就得为他卖命。你若有什么冤屈，死后变成厉鬼尽可以找他算账！"林冲看到这形势，才恍然大悟，知道自己不久将命丧黄泉，无奈手脚被缚，空有一身本领，此刻都动弹不得。他仰天长叹一声说："想我林冲一生做事谨小慎微，没想到今天却将糊里糊涂命丧在这荒野之地。难道是上天有意和我作对吗？"薛霸听得不耐烦，举棍对着林冲的脑袋就劈下来。

　　说时迟，那时快！忽然松树背后有人大喝一声，一支铁禅杖飞过来，将水火棍弹出去几丈远。随即从半空中跳出一个胖和尚来！林冲定睛一看，心中暗喜，原来此人正是林冲的拜把兄弟——"花和尚"鲁智深。

　　鲁智深怕高俅派人在路上加害林冲，竟一路尾随，暗中对林冲进行保护。这鲁智深一向嫉恶如仇，看那董、薛二人竟然见利忘义，要取林冲性命，不禁怒火中烧。他挥起禅杖，要打两个解差，林冲连忙劝说道："算了，兄长既然救了我，就不要再害他俩性命，不然……"鲁智深见他这样，也只好作罢。他喝令董超、薛霸扶着林冲，走出了野猪林。

　　林冲死里逃生，一路上由鲁智深护送，终于平安来到了沧州。

　　后来人们根据这个故事，编成了歇后语"林冲到了野猪林——绝处逢生"。

◎ 拓展阅读

歪脖子说话——嘴不对心 / 八个歪脖坐一桌——谁也不正眼看谁 / 春天的萝卜——心虚 / 常胜将军上疆场——不获全胜不收兵 / 二八月的衣服——形形色色 / 大年三十看皇历——没日子啦

林冲上梁山——官逼民反

前一篇已经讲过，董超、薛霸没能杀死林冲，回去跟高俅报告，高俅恐留着林冲性命难免夜长梦多，于是又指使心腹陆虞侯等人前往沧州伺机谋杀林冲。

林冲被发配到沧州后，起初被派去看守天王庙。不久，陆虞侯等人同营官相互勾结，又把林冲调去看守草料场。他们想乘林冲不备之时，火烧草料场，置林冲于死地。

这一天，林冲卷好行李，提着花枪，冒着鹅毛大雪来到了草料场。那间供他居住的草屋四面透风，在风雪中摇摇欲坠。林冲坐在火炉边，还是被冻得直打冷颤。林冲心想：住在这破屋里，如何过得了一个冬天呢？待天晴了，我一定得去找个泥瓦匠来好好修理一下。这时，他感到饥肠辘辘，就出去买了一点酒肉吃。等他回来时却发现，茅草屋已经被大雪压塌了！

此时，天色已晚，林冲无处安身，便随手拿了一条破絮，来到附近的一座山神庙里睡觉。林冲刚关上了庙门，忽然听见草料场方向传来一阵剥剥的爆响。原来草料场起火了！林冲大惊，正要出门救火，却意外地听见有人在门外小声说话。他仔细听才明白，这几个人是高俅手下的爪牙陆虞侯等人，是他们故意放火烧草料场，想置林冲于死地。

庙外的几个人正谈得起劲，而林冲已经是怒火中烧！他想到自己一直逆来顺受、忍辱含垢，不想得罪别人，没想到高俅父子竟然如此狠毒！他再也无法忍受，于是就提起花枪，怒气冲冲地冲出庙门，几下子就结束了陆虞侯等人的性命。

这下林冲可闯了大祸了，他知道高俅绝不会放过自己，官府也会四处抓捕他，走投无路之下，他便在柴进的引荐下上了梁山。

歇后语"林冲上梁山——官逼民反"就来自于此故事。

◎ 拓展阅读

常胜将军回朝——凯旋归来 / 拜年的嘴巴——尽说好话 / 船老大坐后躺——看风使舵 / 二齿钩子搔痒——是把硬手 / 歪嘴戴口罩——看不出毛病 / 秃子演戏——大家观光

　　春天将要过去了，有一天，林黛玉背着自己的花锄，带着自制的花囊独自一人到大观园中赏花。一路上落红满地、落英缤纷，花瓣随着春风四处飘散，到处都是一幅残春的凄惨景象。看着这样残破的春景，林黛玉不禁轻叹了一声，正走着的时候，突然几对燕子在自己的身边飞来飞去。它们的嘴里叨着很多花瓣，好像要衔泥筑巢。林黛玉见了，更增添了心头的伤感，她摇着头轻声地叹息着，眼中不禁又流下了泪。

　　林黛玉从小就是个多愁善感的女子，从小的生活经历使她很敏感，时常触景生情。现在看到暮春的景象，不禁悲从中来，很自然地联想到了自己的身世和遭遇：自己父母双亡，又远离故土、寄人篱下，真的就像这"红消香断无人怜"的落花啊！林黛玉一边走着，一边看着周围的景色，从这暮春的败景中预感到了自己和大观园的女子们昙花一现的结局，不觉悲从中来，心灰意冷了。她的泪眼望着满地纷飞的落英，哽咽着自言自语："花儿，你长年累月受着风霜雨雪的摧残，一年中只能盛开那短短的一段时间，死去之后，你的魂又在哪里呢？我真想像鸟儿一样生出一对翅膀，然后随风飞到天的尽头！然后我们就一起在天的尽头埋葬，埋葬在香坟里吧！可是，天尽头啊，我们的香冢又在哪里呢？在哪里呢？"

　　林黛玉自然找不到天尽头的香冢，她只好在地上的人间做一个花冢，来埋葬和自己一样命运的落花。她一路上打扫着残花的落瓣，把它们兜在自己的香囊中，就这样穿柳度花，不知不觉间来到了她和宝玉前几日共同葬花的画架前。她一边掩埋着落花，一边吟起了《葬花辞》，这首诗凄凄切切、如泣如诉，遣词造句十分的悲凉。"……桃李明年能再发，明年闺中知是谁？……侬（我）今葬花人笑痴，他年葬侬知是谁。一朝春尽红颜老，花落人亡两不知。"

　　大家都说黛玉很痴情，但是还有和她一样痴情的人。这天宝玉看到春天渐渐地就要过去了，看到满地落英，感到很伤感，也来到这里葬花，正巧目睹耳闻了这一切。宝玉呆呆地在山坡上屏息静听黛玉的诗句，不知不觉地也陶醉在那种意境之中，恍惚觉得林妹妹真的就要离他而去，好像以后再也找不到她一样，吓得他目瞪口呆。林黛玉在那里继续地吟着诗，当吟到"侬今葬花人笑痴，他年葬侬知是谁"时，宝玉这个惜花怜玉的痴男不禁恸倒在了山坡上。

这就是林黛玉葬花的故事，歇后语"林黛玉葬花——自叹命薄"，就是由此引来的。

◎ 拓展阅读

八卦炉里睡觉——热气腾腾 / 穿着汗衫戴礼帽——不相称 / 常胜将军出征——所向无敌 / 二齿钉耙锄地——有两下子 / 外婆得了个小儿子——有救（舅）了

○ 品画鉴宝　红楼十二钗之李纨·清·费丹旭

111

刘备的儿子刘禅小名叫阿斗，刘备死的时候，嘱托诸葛亮辅佐阿斗，但是阿斗却是个昏庸无能的人，即位后，他从来都没有自己的主张，朝中的大小事务都由诸葛亮一个人掌管。后来诸葛亮病死在了五丈原，姜维代替诸葛亮负责军务，朝中虽然也有一些大臣辅佐他，但他整日里只知道玩乐，一点也不管国家大事。他还宠信一个叫黄皓的宦官，把朝廷上下搞得乌烟瘴气，气得姜维也不回成都了，长时间在外面准备伐魏的事情。

司马昭看到刘禅很无能，就派手下的大将邓艾去偷袭蜀国，邓艾到达成都时，成都城中还有好几万的兵士，邓艾的手下才不过两千人，但姜维却投降了，朝廷中的许多大臣觉得很羞辱，他的儿子甚至为此自杀了。而刘禅却不管那么多，和郤正、刘通等人随魏军回到洛阳后，整天只知道吃喝玩乐，一点也不懂怎样跟人打交道，不管什么事情都全靠郤正指点他。

刘禅到洛阳之后，司马昭就以魏元帝的名义，封他为安乐公，还把他的几个子孙封了侯。司马昭这样做只不过是为了笼络人心，但是在刘禅看来，就已经是很大的恩典了。

有一次，司马昭大摆酒宴，请刘禅和原来的几个蜀汉人臣参加。司马昭让一班歌女演出蜀汉地区的歌舞，那些蜀汉的大臣们看了这些舞蹈，想起亡国的痛苦，都伤心地哭了，只有刘禅一个人看得很开心，就像当初在蜀国的宫廷中一样。

司马昭看了，就笑着问他："你在这里想念蜀汉吗？"刘禅看得很入神，就哈哈笑着说："我在这儿很快活啊，一点也不想念蜀地。"司马昭哈哈大笑，转身又去和别人说话了。

郤正在旁边听见了，觉得太不像话，就教他说："如果晋王以后再问起你，你应该流着泪说：'我祖上的坟墓都在蜀地，没有一天不想那边啊。'这样一来，晋王说不定就放我们回去了。"刘禅就傻乎乎地点了点头。

过了一会儿，又一段蜀地的舞蹈跳完了，司马昭果然又问刘禅想不想蜀地，刘禅想起郤正教自己的话，就赶紧挤出两滴眼泪，把刚才郤正教自己的话背了一遍。司马昭见他这样，心里一下子就明白了，笑着说："安乐公这话好像是从郤正那里听来的吧？"刘禅马上就吃惊地说："对，对，就是郤正教我的啊。"司马昭不由得笑起来了，周围的人听了也都哈哈大笑了起来。司马昭也终于知道了刘禅是多么无能的一个人，觉得他没有什么威胁，也就不想杀死他。

后来，人们就用这个歇后语比喻那些没有一点才能、扶不上墙的人。

◎ 拓展阅读

肠子痒了——不能挠 ／ 二八月的庄稼——青黄不接 ／ 船舱里生小鸡——漂浮（孵） ／ 八卦阵里骑马——闯不出路子；出路难找 ／ 王老道求雨——早晚在今年

○品画鉴宝 关羽擒将图·明·商喜

荆州这地方很富裕，而且处于战略要地，谁要是占据了这个地方，就可以西进四川，东取吴越。那个地方原本是刘表的，刘表死后，他的几个儿子很无能，就投降了曹操。

赤壁大战时，诸葛亮趁着大乱就让张飞出兵占领了荆州，但是表面上却说是暂借，为的是有一个安身的地方。后来，东吴的鲁肃去向刘备讨荆州时，诸葛亮却说："荆州本来就是刘表的基业，我主刘皇叔和刘表同是汉室宗亲，刘表虽然死了，但是他的儿子刘琦还在啊。我主因为是他的叔父，所以才帮他取回荆州，这有什么不对的吗？"鲁肃听了，只好说："好吧，但是如果刘琦公子不在了，城池就应该归还给东吴。"诸葛亮点点头，答应说："公子在的话，就要守着荆州；如果不在了，再作商议吧。"

可是没有多久，刘琦就病死了，鲁肃就又来讨还荆州。诸葛亮却反驳鲁肃说："刘表是我主公的弟兄，他死了之后，弟承兄业，这有什么说不过去的呢？况且赤壁大战时，如果不是我借来了东南风，东吴又怎么会又那么大的成功呢？我们也出了那么多的力，难道就不应该有一点收益吗？"

鲁肃很为难，就说："当初刘皇叔在当阳被曹兵围困，还是我亲自引孔明你渡江见我主孙权的，后来周都督本来要派兵强取荆州的，还是多亏我挡住。上次本来已经说好了，等公子刘琦一死就归还的，还是我在我主面前作的担保，现在又怎么好反悔呢？"诸葛亮就假意替鲁肃出主意说："如果先生觉得回去之后不好交代，这样吧！我让我家主公写一个文书，就暂时借荆州，等我们得到了西川，有了立足之地之后，就将荆州归还给东吴，你看怎么样？"鲁肃只好答应了。

刘备就写了一份文书，让诸葛亮作保人，鲁肃自己也在文书上押字作了证。但是，后来刘备取得了西川，鲁肃又来索取荆州时，刘备仍然借故推诿，不肯归还。最后东吴没有办法，只好派兵偷袭，这才夺回了荆州。

"刘备借荆州——有借无还"这个歇后语就是从这个故事里来的，意思是借东西却不归还。

◎ 拓展阅读

疮口上贴膏药——揭不得 / 肠子不打弯——直性子 / 二八月的天气——一冷一热；忽冷忽热 / 八级工学技术——精益求精 / 歪脖子看表——观点不正

刘备摔阿斗——收买人心

据《三国演义》描述，曹军在新野被刘备打败之后，曹操非常生气。为雪新野之耻，他又令大军分作八路进攻樊城。势力还很弱小的刘备抵挡不住，便放弃樊城，携带百姓向江陵退却，曹操命令部下连夜追赶刘备。

当刘备急急忙忙撤退到当阳县景山脚下时，天色已晚，他就让兵马在此驻扎休息。四更时分，曹军追赶上来，将刘备等人团团围住，幸好张飞及时赶到，才杀出一条血路来。张飞保护着刘备继续东行，他们边走边战，直到天明，曹军才渐渐远去。这时，刘备才喘了一口气。可是，刘备忽然发现他的家人和大将赵云都不在了，顿时急得不知如何是好。

原来赵云和曹军一阵厮杀后，却发现主公刘备的家小都失散了，便慌忙拍马冲进曹军中去寻找。经过一阵激烈的拼杀，赵云找到了刘备的甘夫人，并把她交给张飞保护。自己又独自去找糜夫人和刘备的儿子阿斗。又是一场生死拼搏，赵云终于在一位百姓的指点下，找到了她们二人。糜夫人因自己伤势过重，怕连累赵云，便把怀中的孩子阿斗托付给赵云，自己投井而死了。赵云推倒墙壁，掩埋了糜夫人，便赶快抱起阿斗上马往回跑。一路上，赵云遭到了曹军的一次次围追和堵击，混乱中不知战了多少回合，才终于冲出重围。

赵云追上刘备等人，将阿斗亲手交给刘备，这才发现自己在刚才的拼杀中已经是遍体鳞伤了。刘备接过阿斗，再看看浑身是伤的爱将赵云，不禁感慨万分。忽然，他一下子将儿子阿斗摔在地上，拉着赵云的手说："为了这小子，差点折损了我的一员大将！"赵云听了刘备的话，深受感动。他急忙抱起地上的阿斗，拜服在刘备跟前，流着眼泪说："赵云万死，也难报主公的知遇之恩啊！"

后人有诗这样评说此事："曹操军中飞虎出，赵云怀里小龙眠。无由抚慰忠臣意，故把亲儿掷马前。"

人们根据这个故事，编成了歇后语"刘备摔阿斗——收买人心"。

○ 品画鉴宝　赤壁图·南宋·李嵩

◎ 拓展阅读

弯刀遇见瓢切菜——正合适 / 长竹竿进城门——难转弯；转不过弯来 / 窗户上糊纸——一捅就破 / 半天云里踩钢丝——提心吊胆 / 八角掉进粪坑里——香臭不分；香臭难分

刘姥姥坐席——净出洋相

这是古典名著《红楼梦》里的故事。

刘姥姥是农村的一个老太太，虽然祖宗和贾家有些亲戚，但是却长久也不来往。有一年，乡下遭了灾，刘姥姥就到贾府来请求贾府帮衬帮衬。后来贾母知道了，也很想和她说说话，于是刘姥姥就到大观园里来了几次。凤姐等人为了哄贾母开心，就处处作弄刘姥姥，刘姥姥由于没见过什么世面，总是出洋相，闹出了不少的笑话。

刘姥姥有一次进大观园，贾母、凤姐正好在园子里摆酒席，就也让刘姥姥来入席。王熙凤见大家都坐好了，就让仆人们给大家每人一双乌木的三镶银箸，到了刘姥姥这里却给她拿了一双四楞的象牙镶金的筷子。刘姥姥不知是计，入了座之后，就拿起筷子来，可是只觉得这筷子沉甸甸的不听使唤。她就笑着说："这个又把子（农村用的木制的叉样的农具），比我们那里的铁锹都重好多，怎么能拿得动呢？"大家听了，都哈哈大笑起来了。

凤姐又故意捡了一碗鸽子蛋放在刘姥姥的面前，并对刘姥姥说，按照贾府的规矩，吃饭之前一定要先说一句话才行，刘姥姥赶紧答应了。于是，贾母刚说完"请吃"两个字，刘姥姥就站起来，高声地说道："老刘，老刘，食量大如牛，吃个老母猪不抬头。"说完，就鼓着腮帮子，一声也不吭了。大家刚开始的时候还没有想起来是什么意思，待回过神来，一个个都笑得岔了气。

但是刘姥姥自己却不笑，她看了看桌上的鸽子蛋，奇怪地说道："你们府里的鸡也俊俏，连下的鸡蛋也这么小巧。"众人见她把鸽子蛋当成鸡蛋，就又大笑起来了，贾母连眼泪都笑了出来。凤姐却故意憋着笑说："一两银子一个呢，你快尝尝吧！"

刘姥姥听了，就忙伸出筷子来夹鸽子蛋，但是哪里能夹得起？在碗里夹来夹去的，过了好久，才好不容易夹起一个，刚要往嘴里送，鸽子蛋太滑，就掉到了地上。刘姥姥忙放下自己的筷子，到地上四处找那个鸽子蛋，可找了半天也没有找见，其实早有人捡起来给扔了，此时的刘姥姥嘴里叹息着说道："唉，一两银子呢！也没听个响声儿就没了。"

就这样，一顿饭下来，刘姥姥闹了很多笑话，大家也都拿着刘姥姥开心取笑，笑得肚子都疼了。"刘姥姥坐席——净出洋相"这个歇后语就是从这里来的。

◎ 拓展阅读

穿钉鞋踩屋瓦——捅娄子 / 八十个人抬轿子——好威风 / 二姑娘绣荷包——细功夫 / 长尾巴蝎子——毒极了；最毒 / 猫捉老鼠——靠自己的本事

梁红玉击鼓——贤内助

韩世忠是南宋著名的抗金将领，和岳飞关系密切。韩世忠的妻子，名叫梁红玉，也是一个侠肝义胆的奇女子，她击鼓助战的传奇故事，至今仍被人们所传颂。

有一次，金国大元帅金兀术率兵长驱南下，攻占了金陵。不久，他又野心勃勃地向京口（今江苏省镇江市）杀来。负责镇守京口的大将韩世忠面对强敌，显得十分焦虑。他的妻子梁红玉却十分沉着，鼓励他发动军民修城筑壕，尽快做好战争准备。

为了探听宋军的虚实，金兀术与军师哈密蜚悄悄地乘船来到了金山寺。他们虽然行事谨慎，但还是被韩世忠的伏兵发现了。结果，二人只得仓皇逃窜，准备半夜偷袭宋军大营。梁红玉胆大心细，早预料到金兵后半夜可能会来偷营劫寨，就提醒韩世忠做好战斗准备，并向他献了诱敌深入、智歼强敌的计谋。韩世忠听了大为赞赏，于是就命梁红玉在帅船上击鼓指挥。梁红玉对他说："那我就以击鼓为号：一通鼓进；二通鼓退；三通鼓伏兵起。"商量完毕，二人就分头准备去了。

梁红玉果然料事如神。当夜五更时分，金兀术亲自率领着数百艘的战船悄悄地来袭击宋军大营。当金兵快要逼近宋军大营时，梁红玉及时地击

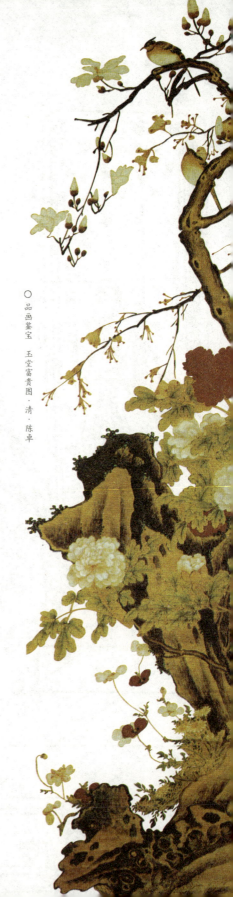

○品画鉴宝 玉堂富贵图·清·陈卓

起了一通鼓，于是韩世忠立即指挥宋军战船飞速迎敌，双方杀得难分难解。梁红玉见诱敌的时机成熟，马上果断地擂起了二通鼓。听到鼓声，韩世忠立即指挥战船边战边假意向芦苇荡里撤退。金兀术以为宋军战败逃跑，慌忙令部下紧追不舍。不一会，宋军就将金兵驾驶的船只全部骗进了芦苇荡中。梁红玉见金兀术中计，不失时机地擂起了三通鼓。这时，早已埋伏在那里的宋军小船，箭也似地穿了出来。一瞬间，万箭齐发，直射得金兵船毁人亡，死伤大半。金兀术见势不妙，慌忙传令退兵。

这时，天已渐渐亮了，梁红玉用力地把战鼓擂得震天响，韩世忠指挥宋兵对金兀术率领的金兵一阵穷追猛打。金兀术很快就招架不住，只好让船队钻进了黄天荡。韩世忠急令宋兵严守黄天荡口，把金兀术的军队紧紧地围困在黄天荡里，准备来个瓮中捉鳖。然而在胜利面前，韩世忠却有些骄傲起来，不知不觉中竟失去了擒敌良机。金兀术也趁机在奸细的掩护下逃跑了。

梁红玉确实是韩世忠的好参谋，特别是从"擂鼓助战"这个故事里充分地体现了出来。所以，后人就根据这个故事，编成了歇后语"梁红玉击鼓——贤内助"。

◎ 拓展阅读

长衫改夹袄——取长补短 ／ 穿钉鞋拄拐棍——步步扎实 ／ 八十老汉害个摇头病——不由人愿；由不得人 ／ 二郎神的慧眼——有远见 ／ 猫头鹰唱歌——怪声怪调

梁山上的军师——吴（无）用

《水浒传》里的英雄好汉一共是一百零八位，他们大部分都是勇猛非常，武功也很高强，但是在这些人中间也有一些人的武艺并不好，但是却很有智谋，梁山的军师吴用就是其中最有名的一个。

吴用本来是一个书生，在一家私塾里面教书，但是却很有智谋，做事考虑得很周全，后来到梁山之后，就成了梁山好汉们的智囊，人称"智多星"。

吴用有一个最大的特点是知人善任。当初他和晁盖为了夺取生辰纲，想了很多办法。他认为夺取生辰纲的人不能太少，也不能太多，人太少了办不成事情，人太多了，又容易暴露目标，斟酌再三，他最终选定了"活阎王"阮小七、"短命二郎"阮小五、"立地太岁"阮小二兄弟三个和赤发鬼刘唐、白日鼠白胜等几个人，让他们装成枣贩子和卖酒的，在酒里下了迷药，没费多大力气，就从官兵手里救出了生辰纲。

后来他们劫取生辰纲的事情暴露，就只好投奔梁山。但是梁山上的首领王伦是个心胸狭窄的人，不肯收容他们。吴用知道林冲是个很讲义气的人，就故意用计激他，果然使林冲杀死了王伦，他们也得以上山。宋江后来因为犯了罪被刺配沧州，路过梁山时，也是吴用举荐了"神行太保"戴宗，他火速赶到梁山报信，在宋江被判死刑的危机时刻，梁山英雄们及时赶到江州，劫法场救了宋江。

宋江后来领兵攻打祝家庄时，久攻不下，多亏吴用及时采纳了孙立的计策，用连环计打败了祝氏三杰，取得了胜利。后来朝廷见梁山的势力大增，就派大将呼延灼率兵征讨，为了破呼延灼的连环马，梁山急需东京的金枪教师徐宁祖传的金甲，但是徐宁不肯借，这时候吴用又举荐"鼓上蚤"时迁盗宝甲，时迁果然顺利地盗取了金甲，破了呼延灼的连环马。此后诸如说服"玉麒麟"卢俊义上山，调兵遣将智取大名府等事件，也都显示出了吴用过人的才能。

人们根据吴用的故事，编成了"梁山上的军师——无（吴）用"的歇后语。

◎ 拓展阅读

外甥打灯笼——照旧（舅） ／ 八十老人吹灯——喘不上气；上气不接下气 ／ 二郎神出战——尽是天兵天将 ／ 没有根的浮萍——无依无靠 ／ 长袍马褂瓜皮帽——老一套

梁山伯与祝英台——生死相依

在民间流传着这样一个故事：很久很久以前，祝家庄有个年轻的女子，她天资聪慧，自小就勤奋好学，长大后她很想出去读书，于是就向父母苦苦哀求。她的父母很疼爱她，同意她带着书童外出求学，就这样，她走出了家门。

这个女子名叫祝英台，她为了行路方便，就女扮男装，到杭州去求学。在路上，她巧遇了一个名叫梁山伯的青年，他也是去杭州求学的。两人情投意合，便结伴前行，这时，梁山伯还不知道祝英台是位女子。

来到杭州后，梁山伯和祝英台都跟着同一位老师学习。同窗三年，他们二人一起读书，一起游玩，渐渐建立了深厚的情谊。然而，在这三年期间，梁山伯竟然不知道祝英台是女儿身。

后来，祝英台接到父亲的书信，说家中有事，催她速回。祝英台去向师父和师母辞行，并向师母说明自己是女儿家的真相，求师母为媒，向梁山伯许了婚。在梁山伯给祝英台送行的路上，祝英台多次用言语暗示梁山伯，但梁山伯浑然不知。送行归来，师母将事情详细地跟梁山伯说了一遍，梁山伯后悔自己太愚钝，当时竟没有听明白祝英台的话。于是，他连夜收拾行囊，赶去祝家寻找祝英台。祝英台和梁山伯再见面，已经是情深似海，两人共叙衷肠，约定终身。然而不幸的是，祝英台的父亲早已将她许配给马家，无论祝英台如何苦苦哀求，他就是不答应退婚。梁山伯眼见爱情破灭，郁郁寡欢，不久就死去了。

这一天，马家迎娶祝英台，花轿途经梁山伯的坟墓时，祝英台走下轿来到梁山伯的坟前祭奠。令人吃惊的是，梁山伯的坟墓突然裂开了，祝英台见状，毫不犹豫地纵身跳了进去。后来，人们看到，在梁山伯和祝英台的坟墓附近，常有一对美丽的蝴蝶在草上花间相依相伴，翩翩起舞。

人们根据这个传说，编成了"梁山伯与祝英台——生死相依"这个歇后语。

◎ 拓展阅读

长颈鹿的脑袋突出——头扬得高；高人一头 / 窗户眼里看人——小瞧 / 二愣子报丧——慌里慌张 / 没牙老婆啃骨头——靠舔 / 八十老翁练琵琶——老生常谈（弹）

六月飞雪花——怪事

　　元代杂剧家关汉卿曾写过一个剧本，名叫《窦娥冤》，又称《六月雪》。讲的是一位勤劳善良的苦命女子窦娥的故事。她幼年丧母，与父亲窦天章相依为命，生活极为困苦。后来，父亲要进京应考，没有盘缠，无奈只好将她卖给放高利贷的蔡婆婆当童养媳。十七岁时，她与蔡婆婆的儿子正式成婚，可不久丈夫就因病身亡。从此，窦娥就与年迈的婆婆一起生活。

　　一天，蔡婆婆去向塞卢医讨要欠债，被阴险的塞卢医骗至荒郊处，准备用绳勒死。恰好被路过的张老和儿子张驴儿撞见，塞卢医吓得仓皇逃走。张驴儿父子便以蔡婆婆的救命恩人自居，强逼蔡婆婆与儿媳窦娥嫁给他们父子二人。蔡婆婆无奈答应了，但坚贞的窦娥却誓死不从。张驴儿因此极为恼火，决定暗中杀死蔡婆婆，以达到霸占窦娥的目的。

　　机会来了，蔡婆婆生病在床，很想吃羊肚汤，孝顺的窦娥就做好汤给婆婆送来，狠毒的张驴儿却悄悄地在汤里下了毒。他本想打算毒死蔡婆婆，可不想那羊肚汤却被他嘴馋的父亲喝了，结果张老中毒而死。张驴儿见此情景，就买通官府，诬陷窦娥婆媳俩毒死其父。善良的窦娥怕年迈的婆婆遭受严刑拷打，就忍辱含恨认了罪，结果被昏庸的官吏判了死罪。

　　临行前，蒙受不白之冤的窦娥对天发愿说："我今日被奸人所陷害，蒙冤受死，死后上天将会在六月里降下大雪，山阳县还会大旱三年……"监斩官呵斥她说"真是一派胡言！哪有六月就天降大雪的？我长这么大岁数，还从未见过。"说也奇怪，窦娥刚被砍头，天气就猛然突变，不一会就寒风呼啸，下起了一场鹅毛大雪，前来观看的百姓都说窦娥确实是冤枉，不然也不会"六月飞雪花"呀？

　　窦娥死后三年，她的父亲窦天章便衣锦还乡。此时，窦天章已经是两淮提刑、肃政廉访使。他查阅了女儿窦娥的冤狱案卷，仔细审理清楚，将张驴儿凌迟处死，并惩罚了原来办案的官吏，替窦娥洗刷了冤情。

　　六月降大雪，是作者关汉卿虚构的情节，为的是表现窦娥冤的感人事迹。后人就根据这个故事引出了歇后语"六月飞雪花——怪事"。

◎ 拓展阅读

长江涨大水——来势凶猛 / 眉毛上放爆竹——火（祸）在眼前 / 二愣子做活——猛一阵 / 八十老翁学打拳——越练越结实 / 船上失火——有底

124

　　清朝时，常州府无锡县有个赌徒，名叫娄阿鼠。他见财起歹心，为了十五贯钱，竟然杀死了街坊邻居——开肉店的尤葫芦。当地的县官十分昏庸，他不仔细调查，就糊里糊涂地判了无辜的尤葫芦之女苏戌娟的死罪，并给她强加上了"私通奸夫（熊友兰）杀父谋财、畏罪潜逃"的罪名。苏戌娟蒙受不白之冤，真正的凶手娄阿鼠却逍遥法外。

　　幸运的是，苏州知府况钟却是个爱民如子、执法如山的好官，百姓们都说他是"包公再世"。那一日，他奉命监斩死囚——苏戌娟和熊友兰二人，却发现这宗案子十分蹊跷，罪证不足，似有冤情。于是，况钟连夜拜见都爷，请求暂缓行刑，让他前去查明真相。他的请求得到了都爷的允许，于是，况钟便风尘仆仆地来到了常州府无锡县，亲自详细地调查尤葫芦被杀一案。

　　娄阿鼠原来还暗自庆幸，以为碰上了个糊涂官，可以逃过一劫了，可哪知半路却杀出个程咬金来。他惊恐万状，惟恐自己的罪行暴露，就悄悄地跑到乡下躲了起来。

　　况钟仔细勘查尤葫芦的被害现场时，发现案发现场有一对灌了铅的赌具——骰子，便怀疑起了赌徒娄阿鼠。但况钟没有确凿的证据，于是他就扮成了算命先生，暗中查访娄阿鼠的行迹。

　　娄阿鼠躲在乡下，整日提心吊胆、坐立不安，害怕有一天事情暴露，他的小命就不保了。这一天，他实在是气闷难受，就来到了东岳庙散心，恰巧碰上了扮成算命先生的况钟。他想看看自己能否躲过此劫，便求况钟为他测字占卜吉凶。娄阿鼠求测一个"鼠"字，问此字的官司如何，并谎称自己是代别人测的。况钟想借此机会套出娄阿鼠杀人的证据，于是便一本正经地对他说："鼠有十四画，数目成双，属阴爻；这鼠又属阴类。这是幽晦之象，只怕日后有场官司要打，而且依字看来，只怕不是代测，而是自测。"

　　娄阿鼠顿时大吃一惊，神色慌张。况钟看在眼里，故意大惊失色地叫道："不好！这鼠可是为祸之首呢。你好好想想看，鼠本来就位于十二生肖之首，岂不是个造祸之端吗？依字理推断，此人一定是为了偷别人的东西，才引起这桩祸事的，老兄说对吗？"

娄阿鼠心里十分叹服，表面上却装着不懂，连声说道："先生，你是跑江湖算命的，我在赌场瞎混，说起来，咱们还是一家人呢。这套江湖骗人的把戏还是不要用啊！再说，你凭什么说人家是偷东西招来祸事呢？"况钟答道："这个简单！人人知道，鼠最喜欢偷窃，所以我才有这种断法。此外，老鼠一向喜欢偷油，那被偷的人家，可是姓尤？"娄阿鼠一听况钟这么说，简直佩服得五体投地，慌忙道："对！哦，不……不对！管他老鼠偷油不偷油，先生，你先看看我日后可有口舌是非连累？"况钟轻笑一声，说："你问的鼠字，目下正交子月，乃当令之时，只怕很快就要见官了。"娄阿鼠见况钟神机妙算，以为他非同一般，就想请况钟帮他逃过此劫，于是便承认了是自测，并向况钟倒出了实情。

到此，证据确凿，真正的凶手娄阿鼠终于露出了狐狸尾巴，况钟大喜，命人将他捉拿归案，判了死罪，洗刷了苏戌娟和熊友兰的冤屈。

后人就根据这个故事，引出了歇后语"娄阿鼠问卦——做贼心虚"。

○ 品画鉴宝　云林同调图·清·禹之鼎／蓝深

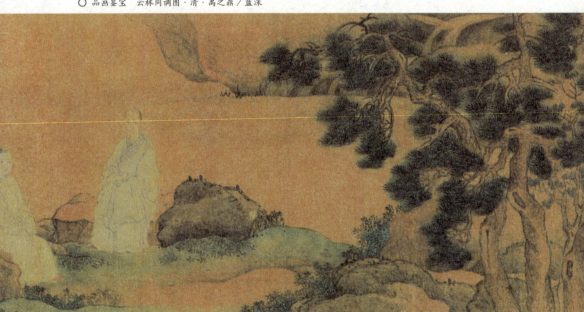

◎ 拓展阅读

船老大带徒弟——从何（河）说起 ／ 八十岁的老绝户头——后继无人 ／ 二流子烧香——不足信；没人信；信不得；鬼都不信 ／ 门缝里看天——目光狭小 ／ 长江水万里流——波涛滚滚

卢沟桥始建于金大定二十七年（1187年），完成于明昌三年（1192年），迄今为止已有八百多年的历史了。

卢沟桥两侧的石栏杆上雕刻着许多栩栩如生的狮子：有大狮子，有小狮子，有卧着的，有趴着的，还有骑在脖子上的，钻在肚子下的，等等。形态各异，惟妙惟肖，每根栏杆上都雕有狮子，令人眼花缭乱，谁也说不清楚到底有多少个。

据说有一次，一个新到任的宛平县令，偶尔听别人说卢沟桥上的狮子多得数都数不清，心里觉得很奇怪。他想：这怎么可能呢？狮子即使再多，仔细来数，还是应该能数过来嘛！有了这种想法后，他就把守城的士兵都叫过来说："人们都说卢沟桥的狮子数不清，我就是不相信，今天我就派你们到卢沟桥上数狮子，你们若是数清了，本官重重有赏。"

守城的士兵，见是县令大人的命令，哪敢不从？就急急忙忙来到了卢沟桥头。士兵们排着队，从桥头栏杆面前慢慢走过，一个挨着一个细细地数了起来。一个时辰后，士兵们一个个陆续来向县令大人报数，可是他们一人报一个数，竟没有相同的。县令大人听完后非常生气，认为他们没有用心去数，就说："不行！不行！你们要认真仔细地再给我数一便。"守城士兵不得已，只得又回到了卢沟桥头，重新数了起来。可是结果和上回差不多，每个人数得都不一样，如此折腾了一整天，可是仍旧没能数清。这下可把县令大人气坏了，他把士兵们一个个狠狠地骂了一顿。有个士兵忍不住，气呼呼地说："大老爷，我们是没那么大本事，要不您去数数试试？"县令心想，数就数，等我数清了，再来好好惩治你们。

于是，县令亲自来到了卢沟桥头。他先从桥头东边向西边数了一遍，接着又从桥西向桥东数了一遍，结果两遍下来，数根本就没对上。县令不死心，又数了第三遍，然而，第三遍下来，又是一个数，他又数了第四遍，可是不管他怎么认真地去数，这狮子的数目就是一遍一个样。最后，县令累得满头大汗，气喘吁吁，再也没有心情数下去了。晚上，县令躺在床上想想白天发生的事，心里颇为不解：真是奇怪了！

这卢沟桥的狮子怎么就数不清了呢？莫非它们长了腿，会到处乱跑？想到这里，他就慌忙从床上爬起来，一个人悄悄地又上了卢沟桥。

此时，正是半夜子时，卢沟桥四周静悄悄的，只有桥下的河水在"哗哗"作响。县令蹑手蹑脚地走到桥头一看，顿时大吃一惊：狮子竟然全活了！只见它们东窜西跳，有的在桥上悠闲地散步，有的从这个栏杆跳到那个栏杆上玩耍，有的小狮子在大狮子的怀里来回爬滚。县令看到这种情景，忍不住大叫起来："天哪！我说我怎么数不过来呀？原来你们都是活的！"他这么一叫可不打紧，狮子一见有人来了，马上就回到自己原来的地方，一动也不动了。

人们根据这个故事，编成了歇后语"卢沟桥的狮子——数不清"。

○ 卢沟晓月碑　此碑立于卢沟桥头，两侧及四边雕刻有二龙戏珠图案。

◎ **拓展阅读**

二流子学徒——混日子 / 长江里的石头——经过风浪 / 床底下练武——施展不开 / 八十岁刮胡子——不服老 / 门槛下的砖头——踢进踢出

这是《水浒传》里卢俊义上山的故事。

卢俊义是梁山一百零八将中排名第二的英雄，他本来是京城有名的财主，家里很有钱，人称卢员外。宋江等人很早就听说了他的名声，想请他上梁山入伙，于是，宋江就命吴用带着李逵以算卦为名来到了卢俊义居住的北京城。

吴用故意把算卦的卦金收得非常贵，卢俊义听说了就特地请他来算卦。吴用装模作样地算了算，就说他在百日之内一定会有大难。卢员外听了就很担心，问有没有办法躲避，吴用就让他到东南一千里之外的地方去，才能避难。

虽然家里的人都不让他走，但是卢俊义很相信吴用的话，不管三七二十一，一定要走，他决定到北京东南千里之外的泰安州去过一段时间，等灾难期过了再回来。谁知道他一走，就中了宋江的调虎离山之计，梁山上的好汉们就趁着卢俊义不注意，把他捉到了梁山。

宋江见了卢俊义之后，很热情地招待他，而且承诺要让他做第一把交椅。但是卢俊义死活不肯，宋江等也不勉强，就把他送回去了。

就在卢俊义离开的这段时间里，管家李固霸占了他的妻子贾氏，并诬告他和梁山泊上的人一起合伙谋反。卢俊义一到家，就被抓起来了，并押上公庭受审。卢俊义叫屈，但是也抵不过大刑，只好招认了。管家李固又暗中花了五百两银子，收买看管监狱的蔡福兄弟，让他们当夜就杀死卢俊义，以免夜长梦多。

但是，梁山上的人也给蔡福送了银子，请他设法保全卢俊义的性命。蔡福就买通了梁中书，把卢俊义刺配三千里。在刺配的路上险象环生，多亏了仆人燕青保护，卢俊义才得以平安。但这时，他们已经没有地方可去了，于是燕青就建议投奔梁山，卢俊义也只好同意了。可在行路的过程中，卢俊义又被人认了出来，并被抓到了牢中。燕青只好一个人上梁山求救，路上，正巧遇到奉宋江之命来打听卢俊义消息的杨雄和石秀，杨雄就先带燕青回梁山，把情况告知宋江，石秀则独自一个人进京打听消息。

石秀来到京城之后，听说当天上午就要问斩卢俊义，眼看就要来不及了，石秀就一个人劫法场，救下了卢俊义，但是他们不熟悉城中的环境，反一齐被抓，关进石牢。得知消息后，宋江等人率兵下山，精心部署兵力，终于攻进了京城，救出了卢俊义和石秀。卢俊义回到

家中，要捉李固、贾氏等人，但二人早就不在了，他又叫众人把家中的金银都搬到车子上，拉到了梁山。到了梁山一看，原来李固和贾氏已经被一些兄弟捉来了，卢俊义就亲手处死了他们，从此卢俊义也在梁山上聚义了。

后来人们就根据这个故事编成了歇后语"卢俊义上梁山——不请自来"。

◎ 拓展阅读

二十八岁大姑娘——享（想）福（夫）了 / 八十岁老翁挑担子——心有余而力不足 / 吹灯讲故事——瞎说 / 长江后浪推前浪——一波未平，一波又起

东汉未年，天下大乱，群雄并起。刘备为了成就大业，他四处寻访人才来辅佐自己。刘备手下的第一谋士徐庶向他推荐了上知天文、下识地理、对天下形势了如指掌的诸葛亮。经多方打听，刘备得知诸葛亮隐居在襄阳城西二十里的隆中。

这一天，刘、关、张三人带着礼物来到了诸葛亮隐居的隆中卧龙岗。可不巧的是，诸葛亮有事外出了，刘备等人只得扫兴而归。不久之后，刘备又带着关羽和张飞第二次去请诸葛亮。不料，诸葛亮又不在家中。无奈，刘备只得留下一封信，表达了自己对诸葛亮的敬佩之情，并地请他来辅佐自己。

又过了一段时间，刘备为了表示对诸葛亮的尊敬，特地吃了三天素，洗了澡，换了衣服，准备第三次去请诸葛亮。关羽见状，不高兴地说："那诸葛亮也许只是浪得虚名，大哥不必再为他浪费时间了。"张飞则跺着脚说："这诸葛亮也太不像话了，居然敢戏弄我们兄弟。大哥、二哥都不必再去，我这就去把他捆来见二位兄长。"刘备把关、张二人狠狠地责备了一顿，又和他俩一起来到了诸葛亮的家里。然而，当他们到达时，诸葛亮正在睡觉。刘备不敢惊动他，便毕恭毕敬地站在台阶下耐心等待，一直从早上等到下午，诸葛亮才醒来。

诸葛亮深为刘备的诚意所打动，就对刘备分析了天下的形势，以有如何夺取政权统一天下。刘备听后，心中大为叹服。最后，诸葛亮和刘备、关羽、张飞一同来到新野。

后来，人们根据这个故事，编成了"刘备三顾茅庐——尽找明白人"这则歇后语。

◎ 拓展阅读

门上的封条——扯不得　/　长工血汗钱——来之不易　/
吹鼓手办喜事——自吹　/　八十岁留胡子——老主意　/
二十九过年——小劲（进）

○ 品画鉴宝　黑釉漏印花对蝶纹长方枕·唐

鲁智深倒拔垂杨柳——好大的力气

鲁智深是《水浒传》中有名的英雄，因为杀了镇关西，为了躲避官司，只好到五台山出家。但是在那里又因为屡次破坏清规戒律，被智真长老赶了出来。智真长老推荐鲁智深到东京的相国寺供职，相国寺的智清禅师本来不想收留他，但是碍于智真长老的面子，不好推托，就派他去看管菜园，作一个闲职。

这个菜园本来由一个老和尚看管，但是这周围常常有一伙好吃懒做、蛮横无礼的泼皮来捣乱，他们仗着人多，常常来这里偷蔬菜。那位看管菜园的老和尚也只好睁一只眼闭一只眼的，相国寺也拿他们没有办法。

这些泼皮们见来了一个新和尚，就想给他一个下马威，以后便可以为所欲为了。

一天，他们几个人拿了些礼物，假装来祝贺的样子，把鲁智深引到了一个粪窖的边上。然后他们趁鲁智深不注意，就上前抱住鲁智深，有的抱腿，有的抱腰，想把鲁智深往粪坑里面推。谁知鲁智深早有提防，三下两下就把那些泼皮们都踢进了粪窖，那些泼皮们这才知道鲁智深的厉害，再也不敢小看他。

第二天，几个泼皮真心真意地安排酒宴招待鲁智深。他们在一起喝着酒，好不快活，正在这时，门外忽然传来一阵乌鸦的叫声。鲁智深听了很不高兴，觉得很不吉利，那些泼皮们就都说去找一个梯子，把乌鸦的窝捅下来就是了。鲁智深哈哈大笑着说："就这么点小事，还得兴师动众，直接把柳树拔出来放倒不就行了？"大家都笑着说："师傅真会开玩笑，这么粗的一棵柳树，岂是说拔就拔的？"

鲁智深什么话也不说，就趁着酒兴和大家来到了柳树的下面。他抬头看看柳树，然后就让那些人站得远一点，大家都以为他不过是开玩笑，也就不在意。但是，只见鲁智深走到树前，把自己的外衣一脱，右手向下，左手抓住树的上截，他站稳了，猛地一用力，只见地上的土开始松动了起来，然后他又一用力，猛地一下，那棵柳树真的被连根拔起了。泼皮们一个个都惊呆了，赶紧拜倒在地说："师父，您真是神人啊！"

后来就用"鲁智深倒拔垂杨柳——好大的力气"这个歇后语来形容某个人的力气很大，超乎寻常。

◎ 拓展阅读

八十岁没儿女——老来孤单 / 窗子小跳不进去——格格不入 / 二十四磅榔头敲钢板——响当当；当当响 / 长江黄河里的水——无穷无尽 / 门角落里的秤砣——死（实）心眼

132

鲁智深出家这则故事相信大家并不陌生。

鲁智深出家之前是一个提辖的小官,他家里没有什么钱,也没有妻子儿女,性格豪爽的他,只喜欢交朋友。

一天,鲁智深正在一家酒楼上和新交的朋友史进一起喝酒,喝得正尽兴时,忽然听见隔壁的屋子里有人呜呜咽咽地哭,鲁智深觉得打搅了自己的酒兴,很是生气,就叫人把啼哭者叫来问话,原来是一对姓金的父女流落在此地,受到了郑屠镇关西的欺负。鲁智深最喜欢打抱不平,听了这件事,顿时怒气冲天,当即就要去找郑屠算账,只是当时被史进劝住。他向史进借了十两银子,自己也拿出仅有的五两,送给父女二人,让他们回老家,自己往郑屠的肉铺赶来。

鲁智深来到了镇关西的肉铺,故意耍弄郑屠,他先叫郑屠给自己割十斤的瘦肉,然后又要十斤的肥肉,这些切完了之后,又叫郑屠给自己割十斤的软骨,还要切成碎的。郑屠刚开始时还忍气吞声地做,后来实在有些生气,就开始骂鲁智深。鲁智深大怒,把切好的两包肉末朝郑屠劈头盖脸的扔过去。郑屠哪里受得了?他顺手抓起肉案上的一把剔骨尖刀向鲁智深扎去,鲁智深上前只一脚就把他踢倒在地,然后上前按住他就是三拳,一边打一边骂。郑屠开始时还能还口,后来就只有出的气没有进的气了。鲁智深本来只是想教训他一下的,谁知道三拳就把他打死了,他害怕吃官司,就装着过一会还要回来的样子,一边走一边骂,回去之后就收拾东西赶紧逃走了。

郑屠被打死之后,官府就发下了告示到处捉拿鲁智深。鲁智深四处躲藏,到代州雁门县时,正好遇见了先前搭救过的金老和他的女儿,在他们父女的帮助下,鲁智深到了三十里开外的五台山上的文殊院做了和尚。

鲁智深做和尚时什么也没有,所以人们就根据这个故事,编成了歇后语"鲁智深出家——无牵无挂"。

◎ 拓展阅读

吹鼓手的肚子——气鼓气胀;气鼓鼓 / 长工的岁月——难熬 / 二十岁长胡子——少年老成 / 八十岁生儿子——代代落后 / 门框脱坯子——大模大样

吕布戏貂蝉——上了别人的当

这是《三国演义》里一个有名的故事。

董卓是东汉末年有名的奸臣,他劫持汉献帝建都长安,还把吕布认作自己的义子,在京城里面为所欲为,百姓们都很痛恨他,但是大家惧于他的权势,也都不敢说什么。司徒王允很想除掉董卓,于是想出了一个美人计。他有一个很漂亮的舞女叫貂蝉,就和她说了自己的计谋,貂蝉深明大义,慨然答应了。

王允先是亲近吕布,并请吕布到自己家中赴宴,然后故意让貂蝉出来敬酒,吕布见了貂蝉,果然被她迷住了。王允就趁机允诺把貂蝉许配给吕布,吕布感恩不尽,高高兴兴地回家去。但是,王允不久又请董卓来家中赴宴,还让貂蝉跳舞助兴。董卓见了貂蝉之后也是如痴如醉,王允见时机成熟了,就趁机把貂蝉送给董卓。董卓很高兴,就把貂蝉带回了相府。

吕布过了几天去问王允时,却听说貂蝉被董卓抢走了,很是气恼,但是碍于董卓是自己的义父,也不好说什么。他来到董卓的府上,看见貂蝉正在掉泪,觉得心里很不是滋味。吕

○ 品画鉴宝　美人图·清·改琦

134

布正想上前去安慰，却被刚醒来的董卓看见了，董卓见此情形大怒，骂吕布说："你竟敢调戏我的爱妾！今后不许你再进内室！"吕布愤愤不已，含恨而去。

但是吕布还是对貂蝉放心不下，一天，他趁着董卓不在就来到府上看望貂蝉，貂蝉见他来了，就让他到后园的凤仪亭等自己。吕布等了一会儿，见貂蝉过来了，貂蝉见了吕布，就好像见了亲人一样，脸上都是泪痕，显得很凄苦的样子。她说自己不堪忍受侮辱，这次见了吕布之后就要去死，说完就要往荷花池里跳。吕布慌忙抱住她，表示自己一定会娶她为妻，否则就配不上英雄的称号。

没过多久，董卓就从朝中议事回来了，他没看见貂蝉，就四处地找，仆人们说貂蝉到凤仪亭去了，董卓寻到后园，正看见吕布和貂蝉在凤仪亭中拉拉扯扯的。貂蝉看见了董卓，就装出挣扎的样子，董卓很生气，拿起一根戟就向吕布扔过去，差点扎到他。

后来，王允见了吕布之后，就故意用激将法让他下定了杀董卓的决心。随后，他又派李肃去郿坞，假传皇帝的诏书，骗董卓进京来。那些预先埋伏好的武士们一见董卓来了，就都争着上去刺杀他，但是董卓的身上裹着厚厚的铠甲，连矛也刺不进去。这时候，吕布在旁边大叫一声："有诏讨贼！"然后就一戟刺中了董卓的咽喉，结束了他的性命。

后来，人们根据这个故事，编成了歇后语"吕布戏貂蝉——上了别人的当"。

◎ 拓展阅读

长虫钻刺蓬——有去无回 ／ 吹鼓手赶集——没事找事 ／
八十岁玩猴子——老把戏 ／ 二踢脚上天——空想(响) ／
米筛里睡觉——浑身是眼

○ 品画鉴宝 汉宫图·宋·赵伯驹 图绘汉宫内一贵妃在宫女的簇拥下出行，画面布局严谨，笔法细而沉着有力。

汉高祖刘邦死后，他的妻子吕雉（即吕太后）专政。吕雉为人阴险奸诈，心肠狠毒。她独揽朝中大权，许多大臣，企图谋取刘氏江山。

汉高祖共有八个儿子，为了篡夺政权，吕太后先后杀死了赵隐王刘如意、赵幽王刘发，逼死了赵共王刘恢、燕灵王刘建。齐悼惠王刘肥还算比较聪明，他向吕太后的亲生女儿鲁元公主献了一个城阳郡，侥幸换得一条命。

最让人感到冷酷无情的是吕太后用极其残忍的手段害死了戚夫人。戚夫人是刘邦生前的宠姬，也是赵隐王刘如意的母亲。吕太后为了保住她儿子刘盈的太子地位，杀死了赵隐王刘如意，当然不会放过戚夫人。她残忍的砍断了戚夫人的四肢，挖掉了眼睛，弄聋了耳朵，让她喝了哑药，使戚夫人不能说话，并把她放到厕所中，叫她为"人彘"。看到这惨景，就连吕夫人的儿子惠帝见了，都大哭道："我的母亲如此残忍，我有何脸面面对世人，这简直不是人干的。"

当时，因为吕太后独揽朝中大权，朝中大臣对她不得不唯命是从，因为只要稍不如吕太后的意，就有杀头灭门的危险，而且手段极为残酷。

据说有一次，吕太后宴请百官，用军法劝酒。虽说当时的宴席极为丰盛，但百官都吃得战战兢兢。许多大臣为了活命，不得不对她说了许多好听的话，称颂她治国有方，一定会流芳百世。但也有不畏强权的人，借着酒劲，指出了吕太后许多不对的地方，但当场就被杀了头。

后来就有"吕太后的筵席——不是好吃的"这个歇后语。此歇后语还有"吕太后的筵席——好狠"、"吕雉的筵席——凶筵"和"吕太后的筵席——好吃难消化"等说。

○ 品画鉴宝　提梁壶·东汉

◎ **拓展阅读**

八十岁学吹笛——尽是老调；老调子 / 二小子不拉纤——顺水推舟 / 吹火筒不通——赌（堵）气 / 长虫吞针——扎心 / 米筛装水——漏洞多

相传，清朝乾隆皇帝时期，在江南一个小村庄里，住着一对夫妻。丈夫是秀才，两人结婚十年来，恩恩爱爱，相敬如宾，从来没有吵过一次嘴。

有个好事的大臣将这件事告诉了乾隆皇帝，但是他就是不相信，想亲自试一试，便乘着下江南的机会，下旨召见了那位穷秀才，对他说："听说你们夫妇恩爱，从未吵过嘴，也可谓是天下的奇闻了，但朕要你三天之内和妻子大吵一架，否则就杀头。"

秀才听了觉得十分荒谬，但皇帝之命怎敢违抗？觉得十分为难，但也无可奈何。回到家里，他见妻子在辛勤的操持家务，不忍无中生有，节外生枝，但想起了皇帝的命令，不得不硬着头皮装出怒气冲冲的样子，二话没说，将桌上的一只夫妻龙凤碗摔个粉碎。妻子正在干活，听到响声，先是一愣，然后不声不响地把碎碗片收拾干净，就下厨房做饭去了。第一天没吵成。

第二天，秀才想妻子脾气一向很好，如果我不狠心激怒她，这架估计也吵不成了。于是便当着妻子的面，将一簸箕垃圾全撒在了妻子最心爱的床单上，心想这下妻子该吵闹了。谁知，性情温和的妻子仍然默不作声，只是把床单拿出去洗涮干净。这一次，吵架希望也落空了。

那天晚上，秀才一夜没合眼，他躺在床上，翻来覆去地想：这可怎么办呢，我几次故意挑衅，妻子都容忍了我，可是吵不成要杀头的呀！怎么办呢？折腾了一夜，终于想出一条妙计。第三天清晨，秀才不知从哪里搞来一篮子螺蛳壳，往妻子跟前一放，说："看见了没，中午就吃这个，做不出来就要挨打。"说完，气呼呼地出了家门。

丈夫走后，妻子连忙去夹螺蛳肉，谁知一夹一个空，一连半天，没料到每只都是空的。她再仔细往篮子里一瞧，发现明明就是一篮子螺蛳壳。这回她真的生气了，丈夫这不是故意刁难自己吗，等他回来一定要讨个说法。但转而一想，我和他做了十几年的夫妻，他一向脾气很好，一定是这几天遇见了难事，心烦才这样的，我还是忍一忍吧，但是，这一篮子空螺蛳壳又如何做菜呢？

正在着急，忽然看到放在菜板上的一块猪肉，灵机一动：何不来个螺蛳壳嵌肉？等到丈夫回来看到我做的好吃的饭菜，说不定气就消了，想到这里，她赶快动手，一直忙到中午，终于做好了。等到日落西山，秀才终于回来了。只见他二话没说，随手拈起一只螺壳，吸了一口，这一吸，吸出一小块肉来，鲜得不得了，心中暗暗叫好，不由得一连吃了几十只。他边吃边想：这么贤惠的妻子，是我万世修来的福分啊，怎么还舍得让她和我吵架呢！想到这里，他决定即使被皇帝砍了脑袋，也决不惹妻子生气了。

第四天，秀才满怀对妻子的爱，带着一碗嵌了肉的螺蛳壳谒见乾隆皇帝。把这几天的经历告诉了皇帝，并且还说："我们夫妻恩爱，是永远也不会吵架的，即使皇上砍了我们的头。"乾隆听他这么一说，就亲自品尝了一只螺蛳壳，发现果然鲜味绝伦，一喜之下，不但不杀秀才，还把他妻子召来，大大赞扬了一番，并赐了许多金银珠宝，从此，秀才夫妻便继续过着幸福美满的生活。而在乾隆皇帝的御厨菜谱中便多了一道他最爱吃的菜——"螺蛳壳嵌肉"。

　　后来人们根据这个故事编成了歇后语"螺蛳壳嵌肉——恩爱夫妻"。

◎ 拓展阅读

温水烩饼子——皮热心凉 / 八十岁学摔打——拼老命 / 二小子穿大褂——规规矩矩 / 长虫碰壁——芥（蟒）撞 / 吹火筒打鸟——不像腔（枪）；不是真腔（枪）

○ 品画鉴宝　山水图·清·潘恭寿　画面构图别致，笔墨清润，别有趣味。

M篇

马陷小商河——有去无回

南宋初期，实力强大的金国，倚仗自己强大的军事实力，大举进攻南宋。金国大将军金兀术更是气焰嚣张，目中无人，亲自统帅四路大军向南方侵犯，南宋爱国军民团结一致浴血奋战，誓死保卫家园。

开战不久，各路捷报频传。岳飞大元帅不但命令诸将继续分路出击，而且还亲自率领轻骑进驻郾城，直捣金兀术大营。两军交战，金国军队接连失败，金兀术又慌又羞，可谓恼羞成怒，决定亲率主力与岳家军决一死战。但还是事与愿违，经过激烈的战斗，金军溃退败逃，岳家军再次大获全胜。

在郾城战败后的金兀术，心中极其不快，决心重整旗鼓，再与岳飞决一雌雄，于是又率兵马十二万进逼临颍。

杨再兴是岳飞手下的一员猛将，岳飞非常信任他，就命他为先锋，率部迎敌。杨再兴走到临颍南边的小商河时，恰好遇到了金军的大股骑兵。但他毫无惧色，身先士卒，勇猛地冲入敌军左右拼杀，杀死金兵两千多人。敌军不敢与他正面交锋，但仗着人多势众，将杨再兴团团困住，用乱箭射杀。结果，杨再兴身中数箭，英勇牺牲。等到岳飞派张宪率大军赶到时，杨再兴已死。听到这个消息，将士们悲愤交加，心中升起了复仇的怒火，经过一番奋勇拼杀，金军连夜逃走了。

后来，人们根据杨再兴遇难的故事，编成了歇后语"马陷小商河——有去无回"。

○ 品画鉴宝 执壶·南宋

◎ 拓展阅读

长虫爬进枪筒里——难回头；回头难 / 吹唢呐的腮帮子——胀起来了 / 二小子丢钱包——傻了眼 / 八十岁演员扮孩子——返老还童 / 温水烫鸡毛——难扯

142

梅香，是古时婢女常用的名字，后来就用来代指婢女。拜把子，指结为兄弟、姐妹。旧社会的社会等级很森严，婢女也只能和奴婢拜把子，因此便有了"梅香拜把子——都是奴才"这个歇后语。

《红楼梦》第六十回就应用了这个歇后语。贾环发现小戏子芳官有盒蔷薇硝，就一定要芳官分一半给他，这是别的好朋友送给芳官的礼物，芳官自己很珍惜，死活也不肯给他。但是贾环却纠缠不休，芳官没有办法，只好包了一包和蔷薇硝很相似的茉莉粉，打发走了贾环。

贾环乐滋滋地将"硝"送给了王夫人的丫头彩云，让她擦脸，彩云接过一看，发现是一包茉莉粉，啼笑皆非。贾环虽然是贾政的儿子，但是因为不是大房太太生的，所以在贾府的地位不高，常被王夫人、王熙凤、宝玉等人看不起，他母亲赵姨娘也不敢冲撞他们，只能忍气吞声，为此受尽了气。

这一次，赵姨娘见到宝玉屋里的小丫头也敢在她头上动土，往日来的怒气就一下子爆发了出来。她气冲冲地来到怡红院找着了芳官，然后二话不说就把茉莉粉朝她脸上一摔，然后大声骂道："小娼妇养的！你只不过是我家用银子买来学戏的，最多也不过是娼妇粉头之流的人，我家里就是那些三等的奴才也比你高贵！你倒会看人下菜碟儿！贾环再怎么说与宝玉也是手足兄弟，都一样是主子，你怎么敢小看他？"

粉头在过去指的是娼妓，后来就引申为作风不正的妇女。芳官还是一个女孩子，怎么能受得了这样的辱骂，她哭着说道："……我就是学戏，也没有到外头去唱。我还是一个女孩子家，知道什么'粉头'、'面头'的！姨奶奶也犯不着来骂我，我又不是姨奶奶家买来的。梅香拜把子——都是奴才，何必呢？"

芳官所说的"梅香拜把子"，说得就是赵姨娘在贾府里名为姨娘实为奴才的地位。赵姨娘一听她说到了自己的痛处，就更生气了，狠狠地打了芳官两个耳光。

因为梅香是奴婢的代称，所以民间就有了"梅香拜把子——都是奴才"的歇后语。

◎ 拓展阅读

赵匡胤爬城墙——四门无路 / 穿皮袄打赤脚——凉了半截 / 温汤里煮鳖——不死不活 / 长虫过乱石滩——绕来绕去 / 寒冬腊月穿凉鞋——自动(冻)自觉(脚)

煤山上的崇祯皇帝——挂起来了

明朝末年，朝政腐败，民不聊生，人们纷纷揭竿而起，反抗明朝的暴政。李自成的起义军就是最突出的一支，他杀豪绅，开粮仓，深得百姓的拥护，所向披靡，很快逼近北京（明朝的首都）。包围了北京城后，负责防守北京城的太监曹化淳见明朝大势已去，就开城投降，因此，李自成的起义军得以顺利地进入了北京城。

崇祯站在煤山上，只见城内外烽火烛天，起义军眼看就要进入宫中，他又急又慌，在煤山胡乱穿了很久，才回到了乾清宫。他下诏，让大臣前来救驾，但大臣们贪生怕死，早都不知躲到什么地方去了。

崇祯意识到朱明王朝即将覆灭，慌忙叫内侍把自己的三个儿子藏在了外戚家，又召来周后、袁贵妃、长公主三人。先赐死周后、袁贵妃两人，辛酸地看着年仅十五岁的长公主，泪流满面地说："休怪父皇不念骨肉之情，谁让你出生在帝王之家呢！"说完，左手掩面，右手拔出宝剑朝公主就是一剑，长公主左臂受伤，当即昏倒在地。

崇祯帝此时也已疯狂了，眼见大明江山气数已尽，他就要成为亡国之君，就变得无比的残忍，他提了一把刀，在皇宫里面转悠，见物就砍，见人就杀，一连砍死了自己心爱的妃嫔数十人。折腾一番后，这才想起了要逃命，哪知已走投无路了。

崇祯皇帝心灰意冷，无限凄惨地走上了煤山，他想，与其这样出去被起义军活捉受辱，不如自行了断算了。

于是咬破手指，写下遗书。首先忏悔了自己在治理天下上的过失，又痛斥了一些贪生怕死的官吏，觉得大明江山在自己手中白白葬送，没有颜面见列祖列宗。写完后，他把遗书藏在煤山的石洞里，泣不成声地挂在树上吊死了。

于是，有人在这段史料基础上引出了歇后语"煤山上的崇祯皇帝——挂起来了"。

◎ **拓展阅读**

娃娃鱼爬上树——左看右看不是人 / 二月的青蛙——呱呱叫 / 穿蓑衣救火——迟早都要烧 / 八仙聚会——神聊 / 长虫当拐杖——靠不住；不可靠

孟尝君是战国时齐国有名的贵族，曾被齐湣王拜为相国。相传他家里养了很多奇人异士，号称"食客"三千。在这些人的辅佐下，孟尝君的名声越来越大，他与平原君、信陵君、春申君一起被称为"战国四君子"。

一次，秦王慕名请孟尝君到秦国做客，孟尝君没有多想，随身带了一大帮门客应邀到秦都咸阳，作为礼节孟尝君献给秦王一件纯白狐狸袍子作为见面礼。秦王非常高兴，用很隆重的礼节招待他，但秦王手下有一个小人，怕秦王对他的宠爱超过自己，就想用计杀掉他，于是他对秦王说：孟尝君可是齐国人啊，他现在熟知我国的军事防务，万一齐国兴兵来犯，那我们秦国就非常危险了！秦王听他这么一说，也顾虑重重，于是就准备下令囚禁孟尝君和他的随从。孟尝君得知这个消息，心急如焚，他知道秦王有一个非常宠爱的妃子燕姬，就赶紧托人向她求情。燕姬很爽快的答应了，但却向他索要一件银狐皮袍做为解救的唯一条件。孟尝君有一件银狐皮袍，但已经作为见面礼送给秦王了，再要回来是不可能的了，怎么办呢？

这时，孟尝君门客中有一个人站出来说："公子莫忧，我今天晚上就潜入秦宫，神不知鬼不觉的将那件银狐皮袍偷出来。"这人也真是厉害，说到做到。当晚就派人送给了燕姬，于是，燕姬在秦王面前说了孟尝君很多好话，秦王一高兴，就发了过关文书，让孟尝君他们回去了。

孟尝君怕秦王反悔，怕人追赶，就星夜兼程，立刻逃走。当他逃到函谷关时，正是半夜，按照秦国规定：天亮鸡鸣，才能打开城门。大伙苦于不能过关，又怕秦王追兵赶到，一筹莫展之时，忽然有个门客捏着鼻子学公鸡叫起来，顿时群鸡响应。守关的人听到鸡叫，以为天亮了，便打开城门，检验了过关文书，挥手让孟尝君他们出了关。

果然不出孟尝君所料，秦昭王真的反悔了，当秦军追到城门时，他们已经逃远了。歇后语"孟尝君的门客——鸡鸣狗盗"便由此而来。

◎ **拓展阅读**

发臭的酸奶——坏透了 / 长虫戴草帽——细高挑儿 / 八仙桌缺只腿——搁不平 / 刺猬在巴掌上打滚——碰到棘手事；棘手

145

孟尝君的门客——鸡鸣狗盗

孟良杀焦赞——自家人害自家人

这则歇后语，来源于《杨家将》演义第四十四回。

杨六郎平辽受到宋朝皇帝的封赏后，他想到自己的父亲杨继业的骸骨还留在辽国幽州的望乡台上，便命令自己手下的大将孟良赶往幽州将他父亲的骸骨带回来安葬，孟良听了主帅的吩咐后急忙领命而去。

杨六郎手下一个名叫焦赞的猛将，他听说了此事后，心里有些不痛快。他暗自想到：为什么主帅每次都派孟良出去办事呢？我焦赞这次一定要日夜兼程先到那里取回骸骨，抢了那份功劳，想到这里，他急忙整理行囊，悄悄地前往幽州。

孟良来到幽州城外，为了防止辽军认出他，就扮做番人，直接来到台边。守军问他，他谎称护送辽太子回国，没来得及遭返，看这里挺热闹的，就到处逛逛。到一更时，孟良一个人悄悄地登上望乡台，果然看见一个香木匣，打开一看正是杨老太公的骸骨，事不宜迟，他急忙解开包袱，把木匣裹了，背起就走。

不料焦赞此时就躲在他的身后，见孟良要走，就冲过去，一把拖住包袱。大声问道："你在这里干什么勾当？"孟良心里一慌张，还以为是来缉拿他的人，遂抽出利斧向后猛的劈去，正中焦赞脑门，焦赞就这样不明不白地倒地而亡。孟良走下台来，见四周没有什么动静，心里想到：缉捕怎么会就一人呢？刚才听到的声音，怎么这么像焦赞呢？于是急忙上台拨开尸首，趁着星光一看，大吃一惊，果然是焦赞。

孟良仰头叹息说："我们都是为杨元帅干事，谁知我今天一时疏忽却伤了自家兄弟！回去怎么向元帅交代呢"他走到城边时，恰好碰到一个南方口音的人，就走上前问他是否愿意还乡，正巧那人就要回去，孟良于是将身上装有骸骨的包袱与银两交给他，叮嘱他一定要送到汴京杨府，亲自交给杨郡马，到时定有重谢，那人领命后，就即刻启程返乡。孟良重回望乡台，把焦赞的尸体背出城沟，掩埋后就拔剑自刎。

后人于是根据这个故事编成了歇后语"孟良杀焦赞——自家人害自家人"。

◎ 拓展阅读

长虫打架——绕脖子 / 刺猬皮包钢针——里外扎手 / 八仙桌上放灯盏——明摆着 / 发大水出丧——天灾人祸 / 蚊子飞过能认公母——好眼力

孟良摔葫芦——散伙

北宋初年，北宋和辽国连年交兵，征战不休，打了多年，但仍不分胜负。元帅杨六郎奉命镇守边关，辽国在九龙山飞虎峪摆下天门阵，请宋军前来打阵。

这天门阵，是辽国的奇人异士精心布置了三年而成的，阵内都是些恶鬼、妖道、阴魂，宋朝将领前去打阵，一个个都被吓回，十几天内，别说攻破天门阵，就连阵门都没能靠近。杨六郎心急如焚，这时手下有人献计说，山东穆柯寨有个降龙木，此物十分厉害，能辟邪散毒，是穆柯寨的镇山之宝，如果能借来，担保一日之内便能破了那天门阵。杨六郎一听大喜，急忙派边关大将孟良和焦赞，去穆柯寨好言借讨降龙木。

孟良和焦赞领命后，一道来到了穆柯寨，孟良随身带着他的宝贝火葫芦。可他俩来到后，就全忘了元帅殷勤的嘱托，竟然在穆柯寨做起了梁上君子，结果被女寨主穆桂英当场抓获。穆桂英没有杀他们，却叫手下的几个女喽罗用鞋底各打了他们二百屁股，然后嘻嘻哈哈地把他们送下了山。孟良、焦赞没把降龙木盗到手，反倒受了几个女娃娃的一顿辱，心里又气又羞，焦赞忽地看见了孟良身上带着的火葫芦，心中顿时想出了一个主意。他对孟良说："咱们何不用你的火葫芦给山上放一把火，他们见山中起火，一定会下山救火，我们趁此机会溜到后山盗取降龙木，然后回去向元帅复命。"孟良见这个调虎离山之计确实很妙，于是就围着山转了半圈，他看到山坡上一片松柏树林，就急忙打开葫芦嘴，照着两棵松树摔了两下，摔出了两个火球，顿时山火便烧了起来。孟良、焦赞两人见山中火起，心中暗暗高兴，不禁想到这回可报了那羞辱之仇，谁知天公不做美，那天偏偏风向不对，山火不但不住山寨里刮，反而向山下吹过来，焦赞和孟良来不及逃跑，被山火燎焦了胡须。两人见烧山不成，又遥见穆桂英将那降龙木看护得很紧，再去盗取只能是自投罗网，只得垂头丧气地离开了穆柯寨，回去另想其它办法了。

歇后语"孟良摔葫芦——散伙"就源于此故事，此外还有"孟良摔葫芦——火啦"之说。

◎ 拓展阅读

发大水放排——随波逐流 / 八仙桌子——有棱有角 / 醋厂里冒烟——酸气冲天 /
橄榄核垫台脚——横不得，竖不得 / 蚊子肚里找肝胆——有意为难

孟母三迁——望子成材

孟子，名轲，邹国（今山东邹县）人，他是战国时期儒家学派的代表人物，著有《孟子》一书。

孟轲幼年丧父，家境十分贫寒，靠孟母纺织度日，日子过得十分辛苦。但是他的母亲是个很有见识的人，她希望孟子将来能够成材，因此，从小就对他要求十分严格，非常重视他的教育问题。

刚开始，他们孤儿寡母住在一片公墓附近，这片公墓内经常会有附近的人前来凭吊死去的亲友，或者来埋葬死人。孟子看到这里荒丘累累、古墓成群，想起了自己已经死去的父亲，不由得悲从心来，也渐渐地跟着学起那埋葬死人的仪节来。孟母见他这样，心中十分失望，她认为在此地常住下去对孟子成材十分不利，就决定立刻搬家。

不久后，孟母把家搬到一个热闹的集市上，恰好与一些屠户为邻。孟轲看见这些屠户整天杀猪宰羊的卖肉赚钱，觉得十分好玩，也跟着他们学起杀猪宰羊做生意的事来。孟母见住在这里后，儿子仍然不思进取，整天学这些杀猪宰羊做生意之类的事，便决心再次搬家，为儿子寻找一个适合读书学习的地方。

但这次她没像上次那么匆忙，而是先到一些地方考察了一番，最终决定，把家搬到一个学堂的附近。孟轲见学堂的那些学生，平常都在先生的带领下勤奋地读书习字，慢慢的，也跟着他们开始读书习字。孟母见他这样，心里十分高兴，说："我终于找对了地方，在这里居住，才适合我儿子成材啊！"

于是，他们就在学堂边定居下来，为了选择良好的教育环境，孟母三迁的举动，受到了后人的称赞。于是，人们便从这一故事中引出了"孟母三迁——望子成材"这个歇后语。

○ 品画鉴宝 孟母断机教子图·清·康涛 图绘孟母立于织机旁，右手持刀，回头教训儿子的场景。孟轲弓身立于母亲面前，恐惧而恭敬。人物造型古朴生动，脸部表情描绘细腻。

◎ 拓展阅读

发高烧的病人——神志不清 / 长
虫吃蛤蟆——慢慢来 / 刺猬的脑
袋——不是好剃的头 / 八贤王进
宫——好难请 / 蚊虫遭扇打——
吃了嘴的亏

猛张飞战马超——不相上下

这句歇后语，来源于《三国演义》第六十五回。

刘备带兵占领益城之后，又乘势攻破了绵竹。他正要乘势进兵成都时，忽然有探马来报，说刘璋惧怕刘备的大军，已经和张鲁结盟，张鲁派大将马超领兵来救西川，现在正在猛攻葭萌关。

刘备听了大惊，忙和军师诸葛亮商议对策。张飞听说马超的武艺高强，就大叫着要去战马超，诸葛亮觉得火候未到，就故意用话激他，说要对付马超就必须到荆州请关羽回来才行。张飞听了，大声说道："我也曾在当阳桥上独挡曹操的百万大军，怎么会怕马超那个匹夫！军师如果信不过我，我就立下军令状，如果战胜不了马超，任凭军师治罪就是了。"诸葛亮就让张飞为先锋，由刘备亲自领兵出征。

张飞带兵来到了关下，第一天，马超的弟弟马岱出战，结果被张飞打败了。第二天清晨，马超亲自前来挑战，张飞刚要出战，刘备却劝住了他，说是要先避一避马超的锐气，张飞只好答应了。直到午后，刘备见马超的人马经过一上午的叫骂已经疲乏了，这才下令出战。

张飞急急忙忙冲到关前，大声喊道："你认得我燕人张翼德吗？"马超大笑道："谁认识你这无名小辈！"张飞听了大怒，举矛就猛刺过去，马超举枪架住，两人厮杀起来。他们大战了一百多回合，还是不分胜负。刘备害怕这样下去张飞有失，就鸣金收兵。张飞回到阵中，休息了一会儿，嫌头盔太重，就扔掉了头盔，只包了块头巾，再去战马超。两人越战越有精神，又大战了一百多回合，眼看着天色渐渐的晚了，还是一点也不分胜负。

刘备见张飞一时也难以取胜，就让张飞回营，张飞正和马超战得性起，哪里肯听？于是，刘备只好安排他俩夜战。马超也觉得很过瘾，也同意夜战，两军就点起了成百上千的火把、灯笼，为各自的主将呐喊助威。就这样，张飞又和马超战了百来回合，还是不分胜负，只好作罢了。

人们就根据这则故事，引出了歇后语"猛张飞战马超——不相上下"，形容实力相当。

◎ **拓展阅读**

发酵粉子——能吹嘘 / 八月的苦瓜——心里红 / 错公穿了错婆鞋——错上加错 / 长虫吃高粱——顺杆爬 / 蚊子唱小曲儿——要叮人

据《三国演义》描述，曹军在新野被诸葛亮用火攻打败后，过了一段时间，曹操又重新整顿兵马，兵分八路去进攻刘备驻守的樊城。刘备的兵少，只好弃守樊城，往东逃走，曹军则紧追不舍，在当阳县的景山脚下包围了刘备。幸好张飞赶到，杀出一条血路，才使刘备获救。

刘备摆脱了曹军的追赶，还没有来得及歇口气，就听见有人来报，说大将赵云投降曹操去了。张飞听了，怒不可遏，要亲自去找他拼个你死我活。刘备让他去仔细打探，千万不要鲁莽行事，张飞赶到长坂桥，只见桥东有一片茂密的树林，就生出了一计，他命令随从军士隐藏到树林里去往来奔跑，故意扬起尘土，造成在此有大军埋伏的假象。他却独自一人，横矛站在唯一一座可以通行的桥上，只管向西边眺望着。没过多久，赵云就带着他抢救出的甘夫人来到了长坂桥，张飞这才恍然大悟，知道是误会了。赵云把甘夫人交托给张飞之后，就又回头寻找糜夫人和公子阿斗去了，他与曹军一次次拼杀，终于救出了阿斗，糜夫人却因为受伤，不想拖累赵云，自己投井自尽了。

追赶赵云的曹军来到了长坂桥，见赵云过桥去了，张飞却圆睁大眼，手持蛇矛，骑着马站在桥上，大家都不敢近前，而且又见桥东的树林里尘土大起，好像是有伏兵的样子，所以都勒住马头，并派人赶快去报告曹操。曹操立即骑马赶来，察看虚实。曹操的大军站在桥的一边，也不敢过去，也不说要退。张飞见曹军中一簇人马拥着青罗伞盖，料定下面的人一定是曹操，就索性厉声大喊大叫："燕人张飞在此，谁敢和我决一死战？"张飞的声音很大，就像天空中响了一个巨雷一般，曹军听了，个个吓得两腿发抖，曹操也暗暗胆怯，下令不可轻敌。张飞又大喝一声："战又不战，退又不退，是何意思！"这一声更加威猛，曹操身边的大将夏侯杰听了，吓得肝胆破碎，从马背上跌下来死了。

曹操见势不妙，赶紧骑马就往回走，部下见曹操跑了，也都一起跟着向西奔逃。顿时，人仰马翻，自相践踏，死伤无数。后来有人写了一首诗称赞道："长坂桥头杀气生，横枪立马眼圆睁。一声好似轰雷震，独退曹家百万兵。"

后来，人们就根据这个故事，编成了歇后语"猛张飞到了长坂桥——两眼圆睁，大喝大吼"，来形容他的英勇威猛。

◎ 拓展阅读

腿肚子上绑暖壶——水平比较高 / 八月的莲藕——又鲜又嫩 / 发了霉的葡萄——一肚子坏水 / 馋嘴巴走进药材店——自讨苦吃；自找苦吃 / 蜗牛壳里睡觉——难翻身

猛张飞到了长坂桥——两眼圆睁，大喝大吼

張翼德義釋
嚴顏

这是《三国演义》中的一个故事。

诸葛亮和张飞兵分两路进军西川，张飞走的是旱路。当他进军到了蜀地的巴郡时，镇守巴郡的老将严颜听从部下的意见，闭关不出，任凭张飞在城下痛骂了好几天，严颜就是不出来。张飞又命军士骂了三天，见没有效果，就想出了一条计策来：暂且不去叫战，却叫士兵四处装作打草砍柴，打听绕过巴郡的路径。

严颜连日不见动静，心中很奇怪，就派几个军士装作张飞军中打草的士兵，出城来探听消息，并跟着张飞的部队回寨休息。这时他们听见张飞正在寨中破口大骂："严颜这个老东西，可真气死我了。"

此时，张飞寨前的几个人说道："将军别着急，我们这几天已经打听到了一条小路，可以偷偷地绕过巴郡。"

张飞赶紧说："既然有这么一条路怎么不早说？"众人都回答道："是这几天刚刚打听到的。"张飞说："事不宜迟，明天三更时就拔寨起行，人马都要小心，一点都不要出声音，悄悄地前进，千万不要让城里的人知道了，我先在前面开路，你们依次跟在后边。"

严颜的密探听到这个消息，赶紧回城里报告。严颜一听高兴坏了，说道："我就知道这匹夫忍耐不住了，张飞想走小路，粮草一定是在后边。我就趁机去截他的后路，看他怎么过！这个有勇无谋的家伙，这次一定要被我生擒了！"

于是，严颜就带领军队在张飞经过的地方进行了埋伏。三更过后，果然看见张飞在前面横枪纵马，带领队伍悄悄前进，等前头的队伍走过去了，严颜就命人擂起了战鼓，伏兵四起。正当他们要动手抢夺张飞粮草时，忽然听见身后一声锣响，一队人马赶到，大喝一声："严颜老贼休走！"

严颜回头一看，为首的一员大将，威风凛凛的骑在马上，手中丈八长矛，正是张飞！原来前面那个张飞是假的，是张飞使的虚晃计。严颜一见张飞，被打得措手不及，交战不到十个回合，就被张飞活捉了。

后来就用这个歇后语比喻一些很粗心的人有时候也会有细心的一面。

◎ 拓展阅读

馋人打赌——净是吃的 ／ 打败的鹌鹑斗败的鸡——上不了阵势 ／ 发霉的沙黄豆——不香 ／ 八月的石榴——满脑袋的点子 ／ 蜈蚣吃蝎子——以毒攻毒

N 篇

南郭先生吹竽——滥竽充数

这则故事出自《韩非子·内储说上》。

战国时期，因为齐宣王十分喜欢听人吹竽，而且每次总是召集很多人一起吹竽。有一年，喜欢排场的齐宣王下令要召集一个三百人的吹竽乐队。消息很快传播开来，齐国的百姓纷纷前来报名参加。其中有个叫做南郭先生的，他根本就不会吹竽，但听说后，也拿着一支竽要求参加乐队。他向招募的官员吹嘘自己吹竽的本领是如何的高超，绝对能让齐王满意，听他这么一说，招募的官员没有考察，就很高兴地接受了他。

进了皇宫之后，齐宣王每次想听吹竽，都会叫这三百人同时吹奏。每当合奏时，南郭先生总是站在中间，学着身边其他人的样子，当别人拿起竽时，他也拿起竽，跟着乐队，装模作样，好像他真能吹出十分美妙的音乐来。

由于南郭先生的演技十分高超，他在乐队中混了很久，居然一直没有被人发现。齐宣王见他吹竽十分卖力，而且好像很擅长的样子，心中很高兴，就赏赐给他很多金银珠宝，对他十分优待。南郭先生心想这样也能得到重赏，不禁心中暗暗高兴。

可是好景不长，过了几年，齐宣王就死了，他的儿子齐湣王即位。虽然湣王也像他父亲那样十分爱听吹竽，但却不喜欢听合奏，恰恰相反的是，他喜欢听独奏。于是，他每次听竽，都会叫演奏者一个个单独的吹给他听。

听到这个消息后，南郭先生吓得心惊胆战，暗自叫苦：这次怎么办呢，我原本对吹竽一窍不通，本想借这个大好机会，在皇宫里，滥竽充数，过着舒服日子，可没想到齐湣王居然喜欢独奏，我还是趁早溜吧，要是被湣王知道自己根本就不会吹竽，那可是欺君的大罪，是要被杀头的啊！这可不是闹着玩的，南郭先生越想越害怕。于是，当天晚上，就趁着其他人都睡着的时候，一个人悄悄地出了王宫，逃得远远的，再也不敢回来了。

后来，人们就根据这个南郭先生的故事，编成了我们现在通用的歇后语"南郭先生吹竽——滥竽充数"，以此来比喻没有真正的才干，而在行家里充数的人，或拿不好的东西混在好的东西里面充数。此外也有"南郭先生吹竽——不会装会"之说。

◎ 拓展阅读

馋鬼抢生肉——贪多嚼不烂 / 发面馒头送闺女——实心实意 / 万丈悬崖上的鲜桃——没人睬（采）；没人尝过 / 八月桂花开——到处飘香 / 醋泡辣椒——又酸又辣

据《封神演义》描述，陈塘关总兵李靖是一个文武双全、忠君忠民的大英雄，朝廷对他非常赏识。他的妻子殷氏是一个端庄秀丽、贤良温顺的好女子，夫妻俩相亲相爱，日子过得十分美满。他们还有两个儿子金吒、木吒，聪明可爱，一家人过得其乐融融。

过了几年，李靖的夫人殷氏又怀了第三个孩子，这对李靖一家人来说，本来是件大喜事，可是殷氏从怀有身孕开始计算，已经过了三年零六个月，但还未有生产的迹象。这可把李靖夫妇俩急坏了，李靖时常忧心忡忡，怀疑夫人怀的不是胎儿，而是一个妖怪，特别在当时人们相信世间真的有鬼神存在，而且按当时人的说法，如果生产不顺的话，对这家人来说，就不是好兆头。因此夫妻俩都非常害怕，认为是自己以前做了什么错事，激怒了上天，上天降灾来惩罚他们家。

这天晚上，夜深人静，已经过了三更，殷夫人睡得正好，忽然梦见有个道士飘飘悠悠地来到她的房间内，神秘的告诉她："恭喜夫人，有麟儿将降临在你家！他并非凡夫俗子，你一定要好生照料。"说完就将一物放入殷氏腹内，然后又飘然离去。

○ 品画鉴宝　长江万里图·明·吴伟　图绘长江沿途的山川、云朵、草木、山村等的壮丽景象。江水浩瀚，气势宏伟，意境浩荡而含蓄。画面用笔飘逸而不失细腻，有一气呵成的畅快之感。

夫人被梦惊醒之后，忽然觉得腹中开始疼痛，殷氏觉得胎儿即将落地，于是叫房内两个侍女赶快去叫夫君过来。等到李靖到房门口时，就听到房内产婆大喊一声："将军大事不好了，夫人生下了一个妖精。"听到此话，李靖慌忙奔入房间，只见房里一团红光，满屋香气四溢，他看到有一团肉球，在地上滴溜溜圆转如轮。

看到这种情景，李靖认为妻子的确生了个妖怪，就拔出佩剑，猛地向肉球砍去。只听砰然一声响，肉球一分为二，令屋里的人吃惊的是，居然从肉球里面跳出一个小孩：大家一看，只见他遍体闪耀着红光，唇红齿白，俊美无比，右手套一支金镯！肚腹上围着一块红绫，金光四射。更令人吃惊的是，小孩子一出世，就会走路说话，喊着爹妈向李靖夫妇奔去。

李靖见是一个活泼可爱的男孩，心中甚是欢喜。他激动地张开双臂抱起了小孩，久久不肯放下。这时，笼罩在夫妻俩心头的阴影早已烟消云散，而在场的人都为此景惊得目瞪口呆。李家三公子出生的消息很快传遍了全城，所有的人也都为此惊叹不已。

原来这个孩子是灵珠子下凡，他手上的金镯叫"乾坤圈"，肚上红绫叫"混天绫"，都是乾元山金光洞的宝物。出生后不久，他就被乾元山金元洞的太乙真人收为弟子，据说太乙真人问这小孩从哪里来，他搔搔头说不知道，于是真人便给他起名"哪吒"，从此以后，哪吒就跟着师父习文练武。长大后他奉师命随姜子牙兴周灭商，立下奇功，成圣归天。

后人就由这个故事引出了"哪吒出世——怪胎"这个歇后语。

◎ 拓展阅读

八月里的黄瓜棚——空架子 / 围着火炉吃西瓜——心上甜丝丝，身上暖烘烘 / 搭梯子上天——走投无路 / 发射出去的火箭——扶摇直上 / 馋鬼打灯笼——找吃的

泥菩萨过河——自身难保

在很久很久以前，山上有一座庙，庙里供着一座泥菩萨。以前，这座寺庙的香火很盛，方圆几百里的百姓都到这座寺庙里来拜神祈福，每天都是人来人往热闹非凡。但是好景不长，这里发生了一场战争，住在庙周围的百姓不得不逃到外地躲难。

从此，这个庙很少有人问津，庙宇因年久失修很快就变得破破烂烂。供奉在这里的那座泥菩萨也因为无人供奉香火，整日无所事事，极其苦闷，每天所做的事，就是与土地神、山神聊天解闷而已。

直到有一天，一向安静的屋外忽然传来一阵急促的呼喊声。刚开始，泥菩萨还以为自己因为太久没有听到人声，而产生幻觉。所以半信半疑地问土地说："老朋友外面好像有人在呼喊，你听到了么？"土地正在打瞌睡，听见泥菩萨说话，不耐烦地说："你瞎想什么，是不是老糊涂了，这附近的人早就逃命去了，谁还愿意呆在这啊？"

泥菩萨听他说的有理，以为真的是自己听错了，就又开始闭目养神。可是过了不久，外面的呼喊声似乎愈来愈大，这时泥菩萨才认定自己并非幻觉，而是真的有人在喊救命，所以一向爱管闲事的他就急忙走下供台向门外望去。他定睛一看，看到有一个人掉在

159

庙前的小河中，可是因为附近无人救援，正在苦命挣扎，眼看就要不行了。

泥菩萨看到这样的情形，岂能坐视不理，于是慌慌张张奔出庙门。就在他要冲到河里去救人时，土地急忙挡住了他的去路，大声说道："你是不是疯了，你是泥做的啊，到了水里立刻就会变成一团泥，到时候，别说想救别人，就是自身也难保。"泥菩萨却固执的说："救人于水火本就是我们这些菩萨的职责，如果见死不救，岂不让众神耻笑吗！你就不要管我了！"说完他甩开土地的手臂拼命的向河边跑去。

由于这个季节是雨季，所以河水水势汹涌，不时还有漩涡出现。等到泥菩萨赶到河边时，那个掉在河里的人也已经奄奄一息，快要被水冲走了。

泥菩萨望了望那个落水的人奋不顾身地跳进了水里，可还没等他游到落水人的身边，泥菩萨已经化作了一团泥水，被河水冲走了。土地站在河边望着那团被冲走的黄泥，不禁摇头长叹一声，伤心地回去了。

后来人们就根据这个故事编了歇后语"泥菩萨过河——自身难保"。

◎ **拓展阅读**

围棋盘内下象棋——不对路数 ／ 八月十五吃年饭——还早哩 ／ 淬过火的钢条——宁折不弯 ／ 发射卫星上天——一鸣惊人 ／ 馋狗等骨头——急不可待

在我国民间长期流传着这样一个美丽而动人的传说：

很久以前，在一个小村子里住着一个可怜的孩子，他的父母在他很小的时候就去世了，因此，他只好跟着哥哥嫂嫂过日子。但他的哥哥嫂嫂十分刻薄，经常把很重的活交给他做，还时常不给他饭吃。他知道哥哥嫂嫂嫌弃自己，平常在家也不多说话，心里有什么事就跑去说给家中的一头老黄牛听，老黄牛好像很通人性，每次见到他来，都显出很高兴的样子。渐渐地，他和这头老黄牛成了好朋友，每天几乎形影不离，村里的人见他和老牛关系那么亲密，就亲切地叫他"牛郎"。

随着时间的推移，牛郎也逐渐长大了。有一天，刻薄的兄嫂将他叫来说："你也老大不小了，总跟着我们过日子也实在是不像话！你该出去自己养活自己了。"他们觉得那头老黄牛已经老了，实在是没什么用处，就把它分给了牛郎。于是，牛郎就带着他的老黄牛离开了兄嫂家，头也不回地走了。从此，牛郎就自立门户，过起了和老黄牛相依为命的生活。

一天晚上，牛郎给老黄牛喂完草后，准备回屋睡觉，可老黄牛却咬住了他的衣服不让他走。牛郎轻轻地抚摸着老黄牛的头说："老牛啊，早点睡吧，我们明天还要早起干活呢！"就在这时，令他感到吃惊的是，老黄牛突然开口说话了，它说："牛郎啊，你不要害怕，其实我本是天上的金牛星，所以会说人话，我想告诉你，今晚会有一群仙女到后山

○ 品画鉴宝　织女图·明·张灵

織女

的湖里去洗澡，你悄悄过去找到她们的衣服，将那件粉色的拿走，那个来向你要衣裳的仙女，就会成为你的妻子。这可是个好机会，千万不要错过啊！"

牛郎照着老牛的话做了，让他高兴的是，那个美丽的仙女果真就成了他的妻子，这个仙女其实是王母娘娘的一个外孙女，名叫织女。她不但美丽无比，而且勤劳善良，她织出的云锦十分漂亮，深得王母娘娘的喜爱。

织女与牛郎在一起生活，日子虽然过得很清苦，但夫妻恩爱，倒也幸福。过了几年，织女为牛郎生了一个男孩、一个女孩，一家人过得更加其乐融融。

然而好景不长，织女在凡间私自成婚的事不知怎么被王母娘娘知道了。她非常生气，立即派天兵天将到人间去将织女捉了回来，准备给她治罪。就这样，织女和牛郎被王母娘娘活活地拆散了。

自从织女被王母娘娘派兵捉走以后，牛郎便苦闷不已，日夜在家思念织女，他们的两个孩子因找不见妈妈也整天大哭大闹。又过了一段时间，老黄牛忽然对牛郎说："牛郎，我就快要死了，从此以后我们就永远分别了。等我死后，你不要太过悲伤，记着把我的皮留下来，用它做一件衣裳。你穿起它，就可以飞上天去见织女了。"说完老牛就咽气了。牛郎非常伤心，大哭了一场，将老黄牛埋了，只留了一张牛皮。

牛郎按照老牛临死前的话，用那张牛皮做了一件衣服，然后他又找了两个篓筐，将自己的两个孩子放入筐中。等一切准备就绪后，牛郎披上了那件牛皮做成的衣服，只觉脚底一轻，身子便慢慢地往上升，再往下一看，他已经飞离地面数尺。牛郎想到很快就要见到朝思暮想的妻子了，因此心里感到很高兴。织女也得知牛郎上天庭来找自己，就不顾一切地飞奔着与他见面，眼看两个人越飞越近，就要相见了。可就在这时，狠心的王母娘娘却拔下头上的金簪，往空中一划，顿时，一条波浪滚滚的天河就出现在牛郎和织女面前。天河很宽，水流也很急，他们俩谁也飞不过去。牛郎与织女就这样隔着天河，日夜相望，哭声悲切。

后来，王母娘娘觉得他们夫妻感情深厚，也被他们的情意所打动了，所以就开恩允许他们在每年的七月七日这天相会一次。到了那一天，无数的喜鹊就会主动在天河上搭起一座鹊桥，让牛郎和织女在桥上见面。

◎ 拓展阅读

八月十五吃粽子——不是时候 / 豺狼请客——绝无好事 / 斜门里看人——怎么看怎么歪 / 翻穿皮袄过草原——装佯（羊） / 挂娃看戏——欢天喜地

163

$\mathcal{P}$ 篇

庞统，字士元，号凤雏先生，是三国时期的著名谋士。当初他和诸葛亮一起在水镜山庄读书，才学和诸葛亮不相上下。别看他长得貌不惊人，又矮又黑，但是却是个奇人。他上知天文，下知地理，出谋划策总是能想到别人想不到的，就连诸葛亮对他也很敬重。

可是刚开始时，庞统还没出名，他本来想在东吴干一番大事业。鲁肃也曾经将他推荐给孙权，但是孙权觉得他长得太丑陋，还故作姿态瞧不起他，所以就没有把他放在心上，也不给他官职做。庞统也不说明，就自己一个人在东吴隐居了起来。后来诸葛亮去东吴时，正好遇见他，就亲自给他写了一封推荐信，让他去荆州找刘备。

庞统来到荆州，见了刘备，也不下拜。刘备一看，只见庞统长相丑陋，是一个其貌不扬的人，心里就犯嘀咕："天下怎么会有这样丑的人？一点也没有将才不凡的气度。"甚是失望。

庞统从刘备的眼神中明白了一切，可他什么都没说，也没有将诸葛亮的推荐信拿出来，只是站在那里一动也不动。过了一会儿才说："我很早就听说您是一位名君，无论什么样的人，只要是贤才，就会得到重用，我为了充分发挥自己的才能，所以特地从很远的地方来投靠您。"

刘备想了半天，才缓慢地说："先生从那么远的地方来，真是辛苦了。现在这一带刚刚安定不久，也没有什么职位空缺，只有距荆州东北一百三十里，有一个耒阳县，现在正好缺个知县，你就委屈一下，先去上任吧。等日后有了空缺，再将你调回，委任大点的官职，你看如何？"庞统本想用自己的才学折服刘备，可现在看到刘备对自己没有一点的敬意，就打算先不说，先让他见识一下自己的本事再说，于是答应并上任去了。

来到耒阳县后，庞统整日不理县事，所有诉讼的案件他都不予理会，整日里游手好闲，只管饮酒作乐。过了不久，一位官吏实在看不过去，就向上面考核政绩的官员报告了庞统在县里的所作所为。

刘备知道了，勃然大怒，说道："我念他从远处来，给他一个县令做他竟然这么不知好歹，三弟，你带人去把这个狂妄之徒带到我面前来。"张飞听了，立刻骑马向耒阳县赶来。

张飞来到耒阳县门口，本想着庞统会率领军民官吏出城迎接，可令他惊奇的是，所有的人都出来了，就是不见庞统。张飞本来脾气就暴躁，看到这等情景，就更加恼火了，哪里还按奈得住心中的怒火，也不下马，直接就向县官府奔去了。

一进正厅，就看见庞统醉醺醺地坐在椅子上，手里还拿着一个酒壶正在自顾

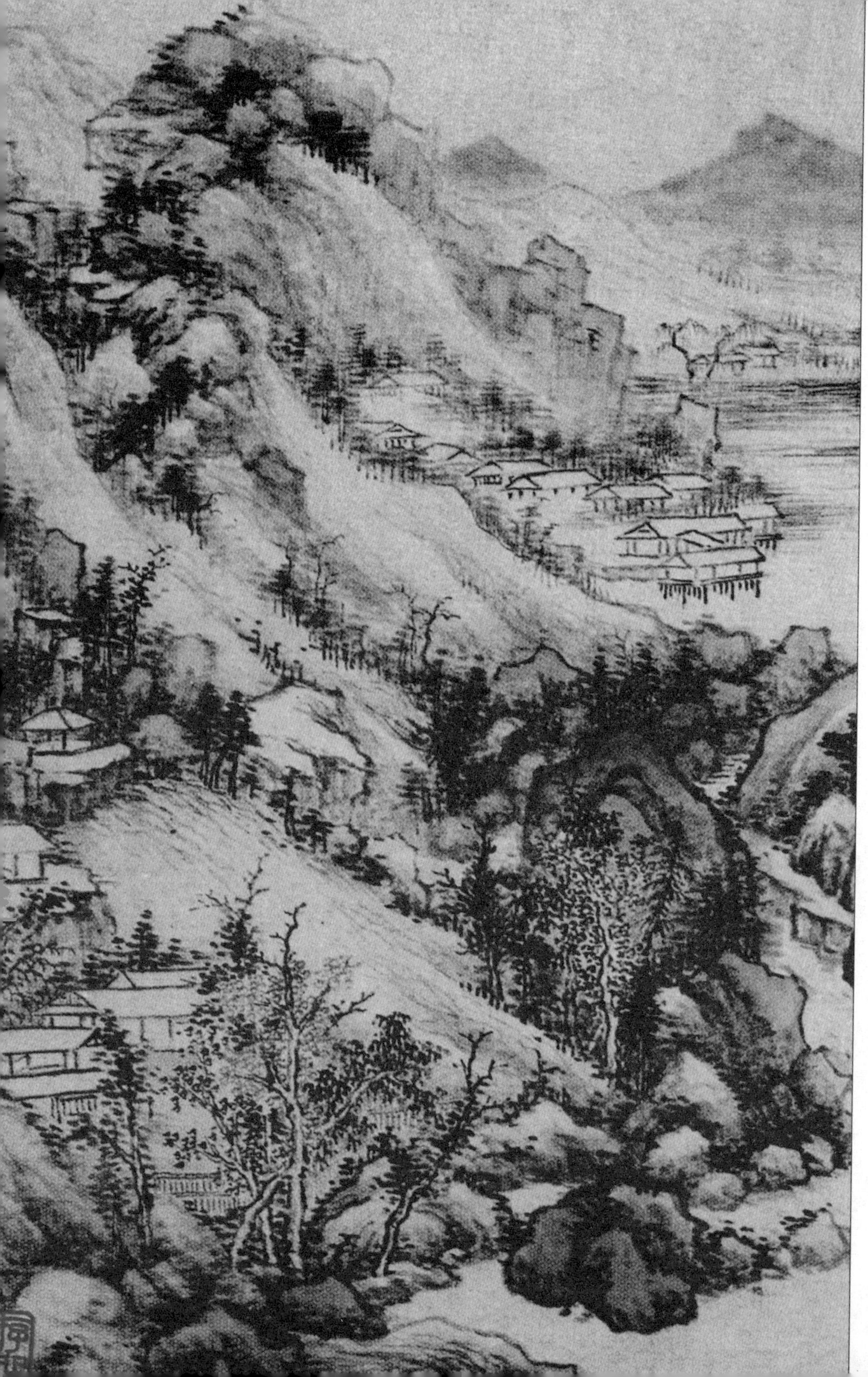

山水人物图·清·上睿

魔君先釀成惡疾
玄通書隱曲

自地喝酒！张飞冲到面前就抓住了他的衣领，说道："你这个家伙，我哥哥看得起你，叫你做个县令，你却不领我哥哥的情义，不理政事，还将耒阳县弄得乌烟瘴气的，要你何用？不如让我一刀杀了你。"说着拿刀就要砍。

庞统本来正喝得醉意浓浓的，忽然看到一道亮光，一下醉意全没了，慌忙向边上闪过去，急忙叫道："张将军因为何事竟要拿刀杀我？"张飞怒道："你上任以来，不理政事，整天饮酒作乐，我这就来教训你。"庞统一边躲着刀一边解释道："张将军，冤枉！冤枉啊！将军请听我解释。"

张飞听了这话，就停了下来，大喝："讲！"庞统这才站直身体，然后慢悠悠地说："张将军说我不理政事，请问我误了什么事？量这么个不到百里的小县城，能有什么事情！没什么不好决断的，请将军坐一会儿，看我一个个地审理。"说完就转身向大堂走去。张飞看他这样，就将刀收回，心想先看他审，若审不好，到时候再治他的罪。

庞统坐上公堂，就叫手下的衙役把百天来所积压的公案，一起取来处理。渐渐地大堂里的人越聚越多，大家七嘴八舌的，显得非常热闹。那么多的案件堆得满桌子都是，但是庞统一点也不紧张，他一边批着一个案件，另一只手就已经拿到了另外一张状纸，还一边听着下面百姓讲述自己的冤情，这么多的案子，他却显得条理很清晰，一会儿就全处理完了。

所有的原告都对判决的结果很满意，就连被告也输得心服口服。这一下，张飞可是开了眼界，才知道庞统是个能人，只不过是深藏不露罢了。他赶紧上前道歉说："先生正是国家所需要的贤才啊，只怪哥哥和我都有眼无珠，不识先生的庐山真面目，真是惭愧啊！还请先生见谅。我回去一定要向哥哥禀报，重用先生，在这个小县城做知县真是委屈先生了。"庞统听了此话，什么都没有说，只是微微地笑了笑。

张飞回到荆州后，立即向刘备报告了自己的所见所闻。刘备听了，自责不已，立即亲自到那里去招庞统回荆州，这才知道原来是诸葛亮推荐来的，就拜他为副军师，协助诸葛亮处理政事。

后来人们就用这则歇后语来比喻人事安排不恰当、大材小用。

◎ **拓展阅读**

翻了篓的螃蟹——到处横行 / 八月十五的月亮——年年都一样；正大光明 / 打醋的进当铺——走错了门；找错了门 / 柴火上浇汽油——一点就着

这则歇后语来自于《封神演义》里的一段故事。相传姜子牙在还未遇到周文王之前，生活贫困潦倒，困苦不堪，所以无奈只好寄居在朝歌城的一位朋友家里。本来他打算等到成就一番事业后，娶妻生子。可是直到七十二岁，还没能施展抱负，在万般无奈之下，他只好放弃之前的决定，在一个朋友的张罗下，娶了一个已经六十八岁的还没结婚的老太太做妻子。

可是婚后他们生活得并不幸福，一方面因为姜子牙常常为了自己的不得志而郁郁寡欢；另一方面，他的妻子马氏本来想着嫁给姜子牙之后便有了依靠。可是没想到，姜子牙好像对家庭生活并不感兴趣，没有一点过日子的样子。因为家里生活十分困窘，马氏就希望姜子牙能够赚一些钱贴补家用。可姜子牙是个读书人，对做生意根本一窍不通。有一次，马氏叫姜子牙挑一些菜去市场卖，可一天下来，姜子牙又将早上挑出去卖的菜原封不动地挑了回来。这回可把马氏气坏了，她生气地说道："你简直就是个废物！听说你看过的书挺多的，可那有什么用呢？也没见你像别人一样飞黄腾达，做大官啊！还放不下读书人的臭架子，打什么脸充什么胖子！"说完，她怒气冲冲地回房里收拾自己的东西回娘家了。

可是没过几天，马氏就让人传话说要断绝两人的关系。姜子牙得知这一消息后，赶忙跑到马氏家里百般规劝，希望能和她重归于好，但一切都无济于事，马氏心意已定，在这种情况下，姜子牙迫不得已，只好写了休书，亲自交到马氏手里。马氏接过休书，连看都不看姜子牙一眼转身就走了。姜子牙站在原地望着马氏远去的背影在心中暗暗地说道："你迟早会后悔的。"

后来，姜子牙终于被周文王发现，委以重用。没过几年，姜子牙就凭借自己的聪明才智和神机妙算，成为了周文王的得力助手，帮助武王打败了商纣王，成为周朝的开国功臣，周武王就将他封于齐，人称"姜太公"。

这时，姜子牙封王拜相的事很快传到了马氏的耳朵里，马氏感到非常后悔，希望能和姜子牙重归旧好。姜子牙在众人的前呼后拥之下回到所封地时，马氏就上前叩头要求姜子牙摒弃前嫌，与她恢复夫妻关系。

姜子牙看了她一眼，却叫手下的人取来一盆水，当着马氏的面，泼到地下，马氏看到这一情形，非常吃惊，但却不明其意。姜子牙向她解释道："你我夫妻关系就像这盆水，当初穷困潦倒时，你选择了离开；现在我飞黄腾达了，你又要重归于好，这是不可能的事。就好比这盆泼出去的水，已难于收回了。"马氏听完，感到无颜面对所有人，回到家后自缢而死。

◎ 拓展阅读

拆袜子补鞋——顾面不顾里／法官住班房——明知故犯／番薯脑壳檀木心——不灵通／翻过来的面袋子——空了；空的／八月十五生孩子——赶巧了

Q 篇

从前有两个人，一个叫张三，一个叫李四，他们是邻居，也是好朋友，但后来却因为一件小事闹得很不愉快，于是两人反目成仇。

张三是个唱戏的，李四是个贩卖粮食的商人。有一次，李四在村里卖粮食，因为想多挣点钱，他就弄虚作假，在粮食里掺了一些沙子，他自以为做得天衣无缝，可万万没想到，等到快卖完时，却见几个官府的差役来抓他。据差役说，有人检举他违法经商，往粮食里掺沙子，来坑害百姓。这下他可气坏了，因为剩下的粮食全被官府没收，而且今天赚的钱也都被充了公，损失惨重。有了这次的前科，村里的人对他感到十分的厌恶，再也不到他那里去买粮食了。从此，他的生意一落千丈，在村里几乎到了没法立足的地步，迫于无奈，他只好到县城去寻求发展。

李四对那个告密的人恨之入骨。经过多方打听，他终于知道是谁把他害得这么惨的，原来就是他的邻居张三。所以自此以后，李四对张三十分痛恨，很快就和张三断绝了朋友关系，张三对李四的所作所为也十分看不惯，于是他俩见了面互不搭理，好像根本不认识一样，但是偏偏冤家路窄。

这一天，张三骑着毛驴打算进城去卖唱，他一边看着唱本，一边嘴里练习着。就在他兴致很高时，忽然听到后面传来一阵急促的马蹄声，渐渐的由远及近，他回头一看，原来是他的邻居李四，他也打算拖着粮食进城去卖。李四像往常碰见张三一样将头抬得高高的，轻蔑地从张三身边走过。可李四没走几步，就听见背后传来张三的声音："老兄，你的麦子撒出来了，我看你最好先停下来检查一下。"张三说完就又低头看他的唱本。李四听了他的话，连头都没有回，只是斜了张三一眼，说："你吃饱了撑的，我愿意让它撒，你管得着吗？还是管好你自己吧，赶

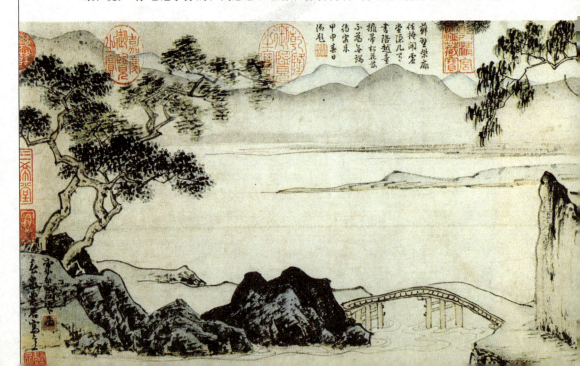

快练你的曲儿，省得一会儿唱错了词，被人轰下台，那可就闹笑话了。"

当然，李四虽然嘴上说得很硬，可对张三的话还是半信半疑，所以他偷偷地看了他的粮食袋，发现麦子果真漏了出来，不过，因为这话是张三说的，无论如何自己都不能领他的情。李四心里想：前面不远处就是一个岔道口，我一会儿向东走，晚点进城，避开张三那家伙就好了。

可是不幸的是到了岔路口，张三偏偏跟着李四往东走，这可把李四急坏了，他气急败坏地问道："张三，你跟着我到底想干什么？"张三见李四这样问他，就回答说："你这人真是奇怪！我在看我的唱本，碍着你什么事了？""那看唱本也不用一直跟着我走啊！"李四真的急了。"走着瞧呗！"张三看着唱本，头也不抬地回答说。又走了一阵儿，李四马身上驮的一袋粮食全部都漏空了，这样一来，由于失去了平衡，另一袋粮食也从马背上掉了下来。看着掉在地上的粮食，李四恨得咬牙切齿，却又不好再对张三说些什么，只能忍气吞声。

这时张三忽然调转驴头，向进城的方向走去，他好像什么也没看见似的，眼睛继续盯着他手中的唱本，哼着自己的小曲，慢慢地进城去了。

◎ 拓展阅读

挖了眼当判官——瞎到底了 ／ 八月十五吃月饼——节日的美食 ／ 反转葫芦，倒转蒲扇——出尔反尔 ／ 刺拐棒弹棉花——越整越乱 ／ 拆庙种灯草——有心(芯)无神

○ 品画鉴宝　春泉小隐图·明·周臣

骑驴扛布袋——弄巧成拙

从前有一个人，他自以为很聪明，但实际却很愚蠢。在他还小时，父母就对他寄予了很高的期望，请了很多有名望的老师来教他，希望有朝一日他能够成就一番事业。可是他太过自大，觉得自己什么都懂，根本不将老师的话放在心里，他父母为他请来的老师见他如此高傲自大、傲慢无礼，都不愿教他，于是都纷纷离去。

几年下来，请遍了附近所有的老师，还是没能找到一个肯教他的老师，他的父母见此情景，对他彻底地失望了，就任其发展下去。后来，他终于长大了，但仍旧一事无成。

有一天，他赶了一头驴子，去城里赶集，他用一头驴驮了一大袋粮食，打算到集上将粮食卖个好价钱。当他拉着这头驴出门时，恰好碰到他的一个邻居，邻居见状说道："这头驴子多瘦啊，你竟然还让它驮那么重的粮食，我看到不了城里，这头驴子就会被活活累死。"

可他听了邻居的话却并不以为然，傲慢地说道："我这么聪明的人，难道还会犯错吗？我说它行它就一定行。"邻居本想好好劝劝他，但知道他从小到大一向自以为是，就轻轻地叹息了一声，转身走开了。

驴子驮着粮食走了一段路程后，就越走越慢，气喘吁吁的。他想：还有很远的一段路要走，如果

○品画鉴宝 骑驴图·明·张路

176

这样下去，恐怕到天黑也赶不到集上。于是他拿出鞭子，对着那头驴子狠狠地抽了起来，驴子痛得连连惨叫，可仍然走得很缓慢。

路上的行人看到这种情景，纷纷停下来观看，其中一位过路的人好心地说："这头驴子好可怜啊！驮着那么重的东西，还被主人这样抽打！迟早会被主人折磨死的。"他看到路人都在指责他，又看到自己的驴子确实已经不行了，就只好停下来另想其他办法。忽然他想出了一条自以为很绝妙的方法，只见他用力把这一布袋粮食扛在自己的肩上，然后又翻身骑在驴背上，得意洋洋地看着众人，准备继续向前走。

可谁想到，他刚骑到驴背上，这头驴就长鸣一声，倒在地上起不来了，而他自己也摔了个倒栽葱，肩上的粮食也掉了下来撒了一地。路过的人看到这情景，都忍不住哈哈大笑起来。而这个自以为很聪明的人，此刻却呆呆地坐在地上，不知所措地看着累死的驴子，半天都没有缓过神来。

◎ 拓展阅读

歪嘴吃石榴——尽出歪点子 ／ 八月十五云遮月——扫兴 ／ 拆庙搬菩萨——干脆利索；干净利索；收摊子 ／ 椿树上的虱子——懒相（象）／ 饭店里卖服装——有吃有穿

齐桓公进迷谷——全靠老马识途

据《东周列国志》记载，在今河北省迁安县一带，有一支游牧的蛮族，历史上称之为戎。春秋时期，戎族建立国家，称为山戎国。他们生性好战，经常骚扰邻近的燕国，使得燕国北部边疆非常不安定，很多边防要塞都因此而荒废。

燕国国君看到山戎国气焰如此嚣张，就决定亲自带兵消灭山戎国，恢复本国的边疆安定。齐国的齐桓公应燕国国君的请求，也带兵来援助燕国。

战争进行得很顺利，齐国军队很快就打下了山戎国的都城令支。齐桓公本想尽快班师回朝，可没想到，山戎国的残余势力却请来了救兵——孤竹国（今河北省卢龙县至辽宁朝阳县一带）来帮助他们。幸好孤竹国的军队也不是齐桓公的对手，很快也被打败。

答里呵是孤竹的国王，他是一个工于心计的人。虽然败局已定，但他还是不甘心就此认输，于是就设计陷害齐桓公。他叫自己的元帅黄花向齐桓公假装投降，并以带路为名，将齐国的军队引到一个叫迷谷的地方。这地方其实就是一片沙漠，荒芜人烟，气候干燥，而且终年风沙不断，环境恶劣。白天气温很高，晚上又寒气逼人，气候变幻莫测，进去的人很少能活着回来的。

当齐桓公跟着黄花进到迷谷后，不久就不见了黄花的踪影，这时他才明白，原来这是个骗局，自己上了黄花的当，但为时已晚，他只好赶快去寻找出路。然而折腾了一晚上，仍然没有找到出路，而且有很多官兵已经累得筋疲力尽，加上没有带足够的水，不少士兵，口干舌燥，眼看就快渴死了。

○品画鉴宝 游骑春郊图·清·罗聘

看到这种情形，齐桓公心急如焚，想到：我一生南征北战，没有死在战场上，今日却要葬身在这个鬼地方吗？

正在这时，齐桓公的相国管仲忽然想到：马是一种方向感很强的动物，不管离开原来的地方多么遥远，它们都能够按照原路返回去。当他把这一想法告诉齐桓公时，齐桓公立刻欣喜若狂，于是急忙命令手下找来了几匹老马，让它们自由地在前面行走，并命令自己的军队跟着老马向前走。

大概经过了一天的时间，老马终于将齐国的军队带出了迷谷，齐桓公和他的军队也因此逃过了一劫。后来人们就根据这个有名的故事，编成了歇后语"齐桓公进迷谷——全靠老马识途"。

◎ 拓展阅读

八月十五蒸年糕——趁早（枣）／ 饭店门前卖瘟猪——不知趣／ 拆了鞋面做帽檐——顾头不顾脚／ 偷来的锣鼓——打不得／ 歪嘴吹喇叭—— 一 股邪（斜）气

根据《三国演义》的记载，周瑜是被诸葛亮给活活气死的。周瑜死后，东吴举国悲恸，为了追悼这位曾经叱咤一时的盖世英雄，他们在柴桑举行了盛大的哀悼仪式，为周瑜发丧。而周瑜原来所担当的大都督的位子则由鲁肃来接替，所以也就由他负责周瑜的葬礼。

这时，刘备等人也听到吴国要为周瑜举行葬礼，因为是敌国，本来不打算派人去的，可诸葛亮却坚持要去吴国吊唁。刘备不明白是为什么，就问："军师这是干什么？谁都知道周瑜是你设计气死的，你现在去吴国不是去送死吗？不行，我决不让你去冒这个险。"诸葛亮笑着说道："大王大可放心，我昨夜夜观天象，发现将星全集中在东方，我正好可以以吊丧为名，到江东走一趟，一来可以保住孙刘联合的局势，以防小人挑拨；二来也可以寻找贤能之士来辅佐您。"刘备听了这番话，也就无话可说了。但他还是担心诸葛亮的安全，所以让赵云亲自带领五百名精兵保护左右，陪伴诸葛亮一起前往东吴吊孝。

鲁肃听说诸葛亮要到柴桑参加周瑜的葬礼，感到很惊讶，慌忙出来以礼相待。当诸葛亮一行人来到帐外时，周瑜手下的大将们正为诸葛亮气死周瑜之事，怀恨在心，都跃跃欲试想杀掉他，但幸亏有赵云，所以谁都不敢下手。

诸葛亮来到周瑜灵前，命部下把自己所带的祭品放好，然后亲自祭酒，跪在地上，开始一本正经地读着自己为周瑜写的祭文。在祭文中，诸葛亮赞美了周瑜的雄才武略，气度非凡，还回忆了他的丰功伟绩和赫赫战功，总之将周瑜大加赞赏，还显得很悲痛。

读完祭文后，大家都以为诸葛亮该回去了，谁知道他竟伏地放声大哭起来，嘴里还念念有词："公瑾兄，你我现在虽阴阳相隔，但是如果你泉下有知，可以看到我的心啊！诸葛亮自此以后天下再也没有知音了。"说完更是泪如泉涌，悲痛之情一发不可收拾。在场的所有人也都为此情此景所感动，鲁肃见诸葛亮如此悲痛，不禁心中对先前所听到的周瑜与诸葛亮不和的事有所怀疑，反过来暗怪周瑜心胸狭窄，有此结果是咎由自取。

追悼仪式都进行完了后，诸葛亮就辞谢回程了，当他要踏上船时，有一人上前拦住了去路，诸葛亮一看，原来是东吴的高士凤雏先生庞统，这庞统别看其貌不扬，可却非常的有才干。他一把抓住诸葛亮，笑着说："你刚刚气死了周瑜，现在又来猫哭耗子假慈悲，真是欺负我东吴没有能人了。"

诸葛亮听罢，大笑起来，随后拉起庞统的手一起上了船，两人彻夜相谈，一见如故，很是投机。诸葛亮对庞统说："如你在这里不如意，可以随时来荆州，与我共同辅佐刘皇叔，"庞统马上表示同意。不久，在诸葛亮的引荐下，

柴桑口
卧龙吊
丧

雪樵

他当了副军师中郎将。

此外,这个歇后语还可以说成"诸葛亮吊孝——假的"、"孔明哭周瑜——假慈悲"等,说明某人办事虚情假意。

◎ **拓展阅读**

刺苞(荆棘)林里的斑鸠——不知春秋 / 拆了楼房盖厕所——臭到顶 / 饭店墙上挂蒜瓣——零揪 / 八月十五种花生——瞎指挥 / 歪嘴吹灯——满口邪(斜)气

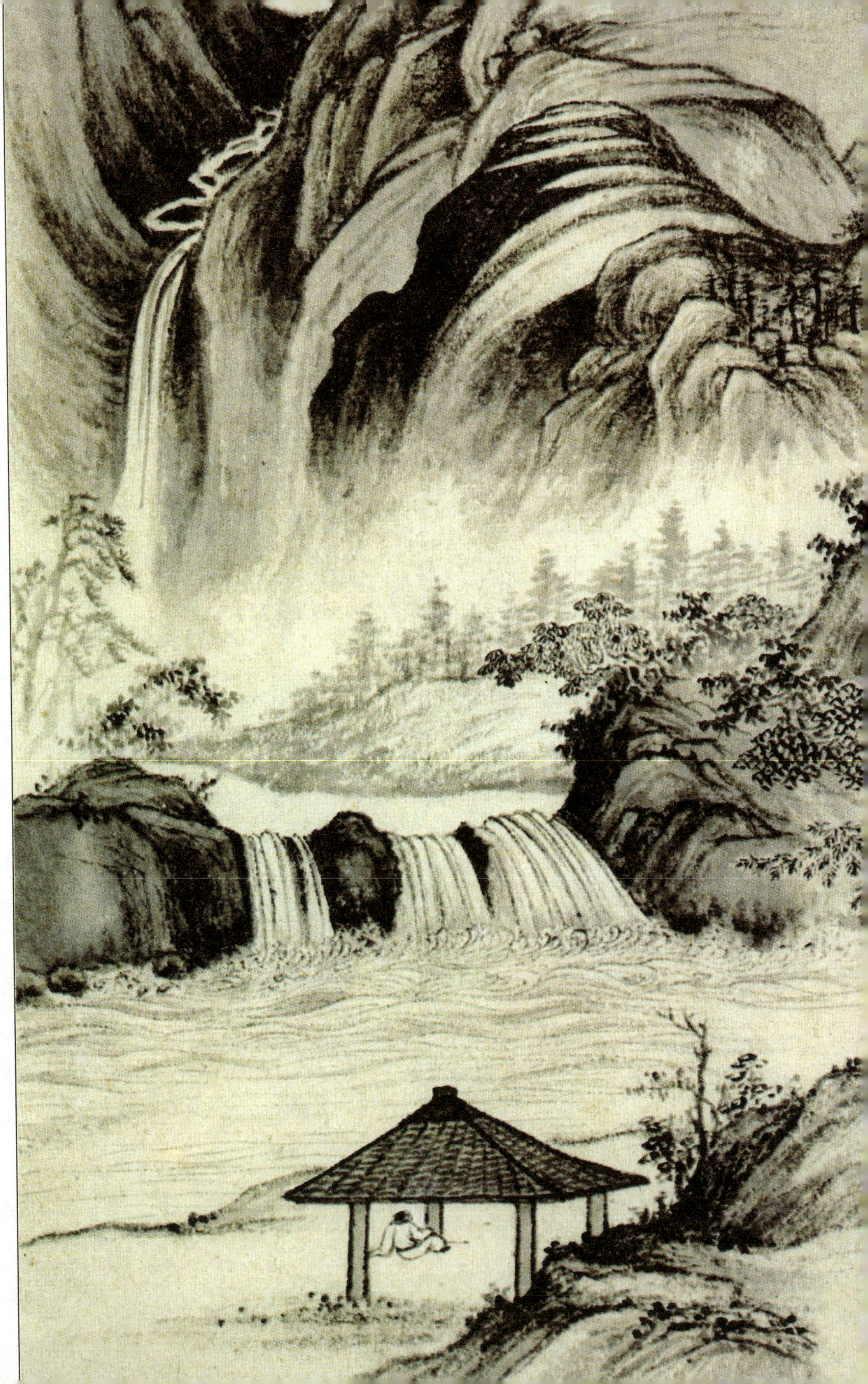

山水图·明·项圣谟

唐朝时期的疆域空前广大，东至大海，西越葱岭、巴尔喀什湖至咸海，南至南海诸岛，北越贝加尔湖，超过了汉朝极盛时期的疆域。辽阔的边疆地区不但物产丰富，而且有许多珍禽异兽。当时云南地区盛产一种天鹅，这种天鹅姿态优美，羽毛丰盈，是天鹅中的极品，被当地人当作神鸟来敬畏，不敢捕杀。

大唐皇帝听说这种鸟非常神奇，很想一睹为快，于是就命当地的土官缅伯进贡一只这样的天鹅来供他欣赏。缅伯接到指令后，一点都不敢迟疑，立刻叫人捕了一只非常美丽的天鹅，准备第二天起程送往长安。

第二天一大早，缅伯就带着天鹅和随从上路了。因为天鹅是向天子进贡的贡品，所以缅伯一路都非常小心，他命手下人一定要细心照顾天鹅，生怕天鹅有什么闪失，万一半途不幸死掉的话，那可是满门抄斩的大罪。可是由于云南距京城长安相隔几千里，路途十分遥远，在当时又没有什么便捷的交通工具，所以携天鹅进京城是一件很艰苦的事。

尽管缅伯一路都十分的小心，但万万没想到，就在快到达长安时，天鹅却飞走了，只掉下一根翎毛。由于日夜兼程，旅途劳累，仆人在喂食后没有将笼子关好。突然遭遇如此变故，可把缅伯等人急坏了，他们不知如何是好。无奈之下，缅伯只好带着一根翎毛来到京城，他准备见机行事，实在不行就只好以死谢罪。

就这样想着，缅伯不知不觉已经走到宫殿门口，他犹豫了一下，但最终没有退缩，而是昂首阔步地来到皇帝面前。他向天子行完大礼后，不慌不忙地从怀中拿出那支鹅毛，并口吟一诗，其中就有"礼轻情义重，千里送鹅毛"之句。大唐皇帝本就是一个宽厚仁爱之人，听了缅伯所作之诗，更是爱惜他的才华，于是赦免了缅伯所犯之罪。

人们就根据这个趣事编成了这则歇后语"千里送鹅毛——礼轻情义重"。宋代词人邢俊臣的词中还有"巍峨万丈与天高，物轻人意重，千里送鹅毛"之句，比喻从很远的地方送来轻微的礼物，表示礼轻情义重。

◎ 拓展阅读

饭罐子打断耳——不能提了 / 醋瓶子打飞机——酸气冲天 / 拆了东篱补西壁——穷凑合；穷凑；顾此失彼 / 八只脚的螃蟹——横行霸道 / 歪嘴吹笛子——对不上眼

千里送鹅毛——礼轻情义重

183

黔驴的技能——就那么一蹄子

很久以前，在黔州地区（就是今天的四川彭水县），并没有驴子。有一天，一个做生意的商人来到这个地方，本想买头驴子把他从外地贩买来的货物驮回家乡，可是他找了一天，也没有看见一头驴子的影子，私下一打听，才知道这个地方原来就没有驴子。回到旅店，这个商人心想：黔州地区没有驴子，如果我从其它地方买头驴子拿到这里来贩卖，一定能赚很多的钱。于是第二天一大早，这个商人就随便买了一匹马，到别的地方买驴去了。

过了没几天，商人就带着一头驴子回到黔州。当他将驴子拉到街上来卖时，街上来往的人因为从来没有见过驴子，就纷纷驻足观望，围观的人越来越多，将集市的道路堵得水泄不通。然而虽然看的人很多，但却没有人买，最后还是经过这位商人的一番吹嘘，有一户有钱的人家才将这头驴子买了去。

买驴的这户人家是当地的一个大财主，他本想以稀为贵，买了这头驴子回去可以趁机向别人炫耀炫耀。所以驴子来到这个大财主家后，就特别受宠爱，财主把它像宝贝一样的养着，整天喂它吃好吃的，却什么活都不让它干，驴子就这样在财主家里过起了舒舒服服的生活。

财主家还养着一条狗，以前备受主人的宠爱，可是自从这头驴子来了以后，主人就不怎么搭理它了，所以它对驴子非常地痛恨，总想找个机会把驴子除掉。

有一天，狗趁主人不在家，悄悄地来到驴子的身边，然而它围着驴子来来回回走了好几圈，就是不敢轻易下手。因为狗还不知这只驴子到底有多大能耐，它怕万一失手不但没有除掉驴子，反而赔上自己的一条老命，那多划不来。所以狗就冲着驴了"汪汪"大叫，还不时地逗弄它，冲撞它，故意想把驴子惹急，看看它有什么本事。

面对狗的挑衅，起初驴子只是扯着嗓子叫唤几声，后来看到狗步步紧逼，情急之下就对着狗踢了一蹄子，然后就再也没有其它的招数了。狗看到驴子的反应，心里高兴坏了，它想：驴子不过就这么一点本事啊！我实在是没有必要怕它。想到这，狗就大叫一声，扑过去咬住了驴子的喉咙，等驴子倒在地上不能动弹了，才松开口，于是得意洋洋地走开了。

◎ 拓展阅读

八字不见一撇——没眉目；差得远 / 打掉牙往肚里吞——忍气吞声 / 饭锅上的茄子——软货 / 拆房逮耗子——大干一场；得不偿失 / 满嘴镶金牙——开口就是谎（黄）

根据《宋史·岳飞传》的记载，南宋的岳飞是当时抗金的名将，他一生精忠报国，而且文才武略都非常出色。他带领的军队打起仗来战无不胜，攻无不克，军队的纪律很严明。虽然如此，岳飞本人也爱民如子，所以老百姓都亲切地称他的军队叫"岳家军"。

1140年，正是南宋的军队与金国交战的关键时刻，岳飞带兵在开封西南的朱仙镇打了一个大胜仗，金兀术南侵的计划被迫中断了，于是准备率军北撤。岳家军在前线取得胜利的消息传来后，举国上下都为之欢呼雀跃。岳飞也想趁这次机会能一路前进，趁机收复北方的失地，重振宋朝的雄威。可就在这时，南宋朝廷中的奸臣秦桧收了金国使者送的金银财宝，就主张求和苟安，秦桧是宋高宗的宠臣，他的话宋高宗想都不想就采纳了。于是宋高宗派人来到朱仙镇，连下了几道金牌命令岳飞马上率军撤退，岳飞眼看着胜利在望，觉得还没有成就大业，就上奏朝廷，要求乘胜追击。宋高宗和秦桧为了向金朝统治者求和，就把张浚、杨中等大将的军队从前线抽调回来，这样一来，岳飞的军队在前方就处于孤立无援的境地，岳飞没有办法，只好从宿州、亳州和泗州退守到了鄂州一带，刚刚收复的土地又白白地还给了金兵。全军上下知道了这件事情都愤愤不平，但大家也都知道岳飞本人是力主抗金的，之所以退兵是因为秦桧的主意，所以也都不说什么。金兀术看到宋兵退去了，气势更加嚣张，又再度渡过淮河，继续往南侵略，但每次都在岳飞等南宋诸将的奋力抗击下被打退。但是，宋高宗一次次的求和使得岳飞非常气愤，他再次向高宗上书，请求出兵北伐，并亲自写了"还我河山"四个大字表达自己的抗金主张。金兀术知道这件事后，怕宋高宗真的采纳了岳飞的建议，如果真的那样，那大金国岂不是要危险了，更何况岳飞在军事上确实是一位奇才，所以一定要阻止岳飞带兵北伐，他想一定要除掉岳飞，以免后患。于是，金朝就派密使去见奸臣秦桧，并给他送去了大量的珠宝，还送上了金兀术的一封亲笔信，信中说：你要和我们大金国和好，而岳飞却想要收复北方的河山，现在如果不除掉岳飞，议和是不可能的，你自己好好斟酌一下吧！

第二天，秦桧就向宋高宗进谏说："岳飞居功自傲，他功高权大，掌握重兵，说不定什么时候时机成熟了，他就会造反了，皇上你可要三思啊！而且金朝的使者也明确提出了，要议和就必须杀掉岳飞。"宋高宗本来就是一个没有主见的皇帝，听了这话就更加担心自己的皇位了，于是他听从秦桧的谗言，阴谋杀害岳飞。

秦桧先夺了岳飞的兵权，然后又伙同张俊等人给岳飞制造了"谋反"的罪名，将岳飞关到了大理寺，准备进行审讯。秦桧还亲自到监狱里诱骗岳飞，说只要他承认这些所犯的罪名，就可以保他不死，但岳飞是一个光明磊落的人，他虽然经

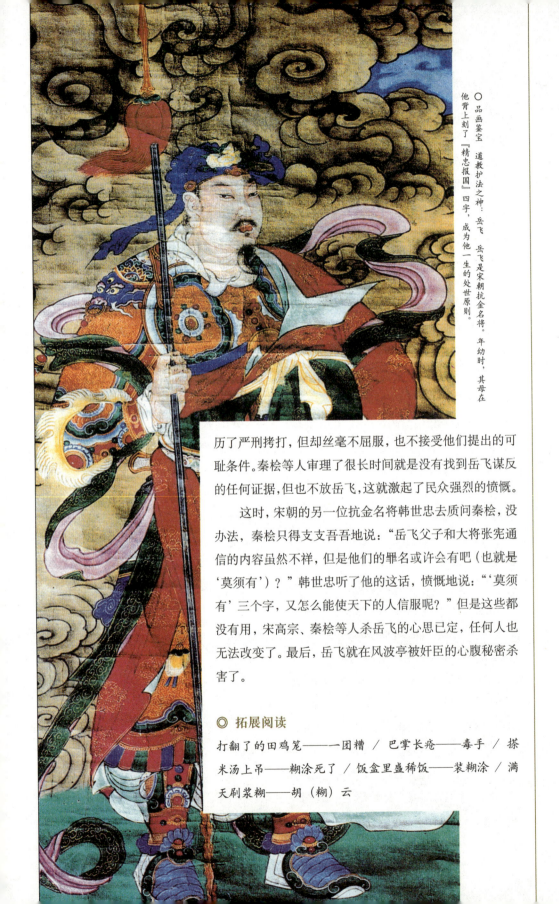

历了严刑拷打，但却丝毫不屈服，也不接受他们提出的可耻条件。秦桧等人审理了很长时间就是没有找到岳飞谋反的任何证据，但也不放岳飞，这就激起了民众强烈的愤慨。

这时，宋朝的另一位抗金名将韩世忠去质问秦桧，没办法，秦桧只得支支吾吾地说："岳飞父子和大将张宪通信的内容虽然不详，但是他们的罪名或许会有吧（也就是'莫须有'）？"韩世忠听了他的这话，愤慨地说："'莫须有'三个字，又怎么能使天下的人信服呢？"但是这些都没有用，宋高宗、秦桧等人杀岳飞的心思已定，任何人也无法改变了。最后，岳飞就在风波亭被奸臣的心腹秘密杀害了。

◎ 拓展阅读

打翻了的田鸡笼——一团糟　/　巴掌长疮——毒手　/　搭米汤上吊——糊涂死了　/　饭盒里盛稀饭——装糊涂　/　满天刷浆糊——胡（糊）云

秦琼的黄骠马——来头不小

秦琼，字叔宝，又名太平郎，是隋唐时期的一条好汉。他自幼就勤练武艺，后经名师指点，成人后技艺超群，有万夫不当之勇。秦琼为人十分谦和，虽然本领高强，但从不以此为傲，更不欺负弱小，所以很受当地人的敬重。

有一天，秦琼来到城里的一个马行，他打算为自己买一匹好马。刚到马行，马行的主人便慌忙迎了出来，热情地说："秦大哥，你要买马吗？你今天来得可真巧！我们小店刚从关西进了几百匹上等的好马，保准有你满意的！自己人，你看准了马，我给你个好价钱！"说完，他就兴高采烈地将秦琼领到了马房。

秦琼在马房里左挑右选，看了整整一上午，可是仍旧没能找到一匹中意的，正当他失望之际，忽然听到后边马槽传来一声马嘶。他转身一看，原来是一匹瘦黄骠马，它身高八尺，但却骨瘦如柴，看上去病怏怏的。秦琼径直走到马槽边，仔细地查看那匹瘦黄骠马。那马儿见秦琼来了，好像通人性似的立刻来了精神，双目圆睁，直往秦琼的身边凑。秦琼轻轻地抚摸着马头问马行主人："这匹马怎么如此之瘦啊？"主人连忙答道："秦大哥有所不知，这匹马虽然也是从关西贩进来的，但到此已有三个多月了，每天都有专人精心喂养，吃得也很不错，可就是不见它长膘，小弟已经把价钱压得很低了，可就是没人肯要。您莫非是看上这匹马了？我们是老朋友了，小弟好心劝大哥一句，这匹马不大好，您还是看看别的马吧。"秦琼没有理会马行主人的话，又对着那匹马认真地看了一会，就丢下一包银子，拉着那匹马，头也不回地走了。

令人惊奇的是，半个月不到，马行主人再见到那匹黄骠马时，它已经变得又肥又壮，而且炯炯有神，马行主人连夸秦琼的眼力好。从此之后，附近的人要是打算买马，就叫上秦琼当参谋，保准错不了。

"秦琼的黄骠马——来头不小"就是根据这个故事编成的，此外还有"秦琼瘦马——膘在内"一说。

◎ 拓展阅读

麦茬地里磕头——戳眼 / 巴掌穿鞋——行不通；走不通 / 打柴的下山——担心（薪）/ 茶碗打酒——不在乎（壶）/ 饭桌上的盘子——没把柄

秦琼的杀手锏——家传

秦琼很小的时候，父亲秦彝就被奸人害死了，他和母亲相依为命，生活过得很凄惨。秦琼的父亲去世时，留给他一件祖传的兵器——金紫铜和一套五十六路秦家铜法。据说，这两条一百三十斤镀金熟铜铜要是配上秦家铜法，那真是天下无双，特别是那招"杀手铜"更是绝妙，只要出手，就无人能敌。

秦琼的母亲是个很要强的人，她含辛茹苦地哺育秦琼成人，就是希望有一天他能够替父报仇。原来秦琼也很懂事，从小就苦练武艺，决心早日完成母亲的心愿，慢慢地，秦琼长大成人了，也将那五十六路秦家铜法练到了炉火纯青的地步。

秦琼开始闯荡江湖。起初，他遇到杨林，备受杨林的重用，可后来无意中得知，杨林就是自己找寻多年的杀父仇人。原来秦琼的父亲是隋末齐国的大将军，负责镇守济南，因生性耿直，不愿与奸人杨林同流合污，遂被他设计杀害。秦琼知道真相后，本来想要替父报仇，可无奈杨

林身边高手如云，他只好孤身逃亡。就在秦琼快要到达金堤关时，却恰好遇见程咬金正与金堤关守将华公义厮杀，程咬金寡不敌众，节节败退。秦琼本就是个行侠仗义之人，见此情景，就拍马上前，拔刀相助。秦琼与华公义大战了三十个回合，仍不分胜负。他见华公义枪法高强，再战下去，难以取胜，就准备使出"杀手锏"。秦琼假装逃跑，夹紧马肚向前疾驰，华公义不知是计，在后紧追不舍。秦琼左手横拿枪，右手悄悄拔出锏来，握在胸前，当华公义的马头撞着秦琼的马尾时，华公义举枪就要戳秦琼的后心。只见秦琼猛地一转身，左手将枪往上一架，右手一锏直刺下去，正中喉心，华公义立刻摔下马来，倒地毙命。

　　后来人们根据这个故事，就编成了"秦琼的杀手锏——家传"这个歇后语。

◎ **拓展阅读**

卖水的看大河——尽是钱 ／ 茶食店失火——果然（燃） ／ 方字比万字——只差一点；差一点 ／ 巴掌上摊煎饼——巧手；好手 ／ 醋坛子里泡胡椒——尝尽辛酸

○ 品画鉴宝　神像图·元　诸神手执法器，腾云驾雾，身披金甲，造型夸张，动态各异。

S 篇

塞翁失马——因祸得福

很久以前，在塞外的一个小村子里住着一户人家，只有父子两人，他们相依为命，生活过得非常清苦。家里还有一匹老马，父子俩就靠这匹老马帮别人驮东西赚些钱来贴补家用。除此之外，他们再也没有其他值钱的东西了。

可是有一天，一件意外的事发生了。那天一大早，儿子像往常一样去喂马，却发现马厩空空如也，顿时吓了一跳，仔细一看才发现，原来是昨晚马厩的门没关好，老马趁机跑掉了。他一想到丢了马之后，生活便没了着落，便心急如火地在村子里疯狂地寻找起来，可是，他找了一天，还是不见马的影子。天黑了，他垂头丧气地回到家，心里十分伤心，什么家务都没心思做了，一心只想着那匹丢失的老马。他的父亲看到儿子这么沮丧，心里也非常难受。然而父亲毕竟是过了大半辈子的人，也经历了一些大风大浪，所以他就安慰儿子说："孩子，生活中有很多事情都是难以预料的，说不定我们这次丢了马，还是一件好事呢。"儿子听了这话，十分吃惊地看着父亲。他想：可能是父亲怕自己太伤心了，所以才这么说的。

丢了老马，父子俩的生活更加艰难了。可是没想到过了一个多月，当父子二人渐渐将这事忘了的时候，一件出乎意料的事却发生了。那一天上午，正当父子二人在家里干活时，住在村口的李老伯突然跑到他们家说："大喜事啊！你们丢的那匹马又回来了！"父亲和儿子听了他的话，就赶紧往村口跑，到那一看，果然，一个多月前丢的那匹老马真的又回来了。但更让他们想不到的是，他们的老马还从邻国带回了一匹膘肥体壮的上等好马。邻居们见此情景，纷纷前来祝贺。然而，父亲却对众人说："这未必是一件好事啊！"

自从有了那匹上等好马，可把儿子高兴坏了！他经常骑着这匹好马四处游玩。有一次，儿子在游玩时一不小心从马上摔了下来，跌断了大腿骨，请了很多大夫都没有治好，从此儿子便成了一个跛子。邻居们知道了这件事后，都来看望他的儿子，其中一个邻居说道："本来想着是件好事，可谁知现在却弄成这样！真是不幸啊！"可没想到父亲却接过话说："说不定这是一件大好事呢！"邻居们听了都很茫然。

又过了一年，邻国入侵，国家为了打仗，就四处征集年轻力壮的人去当兵，这个村子当然也不例外。战争结束后，村子里被征去当兵的年轻人十有八九都死在了战场上，只有他的儿子，由于是个跛子没被征去当兵，才侥幸保住了性命。

◎ **拓展阅读**

扒了墙的庙——慌了神 / 十五只吊桶打水——七上八下 / 房顶开门——六亲不认 / 卖豆腐的扛马脚——生意不大架子大 / 茶里放盐——惹人嫌（咸）

長楸顧盼龍文垂眼中五勒忘青
絲空遊屹立若鼎峙駿鬣激云如
讚雖軼羣絕足本雄放縶維未許
郊原馳伏櫪飼槽亦何損壯裹逸
氣誰能羈一馬黑章一純白異一
斑駮尤矜奇風塵落落詎無偶欲
知雄者亭守唯排細坰野戀芻牧
從謝銜絡何所之區區骨格異倚
侶賞音莫僅論毛皮淺風猶佐蕭
寥想丰姿尚翊長途知夕陽古木
試照影借問畫本云誰師奉題
心田先生所藏三馬圖即請
教正 翁樹培

○ 品画鉴宝 三马图 · 清 · 钱沣

伪货不贰价为四寸之棺五
男女别涂路不拾遗器不雕
死之节长幼异食强弱异任
孔子为中都宰制为养生送

孔子是我国春秋时期很有名气的思想家和教育家，他开创了儒家学派，对后世影响深远。相传孔子一生有几千名弟子，但真正流传下来的只有七十二个门徒，这些都有史可查。这七十二个弟子，个个才高八斗，学富五车，有些还被当时的国君看中，入了仕途，子游就是其中的一个。

子游天资聪慧，而且又勤奋好学，是孔子比较喜欢的一个学生。他考虑问题很有主见，从来不人云亦云，所以很快子游的名声就传了出去。当他学成之后来到鲁国时，鲁国的君主就邀请他做了武城县的县官。

有一次，孔子到鲁国武城来讲学，子游就亲自带着自己的老师在城里到处参观。孔子一行人来到街上，总会不时地听到弹琴唱歌的声音。于是，孔子便问子游："这个武城县城有多大？"子游回答说："这个县由于人少所以显得地方很小。"孔子听了子游的回答，笑着对他说："治理武城县这么一个小小的地方，还需用礼乐吗？这就好比是杀鸡，根本就用不上宰牛的刀。"

子游听了老师的话并没有马上回答，而是想了片刻才答道："我记得老师以前给我们讲过，如果要想成为君子，就要学习礼乐，学了礼乐才会相亲相爱；小人如果学了礼乐，才更容易管理。我用礼乐来治理小小的武城县，正是按照老师您的教导去做，难道做错了吗？"

孔子听了子游的话，先是愣了一下，随即又开怀大笑起来。他十分赞赏地拍着子游的肩膀，对其他随从的学生们说："子游的话讲得很有道理，我刚才所说的，不过是开开玩笑罢了，大家不必放在心上，你们今后要向子游多多学习啊！"

后来，人们根据这个小故事编成了歇后语"杀鸡用牛刀——小题大做"。这个歇后语告诉人们，有些小事情，其实根本不必用解决大事情的方法去对待，不必花费大力气去做。

◎ **拓展阅读**

芭蕉开花——一条心；紧相连 / 打更人睡觉——做事不当事 / 房顶上扒窟窿——不是门 / 茶壶煮牛头——下不去 / 卖豆芽的抖搂筐——干净利索

佘太君挂帅——马到成功

在我国民间，流传着佘太君挂帅的传奇故事，后来还被人们编成了各种剧目广为流传，这则歇后语就来自于佘太君挂帅出征的故事。

杨家将的故事，想必大家都不会陌生，佘太君就是金刀老令公杨继业的夫人。杨继业不幸为国捐躯后，他的夫人佘太君带领子孙继续为国效力，在北宋抗辽、抗西夏的战争中，立下了赫赫战功。佘太君的丈夫和几个儿子先后战死沙场之后，她承受着丧夫失子的巨大悲痛，仍然大义凛然地让自己心爱的孙儿杨宗保镇守三关，以表自己爱国忠君之心。

不久，不幸的事情又发生了。这天，正值杨宗保五十大寿，杨府上下决定好好庆祝一下。正当全家人张灯结彩，忙个不停的时候，却传来了杨宗保中箭身亡、为国捐躯的噩耗。没想到喜事变成了丧事，一家人悲痛不已。但佘太君并没有像其他人那样痛哭流涕，而是强忍悲痛叫来众儿媳，并让她们将小酒杯换成大酒杯，每人斟上一杯酒，说道："宗保啊，你不愧为我佘太君的好孩儿，不愧为我们杨家的好子孙！你如今为国捐躯了，也算是对得起你死去的父亲和叔叔们！今天我们同饮一杯酒，一来为你祝寿，二来也为你送行。"说完，她带头一饮而尽，显出无尽的豪爽之气。

因为杨门众将很多都已战死疆场，宋朝又找不到其他可以替换的良将，所以朝廷为此事苦恼不已。正在这时，佘太君自愿请命上战场，要为孙儿报仇。宋仁宗就劝佘太君说："老太君，你的一片忠君爱国之心，朕心里明白，但你如今年岁已高，如何受得了边关的风吹日晒呢？"谁知佘太君哈哈一笑，坚定地说道："是啊，如今我已年老，以后报国的机会也就不多了，所以更应前去，还请皇上成全！"宋仁宗无奈，只好请佘太君挂帅出征。

佘太君一到三关，宋军士气为之大振，将士们个个磨拳擦掌，打算打个大胜仗。佘太君虽然是女流之辈，但平时在家中就带着杨门女将演兵习武，所以西夏大元帅王文知道是佘太君挂帅，更是不敢轻敌，只想速战速决。佘太君用兵如神，早已料到敌人的动机，所以就先下手为强，命七娘诱敌，又命穆桂英绕到其后，攻其大营。王文无奈只得退到葫芦口，想要趁其不备偷袭宋军。但他万万没有想到，佘太君神机妙算，早知他要来偷袭，已经在葫芦口埋伏了重兵，将西夏大军一举歼灭。王文战败，落荒而逃。这时，佘太君就命焦廷贵、孟定国两人陪同杨文广一起追捕逃亡的王文。

最后，杨文广杀死了西夏大元帅王文，为父兄报了仇。佘太君活捉了副帅薛德礼，后来又把他放回去告诫西夏王"勿再扰我国土"，并亲自安排了镇守边疆的合适人选，才放心班师回朝。

丹闲惟
竖清
荪捧白
頸糒
有少年
凤
令婆

◎ **拓展阅读**

卖盐的喝开水——没味道 ／ 芭蕉叶上垒鸟窝——好景不长 ／ 茶壶没肚儿——光剩嘴 ／ 打发闺女娶媳妇——两头忙 ／ 房顶上的冬瓜——两边滚

相传，佘太君的女儿八姐和九妹长得花容月貌，人见人爱，此时，正值青春妙龄的两姐妹，是许多富家子弟爱慕的对象，豪门贵族争相来到杨府提亲。可两姐妹都不稀罕什么荣华富贵，一心只想找个真心对待自己的人，过普通夫妻那种相亲相爱的生活，所以，她们都不愿嫁入豪门。

有一天，阳光明媚，风和日丽。姐妹俩在家觉得无聊，就背着母亲佘太君偷偷出外游玩，不巧被皇帝宋仁宗瞧见了。仁宗早听说杨家姐妹貌美如花，今日一见，更是难以忘怀，于是，他就派丞相寇准前去杨家提亲。佘太君一见皇帝派人提亲来了，心里非常着急。她知道"伴君如伴虎"的道理，何况八姐、九妹都想过普通人的生活，最不愿嫁入帝王家，所以她心中是一万个不答应。但宋仁宗毕竟是皇帝，她又不好直接拒绝，只好表面上假意允诺，同时又想办法为难宋仁宗，让他知难而退。

于是，佘太君就对前来提亲的丞相寇准说："既然是皇上让您来我杨府提亲，我觉得彩礼应该要特别点的。这样吧，那就要一匹从南京到北京这么长的青蓝布；再要两面穿衣镜，但一面要能照到洞庭，一面要能照到鄱阳。"寇准一听，大吃一惊，他诧异地说道："老太君，这也未免太长，太大了吧，上哪找去呀？"

佘太君微微一笑说："你嫌太大太长是吗？那好吧，我看在丞相的面子上就换一换。那我就要孔雀毛织成的花巾，藕丝捻的丝绒，山枣刺做的绣花针，蝴蝶翅膀织成的罗裙，还要蚊子眼。二郎神的天狗我也想要，拿它看门肯定不错。"

这一长串彩礼说下来，可把寇准弄得瞠目结舌，目瞪口呆。他赔着笑，小心翼翼地说道："万岁爷没有这些东西啊，您还是要点别的吧？"佘太君看了他一眼，随即又说道："好，好，既然寇大人这样说，那我就再改一改吧。"寇准心里很高兴，就竖起耳朵仔细听来。

只见佘太君不慌不忙地说道："我要王母娘娘的金簪，要太上老君的灵丹妙药，还要东海里的镇海珍珠，或者昭君脸上两行泪，褒姒娘娘笑三声，还有……"还没等佘太君说完，寇准就打断了她的话，连声说道："不用再说了，老太君，我是明白了，您根本是没啥要啥，我看皇上也拿不出来。"说完，他就起身告辞，离开了杨府。

见到宋仁宗之后，寇准就将刚才佘太君所要的彩礼原原本本地说给他听。宋仁宗一听，知道老太君心里不愿意，也无可奈何，只得死了心。

后来，人们就根据这个有趣的故事，编了这则歇后语"佘太君要彩礼——没啥要啥。"或者说成"佘太君要彩礼——专找没有的要"。

◎ 拓展阅读

茶壶里煮挂面——难捞 ／ 上弦的月亮——两头奸(尖) ／ 房顶上
盖房——漏(楼) ／ 疤瘌眼长疮——坏到一块了 ／ 卖馒头的掺石
灰——面不改色

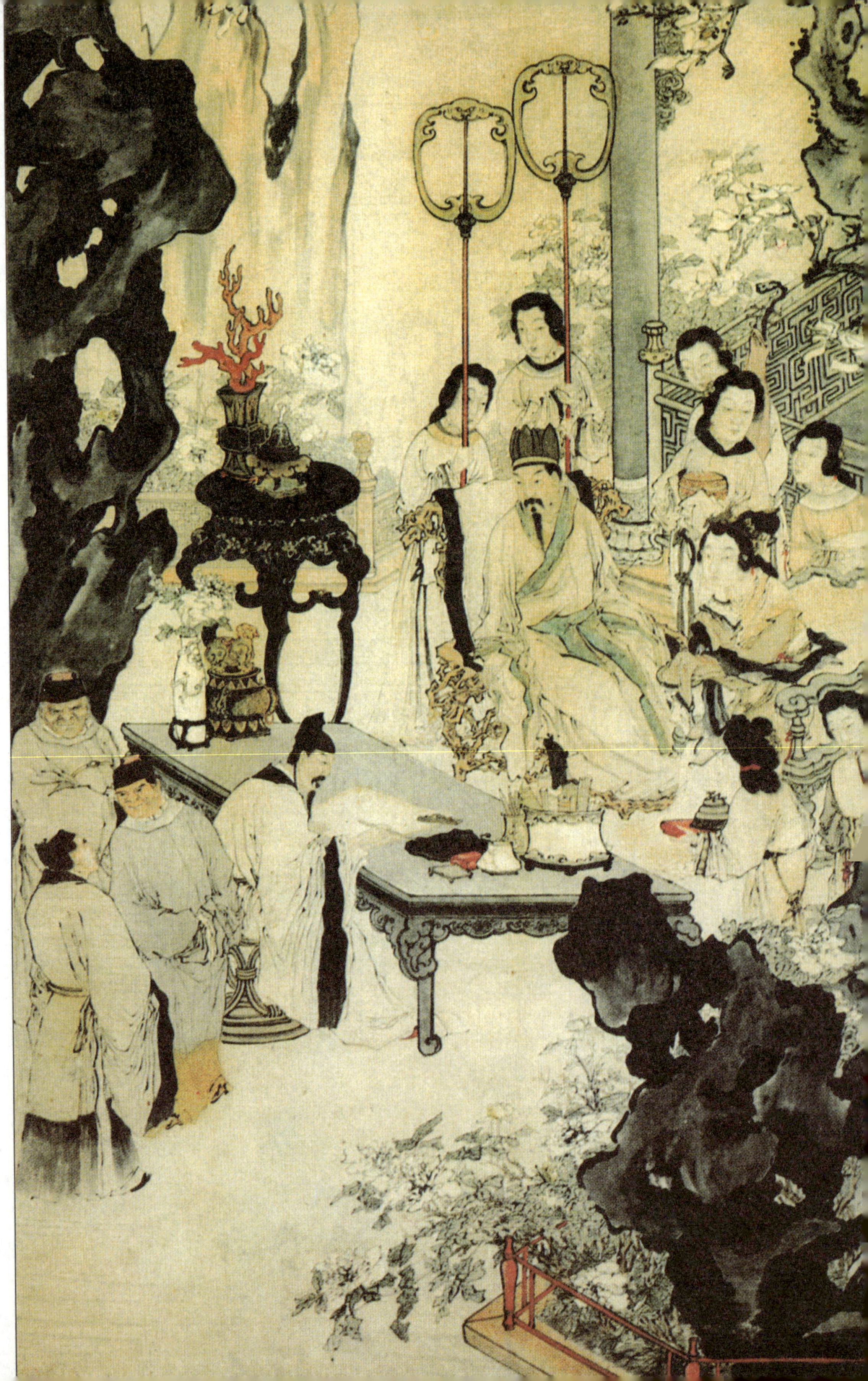

清平调图·清·苏六朋

司马相如，字长卿，蜀郡成都人，西汉著名的辞赋家。据《史记·司马相如列传》记载：

司马相如自幼家境贫寒，但他天资聪慧，勤奋好学，成年后，不但满腹经纶，而且弹得一手好琴。刚开始，他在朝廷只做了一个小官，后来他又投奔梁孝王，但终归没能有大的作为，正当他抑郁寡欢之时，身为临邛县令的好朋友王吉邀请他到家中做客。于是，司马相如便来到了临邛县。

临邛县里有一个富翁，名叫卓王孙。他是一个喜欢附庸风雅的人，听说县令有一个善于辞赋的朋友，心里很高兴，于是便邀请县令和司马相如等人来家中做客。卓王孙有一个女儿，名叫卓文君，她不但年轻貌美，而且很有才学，琴棋书画样样精通，对音乐也略知一二。但她婚姻生活很不幸，年纪轻轻就守了寡。在卓文君还没结婚之前，就曾拜读过司马相如的名作《子虚赋》，对司马相如的文采早就钦佩不已。

那天，司马相如和县令及其他文人应邀来到卓王孙家中做客。酒席上，众人谈笑风生，开怀畅饮，非常尽兴。不知是谁提议要司马相如弹琴一曲，以祝酒兴，身为客人的司马相如也不好推托，就即兴为众人弹奏了一曲《凤求凰》。司马相如本就风流倜傥，风度翩翩，弹起琴来，更是如痴如醉，令人倾倒。这一切被躲在暗中偷看的文君看在眼中，记在心里。她被司马相如优美婉转的琴声所吸引，竟然有点失神，一不小心碰到了面前的屏风，还好屏风只是微微晃了晃，没有引起众人的注意，可司马相如却隔着屏风看见了风姿绰约的卓文君。

司马相如早就听说卓王孙有个女儿，才貌俱全，如今一见，果然名不虚传，他不禁有点怦然心动。于是，司马相如更是将琴弹得情意绵绵，缠绵悱恻，想用琴声来拨动卓文君的心弦。通晓音律的文君听罢弹词，明白了司马相如对她的情意，也激动不已。之后，他们俩就相约在后花园的亭内见面，互吐钟情，并且私定了终身。

当卓王孙知道这件事后，非常恼怒，他觉得司马相如不过是个落魄的无名书生，且家境贫寒，实在难以合他的心意，于是就极力反对。可文君此时对司马相如可谓一往情深，她心意已决，非司马相如不嫁，毅然悄悄离开了家，与司马相如返回故乡成都。两人结婚后，虽然以卖酒度日，生活很清苦，但夫妻恩恩爱爱，小日子也过得非常甜蜜。

◎ **拓展阅读**

卖木脑壳被贼抢——大丢脸面 / 半天云里看厮杀——袖手旁观 / 打酒只问提壶人——错不了 / 房间里闹鬼——怪物（屋） / 茶壶里贴饼子——难下手；下不了手；无法下手

司马遇文君——一见钟情

司马懿破八阵图——不懂装懂

《三国演义》第一百回有这样一个故事：

蜀魏交战时，诸葛亮用计智败曹军，气死了曹真。在第四次率军攻打魏国时，魏王命大将司马懿带兵四十余万与诸葛亮在渭河之滨对阵。渭河这地方，一片平原旷野，是一块作战的好地方，所以两军刚一相遇，就摆开架势，打算决一死战。

司马懿从魏阵中出马劝诸葛亮赶快收兵，以免损失惨重。可诸葛亮却一点也不以为然，他摇着蒲扇，一副悠然自得的样子，笑着说："那也得等到收复了中原才能收兵啊！"司马懿听了，大怒道："那我们就在此决一胜负吧。"诸葛亮问司马懿："我们是斗将、斗兵还是斗阵法？"司马懿说是要先斗阵法，并命人摆开一阵叫诸葛亮说是什么阵，诸葛亮笑着说道："这是'混元一气阵'，在我们蜀国三岁的孩子都会"。

然后轮到诸葛亮摆阵，诸葛亮决定给司马懿一点颜色看看，就布了一个"八卦阵"问道："你知道这是什么阵？""这种阵法，我怎能不认识！"司马懿虽然不知道，但是怕丢面子，所以还是爽快地说认识。诸葛亮讥讽道："认识有什么用，敢不敢打啊？"司马懿很生气，说道："怎么，瞧不起我，认识就敢打！"于是叫手下的三个将领吩咐他们从正门"生门"杀入，往西南"休门"杀出，再从正门"开门"杀入，以为这样就可以破此阵。

三个将领得令，各带了三十名精兵杀入生门，可阵中门户重重迭迭，方向难辨，三个将领首尾不能相顾，谁都顾不上谁，只管乱冲乱撞。一会儿，四面喊声大响，魏军筋疲力尽，一个个都被活捉了。诸葛亮不杀他们，反而让部下脱下这些被虏兵士的衣服，涂黑他们的脸，然后放出阵去。

司马懿一看，气得咬牙切齿，立即指挥三军奋勇攻阵，心想不破此阵誓不为人。诸葛亮熟读兵书，哪能那么轻易就被司马懿打败？他早知司马懿行事莽撞，所以就在两军刚刚交锋时，早就派了两队士兵分别从后面和侧面偷袭魏军。结果魏军三面受敌，司马懿大惊，急忙退兵，但为时已晚，蜀军紧随其后，将魏军打得落花流水。回去之后，司马懿悔恨自己不该不懂装懂。

后人用这个歇后语形容某些人不懂装懂。

◎ **拓展阅读**

打开棺材喊捉贼——冤枉死人 / 半天云里翻账簿——算得高 / 卖米不带升——居心不良（量） / 房梁刻图章——大材小用 / 茶壶里泡豆芽——受不完的勾头罪

202

諸葛亮智取漢中

壺隱圖

司马昭之心——路人皆知

三国时，曹操的儿子曹丕篡夺了汉室的王位，自己做了皇帝，改国号为魏。司马懿是魏国中最得力的战将，曹丕死后，司马懿就和曹操的侄孙曹爽一起辅佐魏明帝。后来明帝早逝，他又辅佐幼主齐王曹芳登位。

经过了三代皇帝的更换后，司马懿的势力越来越强，他也成为魏国最有权势的大臣。随着司马家势力的逐渐增大，曹氏集团也越来越感到不安，可司马懿在朝廷的势力已经形成，不是那么容易一下就铲除的，所以为了维护曹氏的政权，曹爽就让皇帝将司马懿的职位架空，不给他实权。虽然司马懿并不甘心，但是也不好说什么，就谎称在家休养，暗地里却积极准备夺取政权。

公元249年，曹爽不听手下人的劝告，执意要出城打猎，结果司马懿和他的儿子司马师、司马昭在洛阳发动政变，将曹爽集团赶尽杀绝。从此，司马懿父子就彻底控制了曹魏的大权，不久之后他们就废掉齐王曹芳，另立一个年仅十三岁的曹髦为帝，以便自己控制朝政。不久，司马懿和他的儿子司马师都因重病死去，留下司马昭继续掌控朝政。

魏帝曹髦随着年龄的不断增长，也渐渐地明白了事理，他见到司马氏三世专权，气愤不已，于是决心改革政治，除掉司马昭，摆脱傀儡地位。但碍于司马昭的势力太强，他迟迟未敢下手。曹髦早知司马昭想做皇帝，所以有一天在和自己的心腹大臣商谈对付司马昭的对策时，他说道："司马昭之心，路人皆知。我与其坐以待毙，还不如同司马昭这个奸贼拼个你死我活来的爽快。"大家一听这话都战战兢兢，不敢出声。第二天，就有人把他的话告诉了司马昭，司马昭竟然带着兵直闯到内宫，气势汹汹的样子很嚣张。他用剑指着曹髦轻蔑地说："听说皇上要杀了我？"曹髦一听事情败露，还想作最后的挣扎，但马上就被司马昭的手下杀死了。曹髦死后，司马昭还是不敢贸然称帝，所以又立了曹奂做傀儡皇帝，自己继续掌控朝政。

"司马昭之心——路人皆知"就是出自这个故事。

◎ 拓展阅读

茶壶里开染房——无法摆布；不好摆布 / 穿紧身马褂长大的——贴心 / 房梁上挂鸡子儿——悬蛋 / 半天云里吊口袋——装疯（风）/ 卖了儿子招女婿——胡折腾

三国时期的诸葛亮是个足智多谋的人，他的智谋在当时是出了名的，就连临死之前他所出的计谋在死后也能将魏军吓得个半死，真是让司马懿（字仲达）佩服至极。

公元 234 年，诸葛亮率领的大军和魏军在五丈原交战。当时的诸葛亮已经病得很重了，他自知死期不远，所以一心要将司马懿打败，以了却自己的一桩心愿，但无论蜀军如何挑战，司马懿就是不上当，他想用缓兵之计让蜀军自己退却。无奈诸葛亮只好在他死前想出了一个绝妙的计谋，他悄悄地嘱咐手下的姜维、杨仪等人说："在我死之后，你们不要发丧，军队依次地退兵以保持实力。"接着就告诉杨仪领兵带着他的假灵柩先走，让大将姜维断后，众将士知道了，都很感动，都决定按照诸葛亮的计谋进行。

不久之后，诸葛亮就死了，蜀军就按诸葛亮临终前所说的计谋悄然撤退，先不发丧。一直坚守不出的司马懿得知诸葛亮已死，觉得心里安定了不少，但是他又知道诸葛亮是个老谋深算的人，怕是诈死，所以就派人去五丈原探听虚实。探子回报说蜀兵营中已经没有一个人了，车辆都不见了，粮草等军用物品扔得到处都是。

司马懿听了很欢喜，急忙命自己的儿子司马师、司马昭等调兵遣将，自己先带了一部分亲兵去追赶蜀军。追了好久，等追到一座山下时，他看到蜀军就在前面，司马懿正想带军掩杀，就在这时，忽然听见山后一声炮响，接着到处鼓声喧天，蜀军从四面八方蜂拥而至。只见前面的林中忽然飘出了一面大旗，上面写着"汉丞相武乡侯诸葛亮"一行大字。司马懿一见，脸都吓白了，他再仔细一看，只见蜀军的阵中走出十员大将，最后出来的是一辆四轮马车，车上一人摇着蒲扇，正是蜀国的丞相诸葛亮。

司马懿一下子明白了自己一定是又中了诸葛亮的计谋了，心里悔恨不已。这时候，蜀将姜维站在车前对司马懿大喝道："我家丞相在此，你还是快快投降吧。"司马懿惊慌地说："诸葛亮现在还活着，我却带兵轻易地来追赶，这下真的中了他的计了。"于是调转马头回身便跑，魏军的众将士看见元帅都逃跑了，一个个都吓得魂飞魄散，丢甲弃盔，各自逃命，这样一来，人马互相践踏，死伤无数。

司马懿拼命地打马，就这样跑出了五十里后，才停下马来，用手摸摸头惊慌地说："我还有头吗？"紧随其后的两名部将走上来告诉他说蜀军已撤退了，让司马懿不要再担心。司马懿听后才慢慢地放慢马速，带领着残兵沿着小路回到了自己的军营。

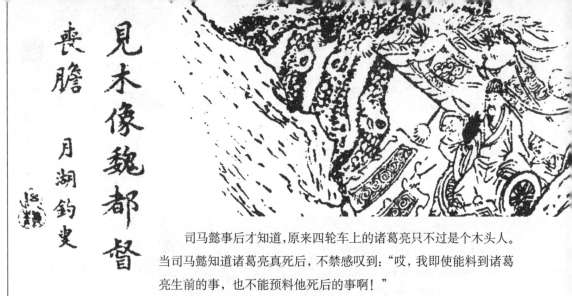

見木像魏都督
喪膽 月湖釣叟

司马懿事后才知道，原来四轮车上的诸葛亮只不过是个木头人。

当司马懿知道诸葛亮真死后，不禁感叹到："哎，我即使能料到诸葛亮生前的事，也不能预料他死后的事啊！"

后来人们就根据这故事编成了"死诸葛吓跑活仲达——生不如死"这则歇后语。

◎ 拓展阅读

卖了衣服买酒喝——顾嘴不顾身 / 半天云里的雨——成不了气候；不成气候 / 船上人充油灰——慢慢来 / 房梁上挂辣椒——一串一串的 / 茶壶里喊冤——胡（壶）闹

春秋战国时期，各个诸侯国为了争夺地盘，扩大自己的势力，频繁地发动战争。当时的宋国尽管国力还不是很强大，但也不愿放过任何一个能够扩大自己势力的机会。公元前638年，宋襄公亲自率军攻打郑国，企图将弱小的郑国吞并，从而扩大自己的地盘。然而，郑国虽然比宋国弱小，但也没有轻易屈服，他们在坚持抵抗的同时，还积极地向强大的楚国求援。

楚国接到郑国的请求，很快派兵来援助郑国，宋军在泓水（在今河南省境内）边列队迎战。宋襄公手下有一个名叫目夷的将军建议道："大王，我们的军队实力原没有楚军强大，如果我们现在按兵不动，等楚军过了河，恐怕我们会招架不住。我想，不如趁楚军还没有完全过河之际就发动进攻，打他们个措手不及，说不定还有几分胜算。"众将领也都对目夷的计策表示赞成。

然而，宋襄公却不同意那么做，他摇摇头说："你怎么能提这样的建议呢？正人君子是不会乘人之危的。现在楚军还没有过完河，我们就突然发起进攻，这分明是不义之举，我绝不会那么做的！"于是目夷只好作罢。等到楚军全部过了河，宋襄公还没有下令进攻的意思。目夷又忍不住提醒宋襄公说："大王，楚军已经过河了，如果我们现在发动进攻，那还来得及。两军作战本来就是极其残酷的事，不是你死就是我亡，怎么能对敌人讲仁慈呢？我们还是抓住时机，赶快发起进攻吧！"宋襄公非常生气地对目夷说："你怎么总提这样的建议呢？正人君子是不会攻打没有摆好阵势的敌军的！"

目夷在旁边急得团团转，可是任他怎么苦口婆心地劝说，宋襄公就是迟迟不下命令。直到楚军过完河，并且完全准备就绪了，宋襄公这才下令出击，可是已经太晚了。宋、楚两军本来势力就悬殊，再加上楚军此时已做好了战斗的准备，因此两军刚一交锋，宋军就伤亡惨重。在战场上对敌人讲仁义的宋襄公也没能幸免，他在战斗中被楚军射中了大腿，三天后因箭伤恶化不治而亡。

◎ 拓展阅读

茶馆里伸手——胡（壶）来 ／ 穿山甲拱泰山——攻不倒 ／ 半天云里吹唢呐——想（响）得高 ／ 房上的草——刮来的种儿 ／ 卖虾的不拿秤——抓瞎（虾）

宋襄公用兵的教训——对敌人不能讲仁慈

苏东坡（即苏轼）是北宋著名的词人，他的词气势宏大，豪迈奔放，深得人们的喜爱，至今还广为流传。苏东坡天资聪慧，才思敏捷，很小就能吟诗作词，出口成章。当时的人都夸他比唐朝大诗人李白还风流倜傥，比汉末的才子曹植还心思聪慧。

听到众人的夸赞，苏东坡渐渐地沾沾自喜起来。他自恃聪明，瞧不起身边的人，认为普天之下，能比得上他的人实在没有几个。然而有一次，骄傲的苏东坡却出了丑。

这一天，苏东坡从他被贬之地回到京城后，就去拜见当时的宰相王安石。但他去得很不巧，王安石正在午休，苏东坡不好意思打扰，只好坐在书房里耐心等待。可是，过了大约一个时辰，还不见王安石醒来，苏东坡实在等得有些不耐烦了，就起身在王安石的书房中四处走动。

当他走到书桌前，无意中看到砚匣之下压了一首王安石未完成的诗。只见纸上写道："西风昨夜过园林，吹落黄花满地金。"苏东坡看完，觉得十分不合情理，他心想：菊花自古以来就是最能耐严寒的植物，在秋风中也能开得很好，怎么会被秋风吹落呢？这是小孩子都懂得的道理。想到这里，苏东坡就在心中暗暗讥笑王安石的愚昧。过了一会儿，他又忍不住在王安石这首还没完成的诗稿上添了两句："秋花不比春花落，说给诗人仔细吟。"写完之后，他就兴奋地将其放回了原处，再看看时辰，已不早了，他不便久留，遂起身告辞。

王安石睡醒之后，听人说苏东坡来拜访，便慌忙到书房去见他，可哪里还有他的影子？再仔细看时，便看到了苏东坡新添的诗句。王安石觉得苏东坡实在孤陋寡闻，便找个借口将他贬到黄州，说是让他去黄州见见世面。临走之前，王安石告诫苏东坡要勤读书常习字，多到四处走走看看，长长见识。此外，还让他在回来时，帮自己带一壶瞿塘峡的水医治身上多年的疾病。苏东坡一听，心里很不服气，也不高兴，但王安石毕竟是当朝宰相，职位在他之上，苏东坡虽然心中不服，但也不敢多说什么。

苏东坡来到黄州之后，就到处游山玩水。有一次，在重九之日，他和几个朋友相约来到江边赏菊，却猛然发现江边的菊花果然已经花落满地，一片金黄。苏东坡看了不禁大吃一惊，这才想起王安石所作之诗，不禁在心里责怪自己见识浅薄，也明白了王安石丞相将他贬到黄州的良苦用心。

后来苏东坡在黄州任职期满后，重返京城。途径瞿塘峡时，他想起王安石临走之前的托付，就叫船工帮忙为自己汲了满满的一壶水，准备带到京城，亲自送给王安石。

刚回到京城，苏东坡便带着那壶水来拜见王安石，并向王安石赔"妄改诗作"的过错。王安石宽容地劝苏东坡不要将那件事放在心上，随即就命下人用苏东坡带回来的水煨火烹茶。水开之后泡上茶，王安石对着茶水看了片刻，便肯定地对苏东坡说："这不是中峡水，而是下峡水。"苏东坡甚感奇怪，便问缘由。王安石慢慢地告诉他说："瞿塘峡的水由于位置和水性的不同，所以泡出来的茶也就呈现不同的状态。"原来如此啊！这回可真让苏东坡开了眼界，也让他感到了自己的不足，不敢再目中无人，自以为是了。

这真是"苏东坡遇到了王安石——强中自有强中手"啊！

◎ **拓展阅读**

蚂蚁搬家——不是风，就是雨 / 半路上杀出个程咬金——出了岔；措手不及；突如其来 / 茶杯盖上放鸡蛋——靠不住；不可靠 / 打破嘴巴骂大街——血口喷人 / 仿造的商标——冒牌货

○ 品画鉴宝　苏东坡立像·元·赵孟頫

苏武牧羊——北海边（被海扁）

西汉武帝时，国力强盛，军事力量也十分强大。匈奴先后几次出兵侵犯汉朝边境，都被汉武帝派人打败。匈奴见武力不能征服汉朝，就在公元前101年，派使者到汉朝觐见汉武帝，表示愿与汉朝和好，从此互不侵犯，长期和平相处。汉武帝大为高兴，赏赐给了匈奴大量的金银财宝，并派苏武出使匈奴。

苏武奉汉武帝之命，手持象征汉使身份的"汉节"，与副使张胜等人一起来到匈奴。刚开始，他们受到匈奴单于的热情接待。可是没过多久，因为张胜涉嫌参与谋杀卫律（卫律，原为汉朝大将，后投降匈奴），单于非常恼火，就命人将苏武等人全都抓了起来。其他的使臣经不住匈奴的威逼利诱，纷纷变节，投降了匈奴，只有苏武一个人宁死也不肯向匈奴屈服。单于见苏武如此坚贞，就决定把他关在一个破窑里，想借此逼迫他投降。匈奴地处北方，冬天格外寒冷，破窑内更是如同冰窖一般，雪花落到破窑里，很快就结成了冰。苏武每天只能以旧毡毛和雪水充饥，夜里还要睡在冰上，过着非人的生活。然而，即便如此，他还一心想着汉朝，丝毫没有变节投降的打算。

单于无奈，就将苏武发配到更远的北海（今贝加尔湖一带）去放羊，并派人对苏武说："等到公羊生了小羊羔，我就让你回汉朝去！"公羊哪能生出小羊羔呢？单于是不打算放苏武回汉朝。

北海是极北苦寒之地，一年到头天寒地冻，几乎没有人居住，荒凉得怕人。苏武在这里常常食不果腹，饥寒交迫，有好几次都差点丢了性命，每次他都凭借坚定的信念和惊人的毅力挺了过来。尽管苏武吃尽了苦，受尽了磨难，可是他依旧手持"汉节"，心里想着有朝一日能回到汉朝去。在此期间，匈奴多次派人到北海劝说苏武投降，都被苏武义正严词地拒绝了。

日复一日，年复一年，就这样，苏武在这极端恶劣的环境下度过了漫长的十几年。

后来，汉武帝去世了，汉昭帝继位，几经曲折，苏武才得以返回汉朝。当年，他带人出使匈奴时也不过四十几岁的中年汉子，可此时的苏武已经是个历经沧桑的老头了。长安的百姓听说苏武回到了长安，纷纷扶老携幼出来迎接他。当人们看到他须发苍苍，手持光秃秃的"汉节"出现在长安街上时，都忍不住流下了眼泪。

◎ **拓展阅读**

蚂蚁看天——不知高低 / 纺纱厂的烂线团——头绪太乱 / 打枪不瞄准——无的放矢 / 半路上留客——口上热闹；嘴上热情 / 草原上的天气——变化多端

○ 品画鉴宝 苏武牧羊图·民国·王震 图中苏武双手紧握旌节，步履沉稳坚定，神情刚毅凝重。画面布局简明疏朗，作者以干笔粗写人物，突出了人物的破敝衣裳和苍老之貌。

213

孙悟空听见了紧箍咒——头疼

孙悟空从五行山下被唐僧救出来之后，就奉观音菩萨之命护送唐僧前往西天取经，但是他喜欢惹是生非，性格顽劣。因为这个原因经常惹祸，唐僧见他做了不好的事情总是苦口婆心地教训他几句，但孙悟空当时答应得很好，一转眼功夫就又抛在脑后去了。有一次，孙悟空被唐僧责骂，居然负气离开唐僧跑到东海龙王那里去了，好几天也不见回来。观音菩萨知道了这件事情，就交给唐僧一个金箍让他骗孙悟空戴上，并教给他一套"紧箍咒"，这样就可以约束孙悟空了。

唐僧给孙悟空戴上金箍后，就开始念紧箍咒了，一遍咒语还没念完，就听到孙悟空大喊"头疼"，疼得满地打滚，唐僧也不理睬他，只顾念自己的紧箍咒。他每念一句，孙悟空头上的金箍就紧一点，疼痛让他的脸都变了形，孙悟空想试着把金箍摘下来，可是用自己的金箍棒撬了半天也没一点作用，他拼命地乱抓乱咬，样子很吓人，唐僧看到孙悟空这么难受，心里也有些不忍，就停止了念咒语。咒语刚一停，孙悟空的头就不疼了，跟什么事情也没有发生过一样。

孙悟空知道了这个咒语是观音菩萨教的，才知道了紧箍咒的厉害。头疼稍微减轻了一点，孙悟空就想尽办法想把自己头上的金箍弄下来，他把金箍棒变成锯、撬杠等东西一件一件的试，但是都不管用，原来金箍一戴到孙悟空的头上便和头长在了一起。唐僧担心孙悟空弄坏金箍，就又念起了紧箍咒，孙悟空又一次感到头疼欲裂，只好住手了。

从此之后，孙悟空就一心一意地跟随唐僧去西天取经。在取经的途中，只要孙悟空露出顽劣的本性，唐僧就念起紧箍咒，每一次孙悟空都会疼得死去活来，这样过了一段时间，孙悟空也对此十分害怕，顽劣的本性也渐渐地改变了不少。

◎ 拓展阅读

半路上的新闻——道听途说 / 草原上的劲风——挡不住 / 穿草鞋上树——欠妥(拖) / 蚂蚁搬泰山——下了狠心 / 放大镜下的细菌——显而易见

《水浒传》中的一百单八将中只有三位是女性，分别是母夜叉孙二娘、母大虫顾大嫂和一丈青扈三娘。这个歇后语说的是孙二娘的故事。

孙二娘人称母夜叉，性格泼辣，而且会一些武艺。她与丈夫张青在十字坡开了一家小店，明里是一家酒店，卖酒卖饭，但其实这是一家黑店。他们如果见有"油水"的客人，就偷偷地在酒饭之中下蒙汗药，然后趁他们熟睡时将其杀死，把财物抢了自己花。如果块头够大的，就切了当作黄牛肉去卖；其他零碎小肉，则用来做肉馅。所以当时江湖上流传着这样一种说法，叫做"十字坡呦十字坡，客人谁敢那里过？肥的切做馒头馅，瘦的切碎去填河！"

但孙二娘也不是什么人都谋其财、害其命，对江湖上的英雄好汉，她还是十分敬佩的，凡是一些被陷害定罪的人，她都一律饶过。

英雄好汉武松，当初由于景阳冈上赤手空拳打死了一只老虎而声名远播。后来，他因为为兄报仇，杀了潘金莲、西门庆，惹上官司，被官府解往东平府发落，途中正好经过十字坡。这一天，天气很热，两个差役押解着武松就进了孙二娘的小店，店小二赶忙端上酒水和热腾腾的包子。两个衙役一点防备都没有，见包子端上来之后就大口地吃了起来。武松常在江湖上走，本来就心细，吃包子时发现馅中有几根毛，好似人身上的体毛，再转念一想江湖上流出的那首歌谣，就断定这是一家黑店，所以故意用风凉话激她。

孙二娘原来不想杀他们这些流配的犯人，因为她听自己的丈夫说这里面很多都是英雄好汉。可今天见武松这样傲慢，实在忍无可忍，她没想到竟然会有这么狂妄的人，还戏弄自己，这口气实在是咽不下，所以就悄悄地叫店伙计在食物里下蒙汗药给武松他们吃。不仅如此，孙二娘还亲自端着三碗酒水送到他们桌前，假惺惺地说："小女子看今天天气炎热，各位官人又长途跋涉，想必是累坏了，今天我就做个人情请各位一杯酒，聊表寸心。"

那两位差役听了这话，都高兴地说孙二娘会做生意，忙上前接过酒杯，二话不说咕咚咕咚地灌了下去。武松毕竟是久经沙场，一看就知道是孙二娘的诡计，但为了看好戏，也就假装喝下酒水。不一会儿，两个差役就昏昏沉沉地醉倒了，武松也装作醉了的样子，躺在了地上。

孙二娘看了，对武松讥笑道："有什么了不起，还不是栽到老娘的手里了！"她叫人先把两个公差扛走，自己亲自动手解决武松。可就当她要举起刀向武松砍去时，武松一个鲤鱼打挺站了起来，然后抢过孙二娘手中的刀，趁势将她按倒在地上。孙二娘挣扎了好久也没有挣脱，心里很懊恼。

正在这时孙二娘的丈夫张青回到家中，赶紧好言好语的上前解释，才及时地解救了孙二娘。孙二娘后来听说自己要杀的人原来就是打虎英雄武松，悔恨不已，但两方都是江湖好汉，武松也就不再计较，几个人就成了好朋友。

于是人们就根据这个故事编了这则歇后语"孙二娘开店——进不得"。

◎ 拓展阅读

草原上的百灵鸟——嘴巧 ／ 窗口插桂花——里外香 ／ 放大镜照臭虫——原（圆）形毕露 ／ 半路开小差——有始无终 ／ 蚂蚁头上戴斗笠——乱扣帽子

○ 品画鉴宝 杂画册·明·郭诩

这是《西游记》中最著名的一个故事。

孙悟空是石猴所生，因此人们也称他为"孙猴子"，他在没有出生之前就吸取了天地的精华，这样才幻化成了人身肉体，所以很有灵性。

他本来在花果山上自由自在地当着自己的美猴王，过着逍遥快活的日子。可是有一天，他的结拜兄弟牛魔王来做客，对他说花果山外面有许多身怀绝技的能人，说得孙悟空心里痒痒的。他自己虽然是一个大王，但是却没有什么像样的本事，如果能拜一个仙家学一身本领，那样回来之后就没人敢欺负他的众猴孙了。想到这些，他就毅然离开了花果山水帘洞，把剩下的事情交给几个老猴子办，自己只身寻仙访佛去了。

他到处周游，走遍了各个名山大川，经过了千辛万苦，最后终于来到了灵台方寸山上，这个山上有一个斜月三星洞，著名的菩提祖师就住在那里。他上前拜师，菩提祖师见他很有慧根，就收了这个徒弟，让他在自己的身边修炼。

孙悟空很聪明，而且勤奋好学，菩提祖师只要简单的一点拨，他就能明白，所以很受祖师的喜欢。但是一天天过去了，孙悟空发现自己学的东西没有什么用，只不过是普通人学的那种强身健体的本领，所以很不满足，一再求祖师教他一些绝学。

孙悟空来到这里还不过数月，本来按照一般的进程来说，还不能教他那些绝学，但是孙悟空的悟性很高，别人一个月能学会的东西，他三天就学会了，菩提祖师就打算多教他一些东西，终于有一天，菩提祖师准备教孙悟空绝学了。

一天，菩提祖师像往常一样上讲坛讲道，孙悟空站在一边专心地听讲。听着听着，悟空有些领悟了，竟高兴得眉开眼笑、抓耳挠腮，菩提见了，就走下讲台，走到孙悟空面前，在他头上敲了三下，然后倒背着手，走了出去。大家都以为是因为孙悟空捣乱，惹菩提祖师生气了，所以都一齐埋怨孙悟空，只有悟空自己心里清楚，他知道这是祖师爷要他在三更时候去找他，要单独给他传授武艺呢！

等到三更天夜深人静的时候，孙悟空就照祖师爷的吩咐来了，菩提祖师早已等候在那里了。他一见孙悟空能明白自己哑谜的意思，非常高兴，当即就将很多种法术传授给他。孙悟空细心地听着，把祖师说过的字字句句都铭记在心，然后就不分昼夜地练习。

几年之后，孙悟空不但学会了七十二般变化，而且还学会了很多别的本事，变得神通广大。菩提祖师觉得他已经学得差不多了，就找了个机会让他下了山。

◎ 拓展阅读

放风筝断了线——没指望了 / 半篮子喜鹊——唧唧喳喳 / 吹鼓手跳舞——蹦着吹 / 草鞋撞钟——打不响 / 蚂蚱驮砖头——吃不住劲

在花果山上住着一群猴子，这些猴子的数量很多，但是却群龙无首，没有一个有本领的人来带领他们，所以总是受到附近山上修炼成精的牛魔王的欺负，他常常带人来捣乱，而且还要这些猴子们向他进贡，这些猴子也都是敢怒不敢言。

忽然有一天，花果山下的一个石头迸裂了，生出了一只石猴（即后来的"孙猴子"孙悟空）。这只石猴很灵巧，腾挪转拿很有章法，大家都觉得很不可思议，就一齐来看这只猴子，一边看一边议论纷纷。其中有一只年长的猴子说："这只猴子来历不明，而且好像又有一些本事，会不会是上天派来解救咱们的啊！"众猴子一听都觉得有理，就马上跪倒在这只石猴面前齐声高呼："上仙，您是上天派来救我们的吧？我们已经在这里等您好久了。"

石猴看到这样的情景非常惊奇，但听他们说完之后，就灵机一动，说自己就是上天派来拯救他们的，然后问他们有什么冤屈，那些猴子们就把牛魔王欺负他们的事情一一说了出来。这只石猴一听，很是生气，就带领一群猴子，一齐到牛魔王那里，要和他比个高低。

到了牛魔王的洞府前，石猴就大声地叫嚷着要和他决斗。牛魔王正在家中享乐，出来一看原来是一只猴子要和自己比试，就哈哈大笑起来，他回头拿了兵器走上前去，想速战速决。可是没想到，这只猴子虽小，却十分厉害，斗了几百个回合，还是不能制服他，这时牛魔王的心里就有些着急了。

这石猴看牛魔王也不过如此，就嘿嘿一笑说道："我还以为你有多大的本事呢！看来也不过如此！"说完就又是一棒。打着打着，牛魔王就有些力不从心了，后来终于抵挡不住，就只好跪地求饶说："我认输，我认输，我也承认你是这里的大王。"旁边呐喊助威的猴子们听了个个欢呼雀跃。从此以后，石猴就成了这里的大王了。

有一天，牛魔王和石猴一起游玩时，对石猴说道："在花果山的后山有一处瀑布，瀑布的后面好像有一个山洞，您神通广大，能不能进去看一看呢？"石猴一听，心里就痒痒了，但是那些小猴子却都劝他说："大王千万不要上了牛魔王的当，他一定是看打不过您，所以才想出了这么个主意说不定是想害您呢！"石猴却不管这些，抛下众猴孙就向花果山的后山赶去了。

　　走到那里一看，果然见了一个很大的瀑布，他闭上眼睛，纵身一跳就钻进了瀑布之中。里面是一个很大的山洞，山洞的大厅里足足可以容纳上千只猴子，走过一座桥，就看见了一个很大的洞天，里面石桌、石凳、石盆、石碗，应有尽有，还有一副对联，上面写着"花果山福地，水帘洞洞天"。

　　这下石猴高兴极了，他赶忙回去告诉了大家洞内的情形，然后就领着大家穿过瀑布，住进了水帘洞。到了洞内，所有的猴子都被洞内的情景迷住了。这次大家就正式拜石猴为大王，石猴也就当仁不让，登上了王位，接受众猴的朝拜，看到下面那么多的猴子猴孙，石猴只乐得抓耳挠腮，毛手毛脚的，不知道该怎么办才好。

　　后来人们就根据这个故事编成了歇后语"孙猴子坐天下——毛手毛脚"。

○ 品画鉴宝　杂画册·明·陆治

◎ **拓展阅读**

放火烧山林——不顾根本 ／ 草鞋上拴鸡毛——飞快；跑得快 ／ 半拉瓜子——不算个人（仁）／ 船开才买票——错过时机 ／ 蚂蚁背螳螂——肩负重任

孙悟空仗着自己有些本领，就大闹天宫，玉皇大帝抵挡不住，只好请如来佛帮忙，孙悟空的本领虽然高强，但是也强不过如来佛，最后被压在了五行山下，他想尽了种种办法，但是就是无法脱身。

天上的神仙都很高兴，过去孙悟空在天宫胡作非为，大家也不敢说什么，现在终于被制服了，他们以后就可以平平安安的过日子了，于是大家都来天宫设宴庆贺。正在这时，负责监视孙悟空的天神慌慌张张地回来禀报说："孙悟空的头从下面钻出来了！"

大家听了，吓了一大跳，怕孙悟空真的逃出来，然后再来天宫闹事。如来佛却很镇定，他笑着安慰大家说："诸位不用担心，我自有办法对付。"说着就从身上抽出了一张字符，交给手下的人，让他们把这道符贴在五行山的山上，这样就可以了。

五行山贴上了这道符之后就在地上扎了根，与地面完全地贴合在了一起，这样一来，孙悟空就是有再大的本事，也没法从山下逃脱了。

大家这才放心了，过了一会儿，如来佛参加完了宴席，就动身回西天了，他路过五行山时，把山神叫出来，嘱咐他要严加看管孙悟空，还交代他给孙悟空吃铁丸子，喝铜汁，以示惩罚。临走的时候，山神小心地问要看管孙悟空多久，如来佛回答说："等他将自己的罪孽赎清后，自然会有人来救他出去的。"

就这样，孙悟空被压在五行山下五百年都不能翻身，直到后来唐僧去西天取经时，才在观音菩萨的点拨下，把孙悟空从山下救了出来。

◎ 拓展阅读

放了气的皮球——软蛋 / 草绳子拔河——经不住拉 / 穿新鞋走老路——因循守旧 / 半空中数指头——算得高 / 蚂蚁搬磨盘——枉费心机

孙猴子被压在五行山下——不得翻身

221

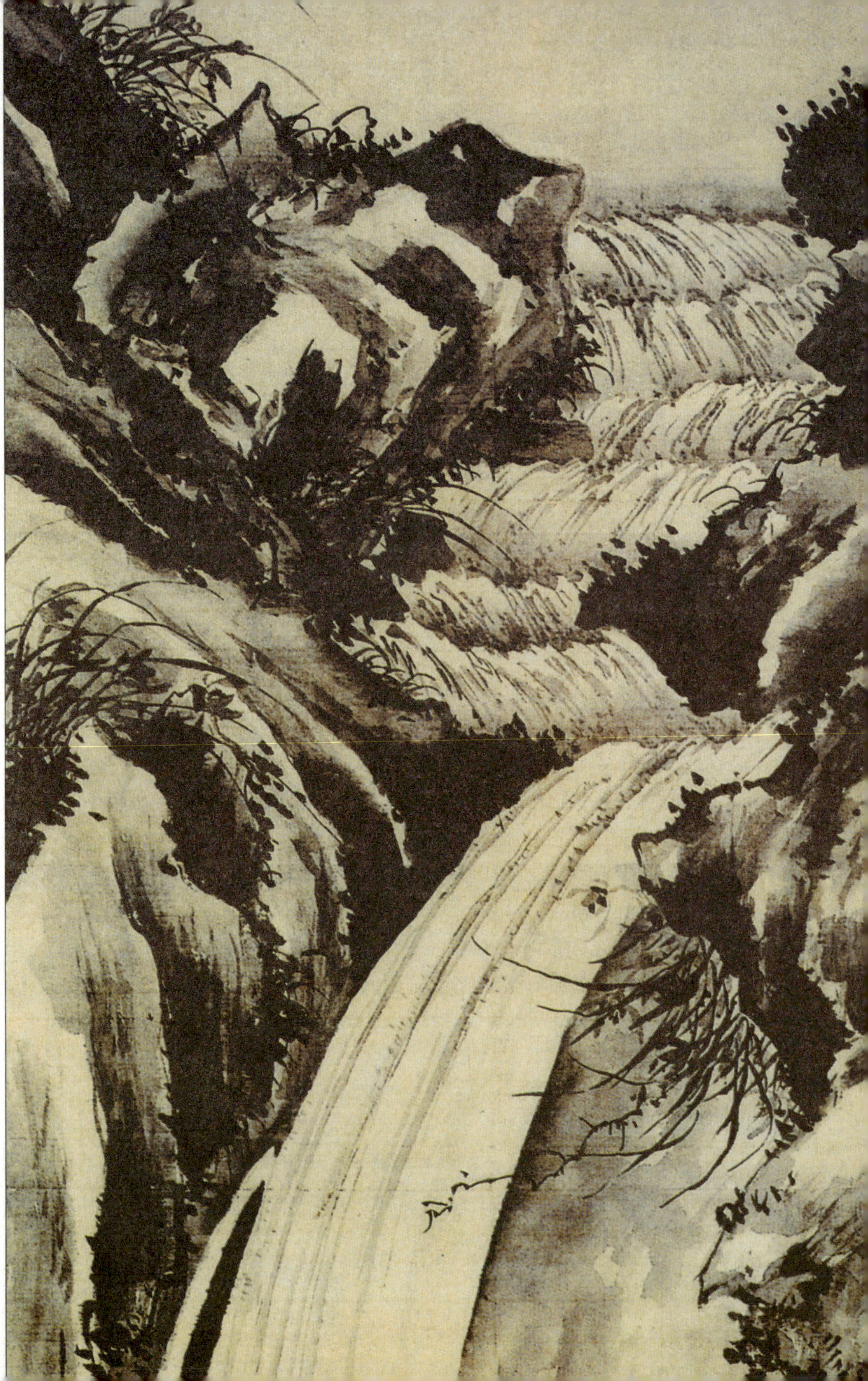

据《东周列国志》记载，春秋战国时期，群雄并起，纷争不断。为了增强国力，巩固统治，也为了抵御外敌入侵，战胜对手，称霸天下，各国都不惜重金四处网罗人才。

齐国著名学者鬼谷子门下有两个很有天赋的徒弟：一个叫庞涓，魏国人；另一个叫孙膑，齐国人，他们都跟着鬼谷子学习兵法。

庞涓是一个非常急功近利的人，他为了早日享受荣华富贵，还没等学成兵法，就匆匆下山投奔了魏惠王，并很快取得了魏惠王的信任，执掌了魏国兵权。孙膑则不一样，他一向淡薄名利，自从拜鬼谷子为师学习兵法后，就潜心钻研，认真领悟，不但将鬼谷子的本领全部学到手，还自创了许多有效而变化莫测的兵法战术，深得老师的喜爱。正因为孙膑技高一筹，所以他刚一出山就声名远扬。

庞涓自知现在的才能远远比不上孙膑，他既怕孙膑投奔别国与自己对抗，又怕孙膑被魏惠王发现重用，职位高于自己。所以，他就悄悄地请孙膑到自己家中做门客，想借此掩盖孙膑的光芒。谁知孙膑早已名声在外，无论庞涓怎么掩饰，魏惠王还是知道了孙膑。他命庞涓将孙膑带到王宫，并与孙膑彻夜交谈，魏惠王高兴地发现，孙膑果然是个难得的军事人才，名不虚传呀！当即就拜孙膑为副将，让他与庞涓一起统率魏国军队。

庞涓渐渐有些心虚了，他想：如果继续让孙膑在魏国发挥他的军事才能，终有一天，魏国的兵权会被孙膑夺去。为了保住自己的地位，工于心计的庞涓就暗施阴谋，用计陷害孙膑。

庞涓悄悄地叫人伪造了一封从齐国捎来的家书，谎称孙膑的家人有事让他速回。等孙膑回到齐国后，庞涓就诬陷孙膑私通齐国，企图帮助齐国攻打魏国。孙膑原本就是齐国人，再加上庞涓大进谗言，魏惠王就确信无疑。所以孙膑刚一回来，魏惠王就下令在孙膑脸上刺了字，还残忍地剜掉了他两块膝盖骨。孙膑在魏国备受折磨，但却无法逃脱，后来，还是一个齐国的使臣偷偷地将他带回了齐国。

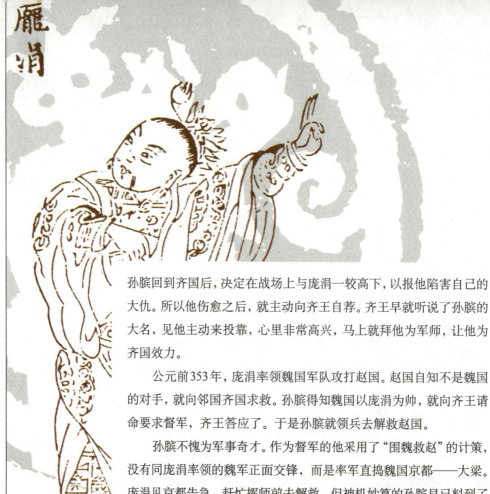

庞涓

孙膑回到齐国后，决定在战场上与庞涓一较高下，以报他陷害自己的大仇。所以他伤愈之后，就主动向齐王自荐。齐王早就听说了孙膑的大名，见他主动来投靠，心里非常高兴，马上就拜他为军师，让他为齐国效力。

公元前353年，庞涓率领魏国军队攻打赵国。赵国自知不是魏国的对手，就向邻国齐国求救。孙膑得知魏国以庞涓为帅，就向齐王请命要求督军，齐王答应了。于是孙膑就领兵去解救赵国。

孙膑不愧为军事奇才。作为督军的他采用了"围魏救赵"的计策，没有同庞涓率领的魏军正面交锋，而是率军直捣魏国京都——大梁。庞涓见京都告急，赶忙挥师前去解救。但神机妙算的孙膑早已料到了这一点，就在庞涓退军的途中设了伏兵。庞涓一心想着如何赶回去解救大梁，根本没想到孙膑会来这么一招，结果魏军中了埋伏，折损了两万多兵马。

后来，魏王命庞涓带兵进攻韩国，孙膑又奉齐王之命前来解救。他运用"添兵减灶"的方法，引诱魏军，结果庞涓果然中计。齐军将庞涓的军队引到一个名为马陵道的地方，孙膑在那里埋伏了重兵，两面夹击魏军，使得魏军方寸大乱，几乎全军覆没。庞涓自知回去无法向魏王交待，最后只得拔剑自刎。

◎ 拓展阅读

蚂蚁背田螺——假充大头鬼 / 船上开晚会——载歌载舞 / 草上的露火——不长久 / 放鸟儿出笼——各奔前程 / 半空中骑马——腾云驾雾

孙悟空老是到天宫闹事，那些神仙都不把他放在眼里，玉皇大帝为了安抚他，就封他做了弼马温，并骗他说是个很大的官，孙悟空就欢天喜地地去上任了。后来知道被骗了，就发起怒来，把天宫搅得乌烟瘴气，玉皇大帝只好请西天的如来佛来帮忙。

如来佛来到了天宫，孙悟空正在那里叫嚣，如来佛就问："听说你想入主天庭，你究竟有什么本事，胆敢这样？"孙悟空不知道如来佛的厉害，就哈哈大笑着说："俺老孙有长生不老之身，还会七十二般变化，就是一个筋斗也能翻十万八千里，怎么样？你又是谁？到这里干什么来了？"

如来佛微笑着说道："先不要管我是谁，你说得这么厉害，可是我却不信，这样吧，现在我们就请在场的各路神仙作证人，如果你一个筋斗能翻出我的手掌心，就算你赢了，你想做什么都可以，我一定不会干涉。但是如果你翻不出去，就别怪我不客气了。"孙悟空心想这简直太简单了，就纵身跃上如来佛的手掌心，大喊了一声"俺老孙去也"，就不见了。孙悟空一个筋斗翻出了很远，定下神来一看，只见面前立着几根巨大的"柱子"，四周还隐隐地有一股青气围绕着，他心想这可能就是天边了，自己这回赢定了。于是就拔下自己的一根毫毛，变成了一支大毛笔，在最中间那根"柱子"上写下了"齐天大圣到此一游"几个大字，然后还在第一根柱子处撒了一泡尿，这才翻着筋斗回去了。

他对如来佛说道："我刚才已经到过天边了，还在那儿写了几个字做标记，不信我带你去看看。"如来佛笑着说道："呵呵，那只不过是我的手指头而已啊！"孙悟空吃了一惊，仔细一看，果然看到如来佛的中指上写着："齐天大圣到此一游"几个字，确实是自己刚才写的，而且他还闻到一股尿臊味。

孙悟空这才知道遇到了能人，他正想跳出如来佛的手掌心，没想到如来佛早就料到了，他用手掌用力一推，就把孙悟空推到了天庭的外面，五个手指就变成了"五行山"，把孙悟空压在了下面。

后来就用这个歇后语比喻虽然很有本领，但是总会有比他更有本领的人。

◎ 拓展阅读

草人过河——漂浮不定 / 半空中挂蒺藜——讽（风）刺 / 打掌的敲耳朵——离题（蹄）太远 / 放下担子聊天——歇后语 / 马拉独轮车——说翻就翻

孙悟空碰着如来佛——跳不出手心

孙悟空被封了个弼马温——不知官大官小

孙悟空自从学了本领之后，就到处惹事，他先是大闹了东海龙王府，把龙王的宝贝定海神针拿走了，然后又跑到阴曹地府，把阎王的生死簿涂改得乱七八糟的，东海龙王和阎王被害得叫苦连天，就一起来到天庭向玉皇大帝告状。

玉皇大帝听了之后大怒，马上就令天兵天将下凡把孙悟空捉拿来审问。太白金星知道孙悟空不好对付，就上前劝阻道："玉帝还是先请息怒，我看不如先派人将他传到天庭，然后给他一个官做。要是他愿意的话，不就比捉拿他好些吗？"玉皇大帝听太白金星说的也有道理，就命太白金星下凡向孙悟空颁发自己的圣旨。

孙悟空见太白金星来了，刚开始还是爱理不理的，后来一听要给自己官做，马上就高兴起来，他向众猴子猴孙交代了一番，就随太白金星来到天庭等候封赏。玉皇大帝本来就看不起孙悟空，现在他来了，就随便封了他一个看马的官，叫弼马温。孙悟空也不知道弼马温到底是个什么职位，以为是一个很大的官，于是就向玉皇大帝谢恩，迫不及待地上任去了。

上任之后，一连很多天，孙悟空发现也没别的什么事情，整天都是喂马，没什么意思。有一天，他和手下的几个同僚一起喝酒，忍不住就问道："这弼马温到底是个什么官，算是几品？"那几个人哈哈大笑着说道："弼马温只不过是个官名，还算不上品呢！"

孙悟空还是没明白，高兴地说："连品级都没有，一定是个大官了？"众人都笑道："什么'大官'，根本就不入流。"孙悟空奇怪地问："什么叫做不入流呢？"大家回答说："因为这个官职小的不能再小了，只不过是替天上的神仙们喂马而已，所以叫做不入流。"

孙悟空听了才知道自己上当了，顿时怒从心头起，于是跑到灵霄宝殿大闹了一通，就回花果山过自己的逍遥日子去了。

◎ **拓展阅读**

放咸鱼落塘——死活不管 / 半空中赶牲口——露马脚 / 草帽子端水——一场空 / 打着公鸡生蛋——强人所难 / 马尾做弦——不值一谈（弹）

孙悟空在菩提祖师那里学了很多本领，就仗着自己的本领高强，根本不把天上的神仙放在眼里，对玉皇大帝也很轻蔑。后来，玉皇大帝让他做了"弼马温"这个官，孙悟空知道这个官原来只有芝麻那么大小的时候，火冒三丈，发誓一定要报仇。

他气冲冲地回到了自己的花果山，自封为"齐天大圣"，意思是要和玉皇大帝平起平坐。玉皇大帝害怕孙悟空又来闹事，就和王母娘娘商量了一下，让孙悟空管理蟠桃园。孙悟空本来很生气，但是想到有蟠桃吃，就高高兴兴地答应了。

过了一段时间，王母娘娘要开蟠桃会了，于是就让仙女们去摘仙桃，可是大的都被孙悟空吃光了，只剩下了很多小桃子，孙悟空打听了一下，知道蟠桃大会竟然没有邀请自己，很生气，还变成赤脚大仙的样子大摇大摆地来到瑶池，趁别人都还没来的时候就把宴会上的美酒佳肴吃了个精光，然后又跑到太上老君的炼丹房，把太上老君刚刚炼出来的仙丹都给偷吃了，然后不知不觉就在炼丹房里睡着了。玉皇大帝知道了很生气，就派神将们把他抓住，扔到了太上老君的八卦炼丹炉里烧。

但是烧了好几天，孙悟空不但一点也没有损伤，还炼出了一双火眼金睛，比以前更厉害了。他跳出来蹬倒了炼丹炉，然后挥舞着金箍棒直奔玉皇大帝的灵霄宫，那些天兵天将们都不是他的对手，没过多长时间，就被孙悟空打退了。他把天宫搅得天翻地覆，还胁迫玉皇大帝让位，吓得玉皇大帝躲在桌子底下不敢出来。

各个神仙都不知道如何是好，后来还是太白金星想了个办法，让人去请西天的如来佛来帮忙，这才将孙悟空制服了。

◎ 拓展阅读

放鸭子上山——错了地方 / 半空中盖房子——没处落脚；落不得脚 / 穿的兔儿鞋——跑的倒快 / 草帽破了顶——露头 / 桅杆上的螺狮——靠天吃饭

孙悟空大闹天宫——慌了神

227

孙悟空赴蟠桃会——不请自来

当孙悟空知道弼马温只不过是个小官时，十分生气，并跑到灵霄宝殿大闹一通，然后离开了天界，回花果山自己挂了一面旗，上面写着"齐天大圣"，玉帝没有办法，也只好任他那么做。但玉帝又怕他再来惹是生非，就派他去看管蟠桃园，想安住他的心。

虽然孙悟空的本领很大，但是玉帝还是很看不起他。孙悟空到蟠桃园之后，就把园子里的很多大桃子都吃光了。后来王母娘娘准备举办"蟠桃盛会"，并派七仙女到蟠桃园摘桃子，以备盛会上众神仙品尝。

那天，孙悟空吃完了桃子，就变成了一个很大的仙桃在树枝上睡着了。七仙女到了之后，找不见孙悟空，就先摘桃子，她们看见树上有一个很大的桃子就要去摘，这下却把孙悟空弄醒了，他很不高兴，现出本相，从树上跳了下来，喝道："是谁竟敢来老孙的园子里偷桃？"七仙女赶紧一起上前来赔罪："大圣请息怒，王母娘娘要开蟠桃盛宴，我们是奉王母娘娘之命来摘桃的。"孙悟空一听，高兴极了，就问："王母娘娘要开盛宴，不知都请了谁？"

仙女们就一个一个的报上名来，说："有西天佛老、菩萨、罗汉，南方的南极观音……"仙女们说了好多名字，但是孙悟空就是没听到自己的，就问道："难道没请我吗？"仙女们都说："好像没听说。"

孙悟空气坏了，于是他用定身法把七仙女定在了桃树下，自己腾云驾雾直奔瑶池去了。半路上遇到了赤脚大仙，孙悟空就骗他说，蟠桃盛宴改在玉皇大帝的通明殿举行，然后他自己变成了赤脚大仙，来到了宝阁，这里的神仙正在准备蟠桃会的东西。孙悟空看见长廊下有几个造酒的仙官正在造酒，那些美酒杳气扑鼻，引得孙悟空口水都快流了下来。于是他就拔出几根毫毛，变成了几个瞌睡虫，把那几个酒官都弄睡了，然后自己打开酒瓮，开始畅饮起来，并把蟠桃会上准备的东西都吃了个精光。

孙悟空喝得醉醺醺的，不知不觉就来到了太上老君居住的兜率宫，他闯进去，看见太上老君炼了很多的仙丹，就拿过来连吃带扔糟蹋了个尽。等他睡了一觉醒来之后，才发觉自己闯了大祸，就赶紧跑下天界，回到花果山做自己的大王去了。

现在用这个歇后语比喻不速之客。

◎ **拓展阅读**

放羊的拾柴火——捎带 / 草帽戴在膝盖上——不对头 / 打着兔子跑了马——得不偿失 / 望风捕影——一场空 / 半空中的气球——上不着天，下不着地；悬着哩

孙悟空进了八卦炉——越炼越结实

话说孙悟空在蟠桃会惹出了大祸，怕玉皇大帝怪罪自己，就偷偷地溜出了天宫，又回到了花果山当自己的大王。但是玉皇大帝又岂能饶恕他。玉皇大帝派李天王和哪吒三太子率领十万天兵天将，布下了十八层天罗地网，一齐到花果山捉拿孙悟空。这些天兵天将虽然很厉害，但却不是孙悟空的对手，没多长时间就一个个都败下阵来。玉皇大帝没有办法，就听从观音菩萨的建议，到灌江口请显圣二郎神到花果山来捉拿孙悟空。

二郎神带领了梅山六兄弟，率领精兵良将，直奔花果山。孙悟空马上出洞迎战，两个人不相上下，谁知道孙悟空正在打时不曾防备，被太上老君扔下来的金刚圈套住了，梅山六兄弟赶紧上去把孙悟空抓住了。孙悟空就这样被天兵们押到了斩妖台下面，要被处死，但是无论是什么兵器都砍不死他，就是用雷打火烧，也没有一点用。玉皇大帝实在不知道怎么办才好，这时太上老君说自己的炼丹炉可以熔化任何东西，于是玉皇大帝就把孙悟空交给太上老君，让他整治。

太上老君把孙悟空扔进八卦炉，然后就让看炉的道人们多加柴火，用扇子拼命地把火扇大，想用神火将孙悟空烧为灰烬。就这样烧了七七四十九天，老君觉得火候差不多了，于是就命人打开炼丹炉。

孙悟空在炼丹炉里面呆了这么长时间，什么事也没有，但就是出不来，很是着急。现在见炉盖被揭开，便马上跳了出来，脚一蹬就把炉子给踢倒了，还把旁边的道人们打得七零八落的，连太上老君也被摔了个倒栽葱。原来太上老君的炼丹炉不但没有把孙悟空溶化，还把他炼成了钢筋铁骨，火眼金睛。这下孙悟空就更不可一世了，他从耳朵里取出金箍棒，在天宫里到处乱打，谁也敌不过他。后来玉帝实在没有办法，就只好派部下去西方请如来佛前来帮忙降服孙悟空。

人们就根据这个故事，编成了"孙悟空进了八卦炉——越炼越结实"、"孙悟空关进老君炉——三魂冒火，七窍生烟"、"孙悟空跳出老君炉——捂不住了"等歇后语。

◎ 拓展阅读

半空中的火把——高明 / 打了兔子喂鹰——好处给了恶人 / 放羊娃打酸枣——捎带活 / 望远镜看风景——近在眼前 / 草驴（母驴）卖了买叫驴（公驴）——胡捣腾

230

○ 品画鉴宝　太上老君像　太上老君手持八卦正襟坐于宝座上。整幅图布局严谨，设色明艳。

孙悟空守桃园——自食其果

这则歇后语来源于《西游记》第五回。

刚开始时，玉皇大帝封孙悟空做了"弼马温"的官，但是孙悟空知道官太小之后就很生气，又回到了自己的花果山，还自封为"齐天大圣"。

玉皇大帝没有办法，但又怕他常来天宫捣乱，就让孙悟空回天宫来，让他看守蟠桃园，以免他再惹是生非。玉皇大帝还派人在蟠桃园的右边盖了一座齐天大圣府，让他在里面好好地住着，府里边还设有安静司和宁神司，并专门派了一些人伺候孙悟空。孙悟空觉得这个活很轻松，而且可以有很多桃子吃，就觉得挺满意的，于是就安下心来，整天没事就找些神仙下棋，或者就是喝酒游逛，安静了许多。

蟠桃园里有三千六百棵桃树，所有的桃树都是王母娘娘亲手栽种的，这些桃树都是仙品。桃树从外到内一共分三层：最外面的一层有一千二百棵，这些桃树三千年一熟，人吃了就可以成仙；中间的一千二百棵，六千年才能一熟，人吃了就可以长生不老；最里面的一千二百棵，每九千年才能成熟一次，人要是吃了这些树上结的桃子，就可以与天地同寿。

孙悟空接了这个差事之后很高兴，每天都要在园子里转上几圈。有一天，他又在园子里游荡，忽然看见那老树的枝头，桃子已经熟了大半，看着那些硕大的桃子，他不禁有些垂涎欲滴，很想放开肚皮猛吃一顿。但是，他的身边却跟着几个本园的土地、力士等，不便下手。孙悟空就想了一个法子，他对那些人说自己要睡觉了，于是，随从们就出去在外面等着他。

孙悟空看他们走开了，高兴得直跳，他爬上大树，专拣大的桃子吃，刚开始的时候还是一个一个的吃，后来每个桃子都只啃上一口就扔掉了，不知道吃了多少个桃子，他才觉得肚子撑得实在是吃不下了。于是这才从树上跳下来，大摇大摆的回府去了，此后每过三两天，他就去园子里大吃一番，没过多久，园子里的那些大桃子都被孙悟空吃完了，只剩下一些很小的桃子，而且也不多，后来还因为"蟠桃盛会"没有请他把天宫大闹了一场。

人们就根据这个故事，编成了歇后语"孙悟空守桃园——自食其果"，比喻自己做错了事情，后果要自己承担。

◎ 品画鉴宝　王母庆寿图·民国·王文寺

◎ 拓展阅读

飞奔的火车——一日千里 / 打水不关水龙头——放任自流；任其自流 / 草里的斑鸠——不知春秋 / 半空中打把式——栽个大跟头 / 熟透了的柿子——弄了个大红脸

孙悟空钻进铁扇公主肚子里——心腹之患

孙悟空跟随唐僧去西天取经，一年秋天来到了火焰山，那里非常热，由于温度高，所以周围寸草不生。这座山是去西天取经的必经之路，但想要过此山，却是十分艰难，孙悟空自己还好说一点，但是唐僧等人就不行了，所以只好另想办法。孙悟空从土地爷那里得知，火焰山的西南方有个芭蕉洞，洞中有个铁扇公主，又名罗刹女，她手中有一把芭蕉扇能灭火焰山的大火，这把扇子一扇能熄火，再扇就能生风，三扇就能下雨。孙悟空听了，就决定去借扇子。

铁扇公主是牛魔王的老婆，而牛魔王本是孙悟空的结拜兄弟，照理说借把扇子并不是什么难事，但是此前孙悟空曾请菩萨收了红孩儿，而这个红孩儿就是牛魔王和铁扇公主的儿子，这样一来事情就难办了。铁扇公主对孙悟空怀恨在心，这次他来借扇子，正好趁机为自己的孩子报仇。

铁扇公主一出洞府，不由分说拿起宝剑就向孙悟空砍去，两人战了好久也不分胜负。铁扇公主看这样下去也不是办法，就拿出芭蕉扇，对着孙悟空扇起来，这个扇子确实厉害，只扇了两下孙悟空就被扇飞了好远。

孙悟空好不容易定下神来，一看原来是到了灵吉菩萨那里了，菩萨听了孙悟空的讲述，就送了他一粒定风丹，孙悟空欢天喜地重新来到了芭蕉洞。

铁扇公主一见到孙悟空，二话不说就拿起扇子扇起来，但是这次孙悟空有了定风丹，所以扇了半天还是没有用，孙悟空仍然一动不动的。铁扇公主一见不行，就赶紧收起扇子，回到洞中，把洞门关得紧紧的，不让孙悟空进来。

悟空灵机一动，就变成了一个虫儿，从门缝钻了进去。他看到铁扇公主正要喝茶，就赶紧飞到了茶杯中。铁扇公主慌里慌张的，也没有仔细看，就把茶喝了下去。孙悟空一到铁扇公主的肚子中就现出原形，要她借扇子给他，然后就大喊大叫，左蹬右踢的，疼得铁扇公主死去活来，没办法她只好答应把扇子借给他，孙悟空这才安静下来，然后又变成了虫儿，从她的嘴里飞了出来。

"孙悟空钻进铁扇公主肚子里——心腹之患"，这句歇后语便是由此而来的，比喻很重要的麻烦。

◎ 拓展阅读

草丛里的蚂蟥——不是善虫 / 飞过的麻雀也要扯根毛——爱占便宜 / 七窍通了六窍——一窍不通 / 半空的云彩——变化多端 / 瘦死的骆驼——比马大

234

◎ 品画鉴宝　仿古山水图·清·王云

《封神演义》中有这样一个故事：

申公豹与姜子牙是同出一门的师兄弟，但他二人的秉性却大不相同。姜子牙胸怀大志，为人宽厚，而申公豹却心胸狭窄，斤斤计较。后来，师傅让姜子牙下山助周灭商，而没有将这个重任委托给申公豹，申公豹便对姜子牙心生嫉恨，决心要和姜子牙一比高低。于是，他私自下山去帮助荒淫暴虐的商纣王，处处与姜子牙作对。

殷郊和殷洪原是商纣王的儿子，却遭到狐狸精妲己的陷害，险些被亲生父亲杀害。在刑场上，恰好被仙人赤精子、广成子所救。于是便被二仙带回山中，分别收为弟子，并传授武艺。

数年之后，殷郊和殷洪长大成人，武艺也学得差不多了。殷洪就奉师傅赤精子之命下山前往西岐，帮助姜子牙讨伐纣王。到了山下，殷洪不幸碰到了申公豹，申公豹花言巧语骗过了殷洪，让他改变了自己的立场，去投奔了纣王。最后，殷洪遭到天谴，化为灰烬。当殷郊也被师傅广成子打发下山去助周伐纣时，他也碰到了在山下等待多时的申公豹。申公豹对他说："你是纣王的儿子，怎么能去帮助外人攻打自己的父亲呢？这也太不像话了吧？"可殷郊却对他说："纣王虽然是我的亲生父亲，但他被妲己这个妖女所迷惑，听信谗言，害死了我的母后，还残杀了那么多忠良，所干之事，天理不容！我怎么能去为他效劳呢？而周武王是一个有德行的圣主，百姓都很拥戴他。更何况他又有姜子牙这样一个神通广大、礼贤下士、慈祥正直的有道高人辅佐，天下怎能不服？我想投奔西岐才是明智的选择。"说完，他便扭头要走。申公豹听他这么一说，先是微微一愣，但他不甘心就此罢手，又急忙拉住殷郊说道："虽然你父亲做了一些不对的事，可他毕竟还是你的父亲啊！那姜子牙可并没你想象的那么好。你还不知道吧？你的弟弟殷洪本来也是像你一样下山助周的，可姜子牙却贪图功劳，用计谋把殷洪化成灰烬。你说他这样狠毒，还能称得上是贤德之人吗？你还要去帮助他讨伐自己的父亲，真是太可笑了！"说完，申公豹便"哈哈"一笑，假装向前走去，不再理会殷郊。殷郊听申公豹这么一说，顿时大为吃惊。他急忙追上前去问道："你说的话都是真的吗？我以前怎么没听师傅说过呢？"申公豹头也不回地说道："你真是太幼稚了！天下谁人不知道你师父和姜子牙交情深厚，他当然不会将这个消息告诉你了。如果你不相信我说的话，就尽管去西岐暗中打听打听好了。"殷郊虽然对申公豹诋毁姜子牙的话不大相信，但为了弄清事实，还是悄悄地跑到西岐去打听关于殷洪的消息。最后他得知殷洪果然是被姜子牙所害的，一气之下竟将一只令箭折断，并发誓道："不杀姜子牙，誓不为人！一定要为弟弟报仇！"最后，经过几次血战，助纣为虐的殷郊也得到了和弟弟殷洪同样的下场。

人们就根据这个故事编成了歇后语"申公豹的嘴——搬弄是非"。

申公豹的嘴——搬弄是非

这则歇后语来自苏州民间的一个传说：

相传，在晋朝时期，有个法号为"道声"的和尚，他自幼出家，刻苦攻读经书，对佛法很有研究，很快便成了京城一带远近闻名的得道高僧，周围的百姓都尊称他为"生公"。生公不但自己钻研佛法，还时常向周围的百姓传经说法，由于他讲授佛法奥义常常深入浅出，因此，即使那些根本不识字的农夫，听他讲解佛法，也能心领神会。

渐渐地，他的名气越来越大，人们对他也格外尊重，这就受到其他佛教派别的嫉妒。于是，这些派别的人就依仗自己在京城的势力，劝信仰自己教派的达官显贵们向皇上大进谗言，试图驱逐生公。皇帝听信了这些人的谗言，一怒之下，把生公赶出了京城。

生公本就是个淡薄名利的人，对繁华的京城早就有所厌烦，所以正好借这个机会云游四海，弘扬佛法。他十分平静地离开京城，来到了苏州。当他看到虎丘山景色宜人，环境幽静，是个修行的好地方，便在这里居住下来，潜心钻研佛法。生公的名气早就名扬四海，所以当地的百姓听说他在虎丘山开坛说法之后，纷纷慕名而来。日子一天天过去，前来听他传经说法的百姓越来越多，有的人甚至从千里之外的地方赶了过来。一时间，虎丘山上的一块大磐石上到处坐满了人。

不久，生公讲经的消息传到了苏州知府的耳朵里。虽然知府知道讲法是件好事，但他认为由生公这个僧人来讲就不好。这是为什么呢？原来，这位知府大人是个胆小怕事之人，他知道生公是被皇帝从京城驱逐出来的，要是生公在苏州讲法时再出什么事，岂不是会牵连到自己吗？那他以后的日子就不好过了。于是知府下令不准生公再向百姓讲经，还命人将前来听讲的百姓全部都驱赶走了。现在，只剩下一块块垫坐的石头与生公相对。然而尽管如此，生公仍不为所动。虽然百姓们迫于知府的淫威不敢再前来听经，但生公每天依旧坚持讲法。这次的听众不再是人了，而仅仅是以前人们垫坐的一块块顽石。

每当生公像往常一样娓娓动听、深入浅出地讲解佛经时，那些顽石好像都通了灵性，听到精彩之处竟然也会像人那样频频点头。此外，每当生公讲经时，山上的百鸟也都停止歌唱，连水里的白莲也都一起吐香。百姓们听说了这种奇异，都觉得是生公坚韧不拔的毅力和潜心修行的决心感动了上天，所以花鸟、鱼虫甚至是顽石都被生公深深地打动了。

◎ **拓展阅读**

草甸上的苇子——靠不住 / 打兔子捉到黄羊——格外好；捞外块 / 飞机放屁—— 一溜烟 / 新上市的黄瓜——带刺 / 半斤对八两——不相上下；彼此彼此；一码事；彼此一样；谁也不吃亏

在我们中国人传统的观念里，牛一直是"勤劳质朴"的化身，我们总是将那些不辞辛苦、勤奋工作的人比作牛。特别是我国南方地区的水牛更是农民朋友不可缺少的好帮手。它埋头劳作，任劳任怨，很受人们的尊敬。然而，谁能想到，水牛在受到人们的推崇之前，还有一段很不光彩的历史呢！

相传，水牛的祖先是天上的水牛神。水牛神天生一幅凶神恶煞的样子，长着大大的鼻子和凸现的眼睛，再加上硕大的脑袋上那一对又长又弯的大角，实在是奇丑无比。因为水牛神相貌丑陋，脾气暴躁，几乎没有几个神仙愿意与他交往。此外，水牛神的法力也十分有限，没有什么神通广大的能耐，所以更是被那些法力较大的天神和天将们耻笑。在天庭里，水牛神在众神眼中好像是一个微不足道的小摆设一样，这使水牛神感到非常苦恼。他知道自己本领有限，在天上是根本显不出威风的，所以他决定偷偷地下凡，到人间显耀一下自己。

来到人间后，水牛神为了能让人间的众生都惧怕自己，整天东奔西跑，不时地仰天长啸。声如巨雷，惊天动地。人们一听到这种恐怖的叫声，都以为是妖魔鬼怪来了，吓得战战兢兢，纷纷躲藏在自己家中，再也不敢出来。树林里的飞禽走兽也被他的叫声吓得浑身发抖，四处逃散。总之，自从水牛神下凡以后，人间可谓鸡犬不宁，没有一天安静的日子，百姓怨声载道，对他真是恨之入骨。当地的山神和土地神得知此事后，也都出来劝阻水牛神，希望他能够收敛一下，不要再这样危害人间。但水牛神根本没有把山神和土地神的劝阻放在心上，还是一意孤行。

很快，水牛神在凡间作乱的消息传到了天庭，玉皇大帝知道后非常恼火，便打算派人去人间惩戒那个不知天高地厚的水牛神。就在这时，一位天神出来劝阻道："陛下，我听说这水牛神原是观音菩萨的外孙，我想还是交由她发落吧。"玉皇大帝一听，觉得他的主张很有道理，于是便派人将这一消息告知了观音娘娘。

观音本来就是个慈悲为怀的神仙，一听有这等事，即刻就来到人间。她看到水牛神果然在人间胡作非为，不禁勃然大怒。于是，她从袖中抽出一根白绫，向下一抛，就将水牛神的脖颈紧紧捆住。这下可好，水牛神想喊喊不出，想叫更是出不来声，真是苦不堪言。而且水牛神越是挣扎，白绫就越勒越紧。无奈之下，水牛神只好跪地求饶，请求观音菩萨的宽恕。

观音菩萨失望地对他说："早知今日，何必当初呢！念你昔日也曾立过战功，死罪可免，但活罪难逃。就革去你的神位，罚你永生永世在人间耕田犁地，再也不能发出那种怪叫声，以赎之前危害人间的罪过。"从此，水牛就变得像现在这样，犁田拉物时，不声不响，只知道埋头苦干了。

◎ 拓展阅读

半截砖头——甩了 / 打一巴掌揉三揉——假仁假义；虚情假意 / 飞机上摆手——

高招 / 新开的染房——不给点颜色看还不行 / 草地上的蘑菇——单根独苗

○ 品画鉴宝　牧牛图·清·杨晋　图中的牧童奋力牵牛，而水牛却执拗不前。画面构图简洁，富有情趣。

T 篇

檀公三十六计——走为上计

据《南史》中记载：檀公是南北朝时宋武帝刘裕的开国功臣。因为他跟随刘裕南征北战，屡立战功，所以刘裕登基称帝之后，就封檀公为"五陵郡公"，拜征他为南大将军，督率各军，抵抗北魏进犯。

有一次，檀公率领宋兵与北魏军交战。檀公技高一筹，用兵如神，很快就打得北魏军连连败退。眼看就要将北魏兵追到山东历城了，可这时檀公却骄傲起来，渐渐放松了戒备，没有抓住时机将敌军一举消灭。后来，北魏军等来了救兵，开始对宋军进行猛烈反击，宋军粮草被烧光，退路也被魏军截断了。一时间，檀公处在骑虎难下的两难境地，无奈只好想办法先从历城撤退再说。

这时，宋军中有一个士兵因为贪生怕死而投靠了北魏军，并向敌军报告了宋军缺粮的事情。当天晚上，北魏军就派人到宋军军营去刺探军情，想知道那个投城之人所说是否属实。

探子来到宋军军营一看，只见营里灯火通明，檀公还亲自在督促一批管军查点粮食。探子感到奇怪，心想：那个投城之人不是说宋军缺粮吗？于是他就悄悄跟在后面看个究竟。只见一些士兵在装米，一些士兵在量米，在这些士兵的不远处还堆满了一袋袋的粮食，根本就不像粮草被烧光的样子。于是探子赶忙回到魏军军营，将刚才所看到的一切仔细地汇报给了自己的主将。主将听了，勃然大怒，以为一定是檀公在施什么花招，故意派人来假投降的，于是立刻将那个投降的士兵处死，并下令停止对宋军的围攻，想弄明白檀公到底想干什么。檀公就赶快趁着这个空挡带领宋军从敌军的包围中跑了出来。等宋军安全到达宋朝的势力范围之时，北魏军的主将才发现自己中了檀公的计谋。原来，宋军营里的那些布袋，装的根本不是什么大米，而是一斗斗的沙土。檀公为了摆脱魏军的围困，才将计就计，故意摆出这个"迷魂阵"来诱骗魏军的。

后来，在南朝南齐时，辅国将军王敬则打算篡夺王位。当时在位的南齐皇帝萧道成已经病危，他的儿子是个十分懦弱的人，因为惧怕王敬则的势力，所以准备逃走。王敬则听说后，就讥笑道："这父子俩原来只会像檀公一样，三十六策，走为上计。这样也好，他俩都去了，就不用我再亲自动手了！"

劉裕

◎ 拓展阅读

草把子作灯——粗心／飞机上的婚礼——空喜／打疼了疯狗——反咬一口／半道

上捡个喇叭——有吹的了／湿手抓石灰——甩不脱

相传很久以前，泰山上是没有这么多的神的，因为有了白氏郎这个人后，小小的泰山上才聚集了各路神仙。

白氏郎是八仙之一的吕洞宾和仙女白牡丹的私生子。据说，吕洞宾当年在泰山上修炼时，恰好遇到了一位仙女白牡丹，两人一见钟情，就互定终身。这件事很快就被玉皇大帝知道，他勃然大怒，依照天规，折去了吕洞宾的五百年道行，还把白牡丹贬到凡间，永世不允许她再回到天上。

白牡丹被贬到人间后，孤苦无依，只好寄居在徂徕山下的一座破庙里。那时白牡丹已经知道自己怀了身孕，无奈之下只好含羞忍辱地生下了这个孩子，取名"白氏郎"。住在周围的邻居一看白牡丹没有成婚，却生下了一个孩子，都认为她是一个不守妇道、水性杨花的坏女人。所以都对她另眼相看，有的人还当面对她严加指责。面对周围人的指责，白牡丹没有办法向他们解释，只好忍气吞声，委曲求全。

直到有一天，白牡丹在外面又被一个好事的村妇大骂了一顿，言词十分刻薄。她实在是忍无可忍，回到家中就开始发泄，她先将家中的东西砸得稀烂，然后又赌气地说："要是我儿子有一天当了皇帝，我要将以前所有欺负我的人赶尽杀绝，一个不留！"她的这些气话，恰好被住在灶台里的灶王爷听见了。他本来就对白牡丹没有什么好印象，这次又无意中听见了她的怒骂，便牢牢记在心里，打算到玉帝那里告她一状。

腊月二十三，灶王爷回到天上，将白牡丹所说的话一字不漏地复述给了玉帝。玉帝一听，恼怒地说："她还真是不知好歹！我从轻发落，饶她性命，已经是对她非常仁慈了。没想到她在人间还不知悔改，竟然说出这样大逆不道的话，实在是罪不可恕！"可就在玉帝打算派天将下凡去治白牡丹的罪时，一位天神站出来开口说道："陛下，据我所知，那白牡丹所生逆子'白氏郎'确有龙筋。"玉帝听了奏报，更是火冒三丈，心想：那白氏郎要是做了皇帝，岂不是连我也要处置吗？与其这样，那我还不如先下手抽了他的龙筋，看他以后怎么做皇帝。想到这里，玉帝当即传旨要将白氏郎的龙筋抽光。

白氏郎是个很有骨气的人，因为是"私生子"，从小就受惯了周围人的白眼，所以变得非常倔强。他就这样忍受着抽筋的巨大痛苦，咬紧牙关，一声不吭。因此他身上的龙筋全部被抽光了，可还留下嘴里的一个"龙牙玉口"，说什么，什么就会显灵。自此以后，被抽了筋的白氏郎便终日呆在家里，不能到处走动。因此，他对天上的天神恨之入骨，一心想把所有的天神都关起来，让他们也尝尝失去自由的痛苦。

这一天，白氏郎随手拿了一个葫芦对灶王爷说："你这个爱打小报告的灶王爷，整日就会在背后说别人的坏话，进到葫芦里来吧。"他的话音刚落，一阵清烟飘过，灶王爷果真被装进葫芦里去了。这下可把白氏郎高兴坏了，因为他报仇的机会终于来了。白氏郎想法制作了一辆小车，并依靠它走出了家门。从此，他带着葫芦云游四海，每到一地就将当地的神装在葫芦里。这样边走边装，大约过了半年的光景，就几乎把所有的神都装进了自己的葫芦里。

后来，白氏郎来到泰山，打算将泰山神也装到自己的葫芦里。可能是因为他太兴奋了吧，一不留神，葫芦从手中滑落下来，摔在地上立刻就成了碎片。装在葫芦里的各路神仙趁机四处逃命，他们见庙进庙，遇洞钻洞，只要是泰山能容身的地方，几乎都被逃窜的神仙占据了。因为神仙太多，泰山的地方又小，于是众神挤到一起，便形成了我们现在看到的"千佛洞"和"万仙楼"。

◎ 拓展阅读

半边猪头——独眼 / 草把儿撞钟——不想（响） / 湿被盖身上——从头凉到脚 /
打起脸来演戏——粉墨登场 / 飞机上的客人——高贵

○ 品画鉴宝 人物图·清·任熊

唐僧肉——惹怪物起心

这是《西游记》第七十二回里的一个故事。

唐僧师徒四人一起到西天取经,一天他们来到了一个叫白虎岭的地方,这个地方的地势十分险要,山势险恶,时常有山神鬼怪出没。孙悟空来到这里之后,看见山上有很多烟雾,就知道一定有妖怪,于是就叫两个师弟严加防范,保护师傅。

这座山上真的住着一个妖怪,这个妖怪叫白骨精,本来是一堆骷髅,在山野间吸取了天地精华,时间长了就成了人形。她很早就知道唐僧是金蝉子的化身,而且十世修行,谁要是能吃他一块肉,就能够长寿长生。她知道唐僧师徒四人一定会经过此地,所以已经在这里等候多时了。

但是白骨精并没有多大的本领,如果论打斗来说,一定不是孙悟空的对手,即使是猪八戒和沙僧她都不一定打得过,怎么样才能捉到唐僧呢?她想了又想,觉得只有通过智取才能够成功。

孙悟空让两个师弟看护好师傅,就一个人到外面为师傅摘果子充饥。白骨精一看孙悟空离开了,就赶紧变成一个漂亮的女子,借前来给唐僧师徒送斋饭为由,靠近唐僧。唐僧果然没有防备,但是正当白骨精要靠近唐僧时,孙悟空及时赶到,一棒把她打死了,白骨精化作一缕烟逃走了,只留下了女子的躯壳;第二次,她又变化成一个老太太,一路上哭着寻找自己的女儿,唐僧和猪八戒、沙僧都是肉眼,但是孙悟空却看穿了她,又把她打死了;第三次,白骨精又变成了一个老公公,手里拄着拐杖,还一边念着佛,显得很虔诚的样子。他装作来找自己的老伴和女儿,瞅准时机想抓唐僧,但还是逃不过孙悟空的火眼金睛,这一次还被孙悟空打得现了原形,也被打死了。

但是唐僧却不知道其中的原委,以为孙悟空顽劣不化,连伤了一家三口的性命,错杀好人,于是,他就把紧箍咒一连念了好多遍,痛得孙悟空死去活来。后来,他又不顾孙悟空的苦苦哀求,写了一封贬书,把孙悟空赶走了。

在取经的路上,很多妖怪都知道吃了唐僧肉就可以长生不老,而且很多妖魔鬼怪都对唐僧肉垂涎三尺,所以人们就编了这则歇后语"唐僧肉——惹怪物起心"。

◎ **拓展阅读**

半边羊头——独角 / 草把儿打仗——假充好汉 / 刺猬发怒——炸毛了 /
飞机上吊邮筒——高兴(信) / 新衣服打补丁——不像样

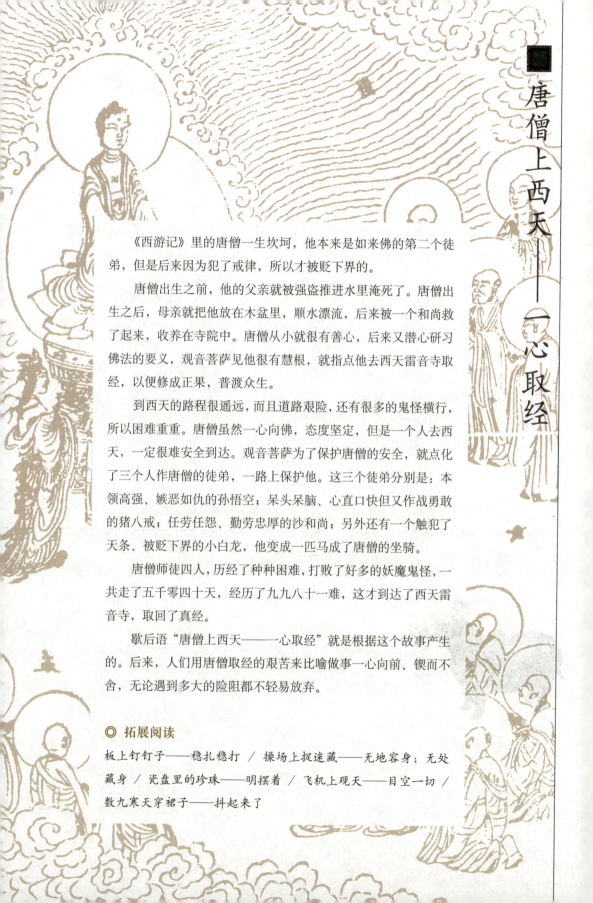

唐僧上西天——一心取经

《西游记》里的唐僧一生坎坷，他本来是如来佛的第二个徒弟，但是后来因为犯了戒律，所以才被贬下界的。

唐僧出生之前，他的父亲就被强盗推进水里淹死了。唐僧出生之后，母亲就把他放在木盆里，顺水漂流，后来被一个和尚救了起来，收养在寺院中。唐僧从小就很有善心，后来又潜心研习佛法的要义，观音菩萨见他很有慧根，就指点他去西天雷音寺取经，以便修成正果，普渡众生。

到西天的路程很遥远，而且道路艰险，还有很多的鬼怪横行，所以困难重重。唐僧虽然一心向佛，态度坚定，但是一个人去西天，一定很难安全到达。观音菩萨为了保护唐僧的安全，就点化了三个人作唐僧的徒弟，一路上保护他。这三个徒弟分别是：本领高强、嫉恶如仇的孙悟空；呆头呆脑、心直口快但又作战勇敢的猪八戒；任劳任怨、勤劳忠厚的沙和尚；另外还有一个触犯了天条、被贬下界的小白龙，他变成一匹马成了唐僧的坐骑。

唐僧师徒四人，历经了种种困难，打败了好多的妖魔鬼怪，一共走了五千零四十天，经历了九九八十一难，这才到达了西天雷音寺，取回了真经。

歇后语"唐僧上西天——一心取经"就是根据这个故事产生的。后来，人们用唐僧取经的艰苦来比喻做事一心向前、锲而不舍，无论遇到多大的险阻都不轻易放弃。

◎ 拓展阅读

板上钉钉子——稳扎稳打 ／ 操场上捉迷藏——无地容身；无处藏身 ／ 瓷盘里的珍珠——明摆着 ／ 飞机上观天——目空一切 ／ 数九寒天穿裙子——抖起来了

螳螂捉知了——要防后头

这则歇后语出自《说苑·正谏》的"螳螂捕蝉，黄雀在后"这个故事。

据书中记载，春秋战国时期，吴王下决心攻打楚国，大臣们觉得有些不妥，就纷纷劝阻。吴王非常生气，他警告那些大臣说："谁要是再来劝阻我，我就立刻把他处死。"于是大臣们不敢再多说什么。

有一个年轻的大臣见无法直接劝说吴王，就想出了一个绝妙的主意。这天早上，年轻的大臣拿了一把弹弓，在王宫的花园中转来转去，衣服被露水沾湿了，他也毫不在意。在花园里散步的吴王恰好碰见了他，就忍不住问道："一大早你就跑到我的花园里来，把衣服弄湿成那个样子也不在意，有什么重要的事吗？"

这位年轻的大臣不慌不忙地回答说："大王有所不知，我刚才碰到了一件很奇怪的事，以致于连露水沾湿了衣服，也没有察觉到。这个花园里有一棵树，树上有一只蝉，蝉高高在上，悠闲地叫着，自由自在地喝着露水，却不知道有一只螳螂就在它身后不远的地方；螳螂弯着身子，举起前爪，一心只想去捕蝉，却不知道有只黄雀就在它的旁边盯着它；黄雀伸长了脖子，想要去啄食螳螂，却不知道我已经拿着弹弓瞄准了它。这三只可悲的动物一心想要取得眼前的利益，而没有考虑到在它们身后正潜伏着巨大的祸患啊！唉！我也为它们感到悲哀呀！"

听了这位年轻大臣的话，吴王恍然大悟，明白了这个大臣给他讲这个小故事的目的。于是便对他说："你讲得太有道理了！我险些铸成大错。"随后，吴王就打消了攻打楚国的念头。

"螳螂捉知了——要防后头"，这则歇后语形容那些企图损害别人利益，却忘记了自身安危的鼠目寸光之徒。它启发我们，要放开眼界看事情，不能只顾眼皮底下的小利益，而忘记了最根本的利益，以免因小失大。

○ 品画鉴宝　错金银牺尊·战国

◎ **拓展阅读**

飞机上过秤——高标准 / 皮球抹油——又圆又滑 / 苍蝇钻到瓶瓶里——处处碰壁 / 板上钉钉子——实实在在；没跑；跑不了；变不了；没法变 / 筛子改锅盖——有板有眼

○唐太宗像 唐太宗李世民是唐朝第二位皇帝。在位时，他积极听取群臣的意见，努力学习文治天下，是中国历史上最出名的政治家与明君之一。

唐太宗的人镜——魏征

魏征，字玄成，钜鹿下曲阳（经河北晋县西）人。他是唐太宗贞观年间的名相，以直言敢谏而闻名。

唐太宗李世民称得上是一个很有作为的皇帝。他虚怀若谷，从谏如流，一时间朝堂之上谏臣云集，其中以魏征最为突出。魏征生性耿直，且很有胆识，对于唐太宗的过失，他敢于犯颜直谏，当面指出，而且常常不留情面。唐太宗虽然有时对他十分恼火，但还是非常重用和赏识他。

相传，在唐太宗和魏征之间，曾经发生过这样一件趣事。有一回，外番进贡给唐太宗一只珍贵稀有的雀鹰。这只雀鹰体态优美，羽毛丰盈，非常惹人喜爱，所以唐太宗一得到这只奇鸟，就爱不释手，天天携带在身边，随时戏弄逗乐。就连和大臣们谈论国家大事，也不肯轻易放下。

魏征知道这件事后，就借故进宫面见皇上。当时唐太宗玩鸟兴致正高，谁都不愿意见。于是他就叫太监转告魏征说："皇上正在睡觉，不想有人打搅。你如果有什么事，以后再谈吧。"魏征是个很聪明的人，他知道皇上此刻并没有睡觉，而是在玩鸟，所以才不愿意见他。于是，他便对太监说："请转告陛下，我有紧急要事商议，刻不容缓，所以现在不得不立刻见皇上。"唐太宗一听，知道魏征是那种不达目的誓不罢休的人，只好叫侍卫宣魏征觐见。

唐太宗见魏征来了，担心他见自己玩鸟，又要进谏，就慌忙把雀鹰藏在袖里。魏征装作什么都没看见的样子，径直走到唐太宗面前，行过礼后就开始谈论国家大事。唐太宗本来以为魏征说一会儿就没事了，没想到他一件接一件地说个没完没了。这可把唐太宗急坏了，他一会儿坐下，一会儿站起来，坐立不安。魏征看在眼里，但仍不动声色地询问道："皇上今天身体不舒服吗？"唐太宗现在真是哑巴吃黄连有苦说不出啊！他勉强地笑笑，无奈地说道：

"没事没事，你继续谈吧。"

一晃，两个时辰过去了，魏征终于不慌不忙、不紧不慢地汇报完了国家大事，只是在这两个时辰内，唐太宗可谓是心急如焚。好不容易等到魏征起身告辞了，唐太宗赶忙从袖中取出雀鹰，却发现鸟儿早已经憋死在袖中了。唐太宗当时看到憋死的雀鹰，十分恼火，觉得魏征是在存心作弄他，可是回头仔细又一想，觉得魏征刚才的一席谈话，又让自己学到不少治国之道，权衡之下，还是认为魏征是为他好，也就没有责怪他。

贞观十七年，魏征不幸病死。唐太宗感到非常伤心，他十分惋惜地对大臣们说："以铜为镜，可以正衣冠；以古为镜，可以知兴替；以人为镜，可以明得失。朕常保此三镜，以防己过。今魏征殂逝，遂亡一镜矣。"这则歇后语就是来源于这里。

◎ 拓展阅读

苍蝇围着鸡蛋转——没门；无门 / 飞机上开会——高谈阔论 / 板上的泥鳅——无地容身；无处藏身 / 粗石头性子——一碰就发火 / 筛子当水桶——漏洞百出

在日常生活中，我们一听到"小丑"这个词，脑海里总会浮现那些行为不庄重、微不足道、善于凑趣儿的人。然而，在戏曲行当里，小丑的地位却相当的高。看完下面这个故事，你就会明白为什么了。

有一天，唐太宗和大臣们边看歌舞，边一起喝酒，不知不觉竟酩酊大醉。他醉意浓浓地穿过御花园想回寝宫休息，可脑袋已经昏昏沉沉，脚也不听使唤，所以路还没走到一半，就倒在假山旁的一块小石头上睡着了。唐太宗做了一个梦，梦中他看见六月的御花园里漫天飞雪，银装素裹，一片白茫茫的世界。他好奇地向前走着，不久就看见前方不远处的雪地里放着一把比他的龙椅还要精美的素色坐椅。唐太宗非常高兴，就走过去坐到了那把椅子上。他刚一坐稳，椅子突然腾空而起，将他带到了嫦娥仙子的住处——广寒宫。

唐太宗正在担心，却看见嫦娥仙子已经站在广寒宫门口迎接他了。嫦娥见唐太宗来了，就热情地将他带到一座殿堂里。只见金壁辉煌的殿堂前方有一座十分华贵的舞台，台上唱念坐打，各种角色齐全，台下吹拉弹唱，甚是动听。唐太宗觉得非常有趣，不知不觉就被吸引住了，一边欣赏，一边连声叫好。嫦娥看着唐太宗入迷的样子，微微一笑，上前问道："您觉得他们演得如何？"唐太宗正看得起劲，头也不回地答道："真是太奇妙了！可惜，这种绝妙的演出只有天上的神仙才能欣赏到，如果能将其传到人间，让凡人也能看到，那就更好了。"嫦娥一听，甚是欣慰，连忙说道："那就好！既然您有此心，我看您不妨就做这传授衣钵之人吧！"唐太宗这才恍然大悟，赶忙谢过嫦娥仙子。正当他要向嫦娥鞠躬作揖时，突然脚下一滑，他竟从广寒宫中摔了下来。唐太宗吓了一大跳，睁眼一看，才知道自己刚才做了一个梦，而自己不知何时已经被人送到寝宫的床上了。之后，唐太宗一直对梦中欣赏到的情景念念不忘，于是他就在宫中开辟了一块空地，召集太监、宫女

○ 品画鉴宝 五代时期画家顾闳中《韩熙载夜宴图》中的乐伎演奏场面。

扮演各种角色，搭台唱戏。

有一次，太监和宫女正在为谁演小丑这一角色而争吵不休时，恰好唐太宗前来视察。他看到谁也不愿演这个滑稽的角色，感到很奇怪。一问才明白：原来这个小丑是一个无恶不作的伪君子，最后遭到天遣，被砍了头。唐太宗弄明白真相后，不禁哈哈一笑道："只是演戏嘛！又不是真的变坏了，有什么难为情的？既然你们都不愿意来演，那朕就亲自演这个丑角吧。"

说完，他就让随从服侍自己化装，穿戏服。最有意思的是，唐太宗还故意用白粉水笔在自己的鼻子上方方正正地画了一块豆腐干，惹得众人窃笑不止。

因为有皇帝演小丑这么一回事，所以从那以后小丑的地位比一般的角色都高。据此，人们就编了歇后语"唐太宗唱花脸——丑角沾光"。

◎ 拓展阅读

半天云中拍巴掌——高手 / 随口唱山歌——心中早有谱 / 飞机上扔石头——一落千丈 / 醋坛子打酒——满不在乎（壶） / 苍蝇推墙——自不量力；不自量

铁拐李的葫芦——不知卖的是什么药

相传，身为"八仙"之一的铁拐李是一个矮个儿、瘸腿、满脸络腮胡子的丑八怪。他姓李，名玄，因受到高人的指点，所以得道成仙。别看铁拐李相貌丑陋，可他身后背着的那个大葫芦，却是一件稀世珍宝。据说那个大葫芦里面装着灵丹妙药，能治各种疑难杂症。要问他的葫芦是如何得到的，那就要从下面的故事说起了。

铁拐李为了早日得道成仙，每天打坐悟道，日复一日，年复一年。皇天不负有心人，终于有一天，他的灵魂能够离开躯体飞到天上去，这使他激动万分。可由于道行尚浅，灵魂离开躯体的时间不能太长，所以过一会儿他的灵魂就得回到他原来打坐的山洞里。出乎意料的是，就在他的灵魂刚刚飞天的那一段时间里，他的躯体竟然被一只猛虎吃掉了，灵魂无所依附的他，这下可成了一个孤魂野鬼了。

正当铁拐李伤心难过之际，一位仙人飘然而至。他来到铁拐李面前对他说："上天看你悟道心诚，又不幸遭此一劫，特派我下凡来助你成仙。现在山脚下有一个刚刚死了的瘸乞丐，你就借他的尸体还魂吧。这里还有一个天帝赐予你的宝葫芦，里面装的是济世良药，可以祛瘟除病，你就用这件法宝造福苍生，也为自己积德吧。这是上天对你的眷顾，希望你能够早日得道成仙。"说完就慢慢消失了。

恰巧当时天灾不断，瘟疫遍地，百姓惨遭病痛的折磨，铁拐李就用这个宝葫芦里装的药救济众生。说也神奇，那宝葫芦里的药的确厉害，真可谓"药到病除"。因此，铁拐李很快就名扬千里之外，方圆的百姓都来找他看病，每天病人络绎不绝。这引起了城里那些医生的嫉妒，他们觉得是铁拐李抢

了他们的生意，断了他们的生财之道，就想把铁拐李撵走。当他们看到人们竞相传颂的神医原来是一个瘸了腿的乞丐时，便幸灾乐祸地讥笑道："大家都说你是位很了不起的神医啊！怎么连自己的瘸腿病都医治不好呢？我们看你不过是个欺世盗名之徒罢了，哪有资格称神医呢？"

铁拐李知道这几个人是专门来找碴的，听到他们的挑衅之词，哈哈一笑回答道："我这灵丹妙药，乃是仙家所炼，只因我贪心，想健骨长筋，就偷偷地多吃了两颗，不想因为药力过强，我的一条腿就越长越长，这条腿长了那条腿自然就短了，没办法就成了今天这个样子。所以我这不是病。你们这几个连别人是否有病都看不出来，也敢妄称医生吗？最多也不过是个庸医罢了。"在场的人听了这一席话，纷纷笑得前仰后合，那一群本打算捉弄铁拐李的人也就灰溜溜地离开了。

其实那天人们对铁拐李所说的话也是半信半疑，至于他那宝葫芦里到底卖的是什么药，也就无人知晓了。所以人们就根据这件趣事编成了歇后语"铁拐李的葫芦——不知卖的是什么药"。

◎ 拓展阅读

苍蝇耍灯草——死中作乐；死快活 ／ 错把洋芋当天麻——不知好歹；好歹不分 ／ 烧焦了的米饭——凑合着吃 ／ 飞了鸭子打了蛋——两落空；两头空 ／ 半天云里做衣服——高才（裁）

据《尹文子·大道上》的记载，从前魏国有一位老农，有一天他在自己家的田里犁地，忽然看到老牛停下来不走了。这位老农感到非常奇怪，还以为是老牛在偷懒，不想干活了，于是就拿起鞭子狠狠地朝牛身上抽去。老牛痛得嗥叫了两声，又开始拼命地拉，可不知为什么就是不见犁耙前进。这下老农可被弄糊涂了，他不知道到底出了什么事，就跑到犁耙前头开始扒土，想看一看是否有什么东西绊住了。这一扒，果然发现了一块脸盆大小的石头。

老农费力地将这块石头抱上地面，定睛一看：只见这块石头洁白无瑕，晶莹剔透，看上去赏心悦目。但老农不知道这到底是个什么石头，所以就跑回家叫来左邻右舍一起观看。人们围着这块大石头议论纷纷。过了一会儿，一位做生意的邻居开口说道："我看此物不祥，肯定是一块怪石，谁要是拥有它，就一定会招来灾难，最后弄得家破人亡。我看不如把它扔得远远的，以免带来祸患。"这位商人以前曾到过许多地方，也算是阅历丰富，见多识广，所以大家听了他的话都觉得有道理，纷纷点头称是。可那位老农见石头光洁美丽，实在是非常喜欢，舍不得将它扔掉，就等大家离开之后，壮着胆子悄悄地把这块怪石抱了回家。

说也奇怪，白天还没出现什么异常情况，可是到了晚上，那块怪石却在漆黑的夜里发出璀璨的光来，将整个院子照得如同白昼一般。老农半夜下床解手时，发现院子里光彩夺目，顿时吓了一大跳。他忽然又想起白天邻居所说的话，更加确认这就是一块怪石，心里非常害怕，觉得再留着这块石头真会招来灾祸，所以就连夜抱着石头，跑出家门，将怪石丢到荒郊野外去了。

可老农哪里想得到，这块被他丢弃的怪石实际上是块罕见的宝玉啊！他的商人邻居其实早就看出来了，只不过想将这块宝玉占为己有，所以才故意编了一大堆谎话来吓唬老农。这个贪婪的商人自从见了宝玉后，一直在暗中观察着这位老农的动静。他见老农果然上了当，将宝玉当作怪石丢了，就兴奋地把宝石搬回了自己的家。第二天一大早，商人就将宝石献给了魏王。

魏王得了这块宝石后，就让玉匠前来鉴定。玉匠围着宝石看了半天，忽然倒头叩拜说："大王，您真是洪福齐天啊，能得到这块稀世珍宝！这可是一块千年罕见、价值连城的宝石，就算卖掉五座城池，也仅仅只能够看这宝石一眼啊！"魏王听后，不由大喜。不但赐给了那个献玉的商人一个不小的官职，还赏赐了他很多金银珠宝。当然，这一切好处都没有那个老农的份，只因为他太不识货了啊！

◎ **拓展阅读**

打电报买车票——急上加急 ／ 半天云里骑仙鹤——远走高飞 ／ 肥狗咬主人——忘恩负义 ／ 苍蝇碰玻璃——看到光明无前途 ／ 烧屋赶老鼠——不上算

这则歇后语出自于《西游记》，讲的是火云洞红孩儿的故事。

红孩儿是牛魔王和铁扇公主的孩子，他会用三昧真火，所以就仗着这一点在火云洞为王。唐僧师徒去西天取经经过这里时，他就把唐僧抓了，要吃唐僧肉。孙悟空和他交战，却被红孩儿用三昧真火烧得够呛，想来想去，没有办法，孙悟空只好去请观音菩萨帮忙。

观音菩萨知道了这件事，就和孙悟空一起来到火云洞，然后吩咐孙悟空上前叫阵，把红孩儿引出来，然后再收服他。孙悟空就来到了洞口，大声地叫骂，红孩儿见又是他，就得意洋洋地出来和孙悟空打斗，两人打着打着，不知不觉孙悟空就把他引到了观音菩萨的跟前，孙悟空一闪身，赶紧藏在了观音的神光影里。

红孩儿定睛一看，见是观音菩萨，但是他仗着自己有三昧真火，所以还是不把观音菩萨放在眼里，气焰很嚣张。他大声地叫喊着："你是猴子请来的救兵吧？"连叫了好几声，菩萨都不说话，红孩儿急了，拿起自己的长枪就向菩萨刺去。菩萨化作一道金光，撇下了莲花宝座升到了半空中。红孩儿看了，以为自己胜了，就跳上菩萨的莲花座，来回的摆弄姿势。正当他得意时，只听见菩萨说了一声"起！"只见莲花宝座的四周突然长出了一把把的尖刀，直向他刺过来，红孩儿吓得赶紧求饶。菩萨这才念了咒语，解除了机关，并把他收作"善财童子"。

谁知红孩儿见尖刀一退，马上就又拿起长枪刺向菩萨。菩萨见他本性难改，就拿出了金箍儿往红孩儿扔去，并念起了咒语，金箍就分别锁住了红孩儿的脖子和手脚，并且越来越紧了，红孩儿挣扎了半天也没有挣脱，这才知道了菩萨的厉害，只好低头下拜了。

这则歇后语就是从这个故事来的，比喻有些人自以为是，却不知天外有天，人外有人，告诫人们要有自知之明，不要狂妄自大。

◎ **拓展阅读**

半天云里飘气球——高高在上；没着落 / 打了盘子对碗沿——不对碴 / 肥脚螃蟹——大家（夹） / 苍蝇落在蜜盆里——沾上了 / 晒裂的葫芦——开窍了

驮盐驴子过河——想轻松

本则歇后语来自一个寓言故事。

从前有一个作坊主，他养了一头小毛驴，平常就让这头驴子给他拉磨驮东西，干些杂活。有一次，这个作坊主在市场上买完盐后，就将两大口袋的盐放在那头驴子的身上，然后带着它往家走，也许是两大口袋盐的确太重了，小毛驴走得又累又渴。

在回去的途中要经过一条大河，这头小毛驴禁不住干渴，趁主人不注意就悄悄地跑到河边大口喝起水来。清凉甘甜的河水流到小毛驴的肚子里，它顿时觉得浑身舒服，一路的疲劳也消失了一大半，于是它忍不住又往河里多走了几步，想让清凉的河水浸浸热乎乎的身子，也好让自己凉快凉快。当小驴子从河里再次走向岸边的时候，它明显地觉得背上的东西轻了许多，脚步也快了，心里不由得暗自高兴。同时，它还得出了这样一个结论：驮东西的时候，如果能到河水里浸一浸，不但可以喝水解渴，还可以减轻疲劳，连背上货物的重量都会减轻许多。这头小毛驴哪里知道，它感觉到背上的货物轻了，是因为盐被河水一浸，许多都溶解到水里去了。

过了几天，作坊主带着这头小毛驴又到市场买东西，这次他要买的是生石灰。由于他多年来一直忙着做生意，没有时间修缮作坊，如今那作坊已经显得破旧不堪，一下雨就漏个不停。这次，他想趁着空闲买点生石灰回去重新将作坊修缮一下，买完生石灰后，作坊主仍旧让那头小毛驴驮着往回走。

当来到那条熟悉的大河边时，小驴子想起了上次驮盐的经验来，心中非常激动，它想：终于又可以轻松轻松了。所以它依旧像上次那样趁主人不注意，悄悄地跑到河边喝了点水，然后就往河里多走了几步，在水中浸了好一会儿，才慢慢掉头向岸边走去。它原想经河水这么一浸，背上货物的重量就会像上次那样减轻许多，然后它又能像上次那样轻轻松松地回家了。

可谁知道生石灰跟盐大不一样，它遇到水之后就生起热来，烫得小毛驴乱蹦乱跳，"嗷嗷"地叫个不停。作坊主听到叫喊声，回过头一看，发现了小驴子的所作所为，并且马上明白了上次买的盐减少的原因。他生气地冲着小毛驴开口骂道："你这个偷懒的家伙，这真是自讨苦吃！谁叫你自作聪明呢，活该受罪！"

这则歇后语告诉我们：事情并不是一成不变的，要知道变通，不要用固定的经验来套用所有的事情，不然的话，最后一定会遭到挫折，尝到失败的滋味。

◎ 品画鉴宝　秋山高隐图·明·陈裸

◎ 拓展阅读

拨浪鼓——两面光 ／ 苍蝇会蜘蛛——自投罗网 ／ 拿着凤凰当鸡卖——贵贱不分 ／ 肥猪跑进屠户家——送上门的肉；找死 ／ 蒜瓣子顶门——头头多

W 篇

王宝钏爱上叫花子——有远见

本则歇后语源于一个唐朝典故。

相传，丞相王允一共生了三个女儿，个个长得花容月貌，人见人爱，分别取名为：金钏、银钏和宝钏。前两个女儿早已婚配，而这个三女儿因为要照料常年生病的母亲，所以自己的终身大事便被耽误了下来。后来，皇上知道了这件事，深为她的孝心所感动，就赐她两件宝衣："日月龙凤袄"和"山河地理裙"。皇后娘娘也赐给她五色绒线，叫她绣成彩球，并下旨王家于二月二日，在十字街前高搭彩楼，抛球招婿。

这年冬天特别冷，大雪一连下了好几天，好不容易等到放晴，王宝钏便在丫鬟的陪伴下来到后花园观雪赏梅。她刚来到花园的门口，却吃惊地发现一个叫花子饿晕在雪地里。宝钏是个热心而善良的姑娘，她看到有人晕倒在雪地上，就慌忙让丫鬟端来一碗热汤，亲自喂他喝了下去。不久，叫花子渐渐醒来，向宝钏讲述了他的遭遇。

原来，这叫花子名叫薛平贵，由于父母双亡，家境贫寒，所以被迫流亡在外。然而，他本人熟读兵书，武艺超群，听说苏龙元帅（王允的大女婿）在招

○品画鉴宝 美女图·明

募兵将，他便不远千里，一路乞讨过来投军。怎奈天寒地冻，再加上他连日来奔波劳累，又没吃过一顿热饭，所以晕倒在了地上。王宝钏看薛平贵虽然现在穷困潦倒，如同叫花子一般，但是他志向远大，谈吐不凡，又彬彬有礼，因此便对他一见钟情，不仅主动和薛平贵私订婚姻，而且在二月二日抛球招婿之时，故意将彩球抛给了他。

事后，王允得知王宝钏竟招了一个叫花子为夫，心里十分恼火。他坚决反对宝钏和薛平贵的婚事，还自作主张要将宝钏嫁予新科状元。王宝钏坚决不从，指责父亲嫌贫爱富、不守信义。王允一怒之下，命王宝钏脱下皇上御赐的宝衣，要将她赶出家门。王宝钏没有屈服，她断然脱下宝衣，与父亲断绝了父女关系，很快和薛平贵成了婚。

婚后不久，薛平贵离家投军，新婚夫妇被迫分开。这时候，王允又千方百计地逼女儿改嫁，但是王宝钏对薛平贵忠贞不渝，始终在家本分地等待丈夫归来。一晃好几年过去了，薛平贵终于衣锦还乡，夫妻俩得以重聚，从此过上了幸福美满的生活。

于是，后人便根据这个故事编成了歇后语"王宝钏爱上叫花子——有远见"，用来喻指看人看事目光都不要太短浅，应该从内在的本质和长远的发展来观察，这样才称得上有眼光，有远见。

◎ 拓展阅读

肥猪上屠场——挨刀的货 ╱ 苍蝇跟屎壳郎做朋友——臭味相投 ╱ 判官的女儿——鬼丫头 ╱ 蒜地捣葱——离不了辣味

王恭坐草垫——别无长物

本则歇后语出自于《世说新语》。

东晋时期，有个叫王恭的人，他出生于士族之家，父亲王蕴是东晋王朝的"光禄大夫"。

有一次，王恭陪父亲到会稽（即今浙江绍兴）去游玩，回到都城建康（今南京）时，正巧碰上一个同家族的叔叔王忱来拜访。王恭在游会稽时买了一张十分精美的新竹席，所以就拿出来坐了。王忱一见竹席，心里非常喜欢，于是就对王恭说道："你的竹席一定是从会稽买回来的吧？看起来又精致又华美，果然是名不虚传的会稽特产啊。我想你这次去会稽游玩，一定买了不少好东西回来，不如就把这张小小的竹席送给我吧！"

王恭见自己的叔叔那么喜欢竹席，也不好推辞，就很大方地把自己坐的那张新竹席送给了王忱，然后自己又重新铺了以前那张旧草垫。王忱回到家后，听说王恭其实就从会稽买了这么一张竹席回来，但因为自己喜欢，所以忍痛割爱，将席子送给了自己，因此感到很不好意思，就连忙又赶回王恭家去道歉。王恭笑着对他说道："不过是张席子嘛，有什么要紧的？既然您这么喜欢它，就不必跟我客气了，我送给您，您就收下吧！您对我还是不太了解啊，其实我这个人，平生无长物。"

"长物"，意思是指多余的东西；"别无长物"，就是说没有什么多余的东西。王恭说自己"平生无长物"，暗指自己身边一般都没有什么多余的东西，就像会稽的竹席一样，他就只买了那么一张，现在送给王忱了，自己也就没有了，所以只好用以前的旧草垫。

在东晋王朝，王家是当时的四大士族之一，地位显赫，非常富贵，王恭却低调地说自己"平生无长物"，只不过是为了显示自己身为士大夫的清高罢了。

后来人们从这个故事中提炼出了歇后语"王恭坐草垫——别无长物"，多用来形容某人非常贫困或者是生活很简朴。

◎ 拓展阅读

拔了萝卜——窟窿在 / 坟头打拳——吓鬼 / 蒜头疙瘩戴冷帽——装大头鬼 / 打花脸照镜子——自己吓唬自己 / 苍蝇飞进牛眼里——自讨麻烦；自找麻烦

本则歇后语来源于宋朝梁山绿林好汉的传说，是《水浒传》里的一个故事。

王伦是一个落第的秀才，没有什么大本事，后来召集了一部分人落草为寇，在梁山建立了自己的山寨，自己成了山寨的首领。但是他这个人心地狭小，妒贤嫉能，对来投奔梁山的人，凡是武艺高强的，他都要故意刁难，不想收留他们。

豹子头林冲是东京八十万禁军的教头，武艺高强，但是却被高俅陷害，刺配到了沧州。后来，高俅又派人来害他，林冲忍无可忍，杀死了高俅的心腹，遭到官府的四处通缉的他，无处安身，无奈之际，只好在柴进的引荐下上了梁山。王伦在落难的时候，曾受到过柴进的恩德，所以对柴进的请求他也不敢加以推托，只好勉强答应了。林冲习得一身好武艺，所以进山寨之后就坐上了山寨的第四把交椅，但是王伦害怕他的本事太大，自己的地位受到威胁，所以并不想让林冲在梁山久留。

一天，他安排酒宴款待林冲，并叫人拿出五十两银子和两匹丝绸，虚情假意地对林冲说："教头武艺高强，我们这种小山寨兵少粮少，恐怕容不下您，希望您收下这些薄礼，还是趁早远走高飞，寻找自己的大好前途去吧！"山寨中的其他一些兄弟都觉得林冲为人正直，武艺又好，都舍不得他走，因此纷纷要求留下林冲。王伦见诸兄弟都这么喜欢林冲，不好意思直接拒绝，就为难林冲，要他下山去，三天之内杀一个人或者抢一担财物来做"投名状"，这样才能入伙。谁知道林冲办事很利落，不仅抢来了一担财物，而且还引来了好汉杨志，不得以，王伦只好留下了林冲。

后来，晁盖、吴用、公孙胜、刘唐及阮氏三兄弟都投奔了梁山。王伦一听说他们七人智取生辰纲的事迹，不禁又心怀鬼胎，怕他们在山寨中盖过了自己的风头，就故技重施，想拿些钱财出来打发他们走。林冲看他心胸狭窄，一点也不能容人，没有一点英雄好汉的味道，实在忍无可忍，一气之下便杀死了王伦，与众兄弟一起推晁盖作了新寨主。

从此，人们便用这则歇后语来形容某人度量狭小、嫉贤妒能、心胸不开阔，具有贬义。

◎ 拓展阅读

苍蝇飞进花园里——装疯(蜂) / 粉球滚芝麻——多少沾点 / 打着手电筒走夜路——前途光明 / 拔了萝卜栽上葱　一茬比一茬辣 / 收了白菜种韭菜——清(青)白传家

王伦当梁山寨主——安不得人

267

王母娘娘摆蟠桃宴——聚精会神

这是神话小说《西游记》里的故事。

王母娘娘要在瑶池举办蟠桃宴，宴请天上的各路神仙，就命令七仙女到蟠桃园去摘桃子。蟠桃园是孙悟空看管着的，当红衣仙女、青衣仙女、素衣仙女、皂衣仙女、紫衣仙女、黄衣仙女和绿衣仙女七个姐妹手提篮子来到蟠桃园时，却找不见孙悟空，于是她们就先摘起桃来。可是园子里大的桃子都被孙悟空偷吃得差不多了，剩下的都是些又小又青的桃子，七仙女无奈也只好尽量摘一些好一点的桃子回去复命。

她们一棵树挨着一棵树地寻找，先在前面的几排树上摘了两篮，接着又到中间的树上摘了一些，挑来挑去也不见有什么好桃子，大家都很奇怪，不知道为什么今年的桃子都这么小。正在这时候，忽然她们中的一个指着一棵树高兴地大叫起来，大家顺着她的手指一看，只见树枝上有一个又大又红的桃子，大家高兴极了，就过来想把这个桃子摘掉，谁知道刚碰到，那个桃子就不见了。

原来这个桃子是孙悟空变的，他本来睡得正熟，忽然被惊醒，所以很不高兴。他变回原形，从树上跳下来，厉声喝道："你们是什么人？竟然如此大胆，来偷摘蟠桃！"七仙女连忙解释道："大圣息怒，王母娘娘要举行蟠桃盛会，我们姐妹七人是奉王母娘娘的命令前来摘蟠桃的，但却不知道什么原因，今年的桃子都这么小，我们找了半天也没找到几个大的桃子，忽然看见树上有一个大桃子，就来摘了，不知道是大圣变化的，打扰了大圣睡觉，还请大圣不要动怒。"

孙悟空一听有蟠桃盛会，高兴极了，就问道："王母娘娘举办蟠桃宴，不知道都请了哪些客人啊？"七仙女就回答道："这个蟠桃宴所邀请的客人都是以前的习俗规定好的：西天的佛老、菩萨、圣僧、罗汉，南方的南极观音，东方的崇思圣帝、十洲三岛仙翁，北方的北极玄灵，中央黄极黄角大仙，另外还有五斗星君，上八洞三清、四帝、太乙天仙等人，中八洞玉皇、九垒、海岳神仙，下八洞幽冥教主、注世地仙。"

因为王母娘娘大摆蟠桃宴宴请的全是神仙里面的精英，所以就叫做"聚精会神"了。

◎ 拓展阅读

穿草鞋戴礼帽——土洋结合 ／ 拔了毛的凤凰——不如鸡 ／ 苍蝇飞到牛胯上——抱粗腿 ／ 坟头上捅杆子——搅死人 ／ 收鸡毛的挑刺——找毛病来

本则歇后语出自于唐朝诗人李白《送贺宾客归越》一诗，诗中援引了一段关于王羲之"书换白鹅"的故事。

王羲之是晋朝人，他是我国历史上很有名气的大书法家。他所写的字，笔势开放俊朗，结构严谨，给人一种"漂若浮云，矫若惊龙"的感觉。在当时，他的字就已经获得世人的推崇，被人们纷纷临摹，有钱的人还出高价购买珍藏。

会稽郡山阴地方（今浙江绍兴）有一位道士，他非常倾慕王羲之的书法，因此曾多次登门拜访王羲之，希望王羲之能帮他抄写一本《道德经》。然而，王羲之却担心道士是贪图钱财之人，害怕他也像其他许多人一样先用谎话骗到自己的字，然后又拿着自己的字去卖钱，所以就一直没有答应他。一个偶然的机会，这位道士在路上听说王羲之特别喜欢鹅，尤其喜欢观赏白鹅戏水的情景，于是他心中便有了主意。他专门买来一大群白鹅，将它们养得羽毛光洁，十分可爱，然后又小心翼翼地把它们放养在王羲之经常乘舟游玩的河谷间。

这一天，王羲之像往常一样，乘船来到经常游玩的河谷间领略山水风情，却意外地发现河谷间多了一群美丽的白鹅。看着这群白鹅在河谷间自由自在地游戏着，姿态轻盈，看上去优美而高贵，王羲之一下子就着了迷，他呆呆地看着，久久不愿离去。过了一会儿，他干脆叫船夫停船靠岸，径直来到岸边静静地观看白鹅戏水的美姿。他越看越喜欢，越看越入迷，竟然从中领悟出了不少书法技巧：他从白鹅划水的姿势悟出了执笔要像鹅头那样昂扬微曲，运笔要像鹅的两掌一样齐力拨水，才能使全身神力都贯注在笔端，这样才能写出更好的字来，不知不觉中消磨了许多时光。

船夫见天色已晚，又见王羲之观赏白鹅戏水的情景，丝毫没有回去的打算，就走上前向他建议道："天色已晚，我们也该回去了，既然您如此喜欢这些白鹅，不如干脆将它们买下来吧？"王羲之一听，觉得船夫的主意实在不错，他向周围的人一打听才知道，原来这群白鹅是一位道士所养。因此，王羲之便迫不及待地来到道士所居住的地方，向道士说出了自己想购买那群白鹅的心愿。

道士听王羲之说明来意后，心中暗暗高兴，知道自己养鹅的目的就要实现了。于是，他诚恳地对王羲之说道："我养的鹅是不能用金钱来购买的，如果您真心喜欢它们，就请您帮我抄写一本《道德经》，以此作为交换的条件吧。"王羲之一听，可以用自己的字换得白鹅，马上同意了。当即他就挥笔抄写《道德经》一本赠与道士，然后兴致勃勃地把那群白鹅带走了。

从这则歇后语可以看出王羲之十分喜欢鹅，并从全神贯注地看鹅戏水中领悟出了不少书法的精妙技巧。同时，也说明了王羲之在欣赏鹅的过程中不知不觉地消磨和花费了不少的时间和光阴。

○ 品画鉴宝

羲之观鹅图·清·虚颐

图中的王羲之立于桥上，侧身背手，凝神静观，体现了魏晋文人的风雅。画面设色艳丽明朗，笔简而意繁。

◎ 拓展阅读

拔了毛的鸽子——飞不了 / 苍蝇叮菩萨——看错人头 / 窗户上走人——门外汉 /

坟头上耍大刀——吓死人 / 说书人剃板——且听下回分解

亡羊补牢——为时不晚

这则歇后语来自于《战国策》，讲的是战国时代的一个故事。

战国时期，秦国逐渐强大起来，野心也随之大增。而楚国的襄王却仍然沉迷于酒色，不理政事，导致楚国政治腐败、军备废弛，国家处在内忧外患之中。

眼看强大的秦国步步进逼，大有吞并楚国的企图，而昏庸的楚襄王却信赖奸臣，置国家的兴衰存亡于不顾，只知道寻欢作乐。一天，有位叫庄辛的大臣大胆地向楚襄王进谏道："州侯、夏侯、鄢陵君和寿陵君这些人，既然深得大王的恩宠，就应该积极地辅佐大王处理国家政事，为大王分忧解难，以报达大王知遇之恩。但是他们却用甜言蜜语蛊惑大王，使大王您沉迷于奢侈淫乐之中，对国家政事不管不问，这样下去，我们的国家就一定会面临亡国的危险，还请大王以江山社稷为重，早日励精图治啊！"

谁知楚襄王听完庄辛的话后，不但没有意识到国家面临的危急局势，反省自己从前的过失，反而对庄辛破口大骂道："我看你实在是老糊涂了，竟敢在我面前说出如此险恶的话来，你是想蛊惑人心吗？"庄辛见楚襄王丝毫没有悔改之意，觉得楚国离灭亡之日实在是不远了。但作为楚国的大臣，他实在不忍心亲眼目睹自己的国家被别国所灭，更不忍心看到楚国百姓遭受亡国之苦，但楚襄王现在根本听不进他的忠告，他也无可奈何。因此，庄辛就找了个借口，辞掉官职，离开楚国来到了赵国。

果然不出庄辛所料，在他走后仅仅五个多月，秦国就向楚国发动战争，并在很短的时间内就一举攻破了楚国国都以及其他许多重要的地方。楚襄王仓皇出逃，颠沛流离，这才突然想起了庄辛曾经对他的忠告，他感到非常后悔，于是就连忙差人去赵国寻找庄辛。

见到庄辛后，楚襄王悔恨万分地对庄辛说道："以前我没有听进去你的忠言，反而斥责你，现在却成了亡国之君，把百姓和自己弄到这个地步，我现在是多么后悔啊！可是又该怎么办呢？"庄辛看到楚襄王痛心疾首的模样，实在于心不忍，便真诚地对他说道："亡羊补牢，为时不晚。只要大王您能从这次大的劫难中汲取教训，从此后励精图治，我们就一定能够重整旗鼓，打败秦国，使我们的国家逐渐强大起来。"

后来人们就根据这个故事改编成歇后语"亡羊补牢——为时不晚"，告诫人们知错就改还不算晚。

◎ 拓展阅读

坟里埋砒霜——阴毒 / 船老大敬神——为何(河) / 苍蝇
叮鸡蛋——无孔不入 / 拔了塞子不消水——死心眼 / 寺
里起火——妙(庙)哉(灾)

王佐断臂——留一手

○ 品画鉴宝　绿釉狮形枕·金

本则歇后语是根据《说岳全传》中的故事改编而成的。

南宋时期，金国元帅金兀术率兵大举进犯中原，南宋军队节节败退。在金国的军队中，有个叫陆文龙的人，他是金兀术收的义子，此人武艺高强，勇冠三军。岳飞率领的岳家军同他对阵了几次，都没能获胜，岳飞为此心急如焚。

岳飞的部将王佐是个机智而又细心的人，他派人仔细地调查了陆文龙的身世后，对岳飞建议道："岳元帅，那个陆文龙其实是我朝大将陆登夫妇的儿子，在年幼时便被金军掳走。因为聪明伶俐，很有天赋，所以深得金兀术的喜爱，便将他收为义子，又教他武艺。只要我们能说服陆文龙归降，不仅可使金兀术少了一员猛将，而我们这边也可以增加一个好帮手，这样一来，打败金人就指日可待了。"岳飞听了王佐的建议后，觉得他的主意很不错。为了取信金兀术，迫不得已之下，岳飞只好忍痛默许王佐断掉自己的右臂，实施苦肉计。

王佐断臂后来到金兀术的军营，对金兀术说："我知道岳家军根本就不是您的对手，就劝岳飞向您投降，不想却激怒了他。岳飞不仅断去了我的一只手臂，还要我来金营传话，说他不久就能将您生擒活捉，还会杀到黄龙府，踏平金国。如果我要是再敢对他说投降之类的话，就立刻砍掉我的另外一只手臂。"说完，他还痛骂了岳飞几句。

金兀术听他这么一说，又见他果真断了一条手臂，便信以为

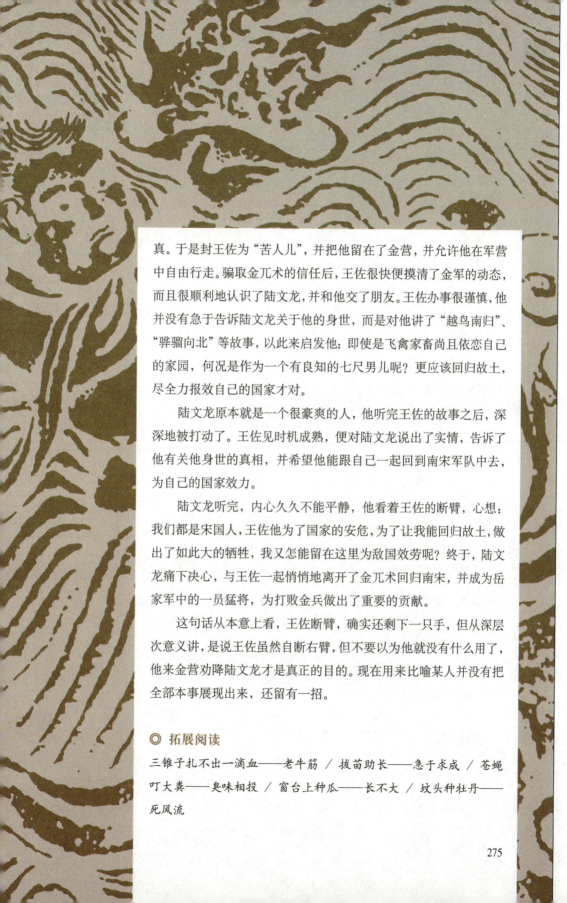

真。于是封王佐为"苦人儿"，并把他留在了金营，并允许他在军营中自由行走。骗取金兀术的信任后，王佐很快便摸清了金军的动态，而且很顺利地认识了陆文龙，并和他交了朋友。王佐办事很谨慎，他并没有急于告诉陆文龙关于他的身世，而是对他讲了"越鸟南归"、"骅骝向北"等故事，以此来启发他：即使是飞禽家畜尚且依恋自己的家园，何况是作为一个有良知的七尺男儿呢？更应该回归故土，尽全力报效自己的国家才对。

陆文龙原本就是一个很豪爽的人，他听完王佐的故事之后，深深地被打动了。王佐见时机成熟，便对陆文龙说出了实情，告诉了他有关他身世的真相，并希望他能跟自己一起回到南宋军队中去，为自己的国家效力。

陆文龙听完，内心久久不能平静，他看着王佐的断臂，心想：我们都是宋国人，王佐他为了国家的安危，为了让我能回归故土，做出了如此大的牺牲，我又怎能留在这里为敌国效劳呢？终于，陆文龙痛下决心，与王佐一起悄悄地离开了金兀术回归南宋，并成为岳家军中的一员猛将，为打败金兵做出了重要的贡献。

这句话从本意上看，王佐断臂，确实还剩下一只手，但从深层次意义讲，是说王佐虽然自断右臂，但不要以为他就没有什么用了，他来金营劝降陆文龙才是真正的目的。现在用来比喻某人并没有把全部本事展现出来，还留有一招。

◎ **拓展阅读**

三锥子扎不出一滴血——老牛筋 / 拔苗助长——急于求成 / 苍蝇叮大粪——臭味相投 / 窗台上种瓜——长不大 / 坟头种牡丹——死风流

闻太师回朝——脸上贴金

相传，在我国商朝帝乙时期，太师闻仲有一次在征战胜利后班师回朝。大王帝乙回想自建国以来，闻仲太师南征北战，屡立奇功，为国家的建立和巩固做出了那么多的贡献，真可以算得上是劳苦功高，功德无量。因此，大王在朝堂之上向文武百官感慨道："闻太师为国东征西讨，战功赫赫，当脸上贴金。"

众位大臣听了，无不连连称是，心服口服。但在大臣中，有个叫本禄的人，他一向自以为是，目中无人。听了大王称赞闻仲太师的话，心想：你闻太师虽然在外面征战多年，也立过不少功劳，但我也在朝中一直尽心尽力地辅佐大王处理政事，即使没有功劳也有苦劳啊！为什么你今天受到大王和各大臣的称赞和尊捧，而我却得不到大家的重视呢？这也太不公平了吧！

回到家后，本禄一直感到非常的不满。本禄手下有一个谋士，名叫武炳，他极其擅长察言观色，溜须拍马。他看出了本禄的不快后，便讨好他说："大人，您勤勤恳恳为国操劳，这么多年来为大王和百姓做了多少好事啊？功劳决不在闻仲之下，早就应该往脸上贴金了！不如我们自己拿一些金子出来，派人把它们打成金箔，等明天早上闻太师回朝时，大人您脸上也贴贴金，想必大王也是可以体谅的。"本禄听他这么一说，不禁心花怒放，于是就急忙吩咐他去准备金箔。

第二天一大早，本禄就早早起了床，用了很长时间才在脸上贴满了金箔，然后跟着大王和其他文武官员一起，来到城门外迎接闻太师回朝。远远看去，只见闻太师身骑黑麒麟，手抱太师铜，红光满面，就好像是脸上贴了金一样。

等闻太师下马，拜完大王帝乙后，大王握着闻太师的手，高兴地说道："爱卿赤胆忠心，面如赤金，这才是真正'脸上贴金'啊！"大臣们一听，才真正明白了大王的意思。他们见本禄真的在脸上贴满了金箔，都对着他掩口而笑，搞得本禄羞愧难当，于是他马上撕了金箔躲到人群的后面去了。

后来，用这则歇后语来形容某人气度非凡，面如贴金，或形容此人功绩突出，立下了很大功劳，做出了很大的贡献，很值得人们称赞。

◎ 拓展阅读

粉板上写字——不久长；难长久 / 跛脚驴子追兔子——赶不上；撵不上 / 船头办酒席——难铺开 / 苍蝇掉在酱缸里——糊糊涂涂；糊里糊涂 / 三年不漱口——一张臭嘴

这则歇后语源于我国的一个民间故事。

相传，在我国古代的西河地区住着一个很古怪的青年，名叫吴刚。他从小就跟周围的人大不一样，他既不下地干活，也不读书学习，只是一心向道，希望有朝一日能得道成仙。

有一天，天上的神仙太上老君来人间游玩，无意之中发现了吴刚，被他一心向道的诚心所打动，便收他为徒，并将他安排到月宫中进行修炼。

月宫深处建有一座广寒宫，里面住着一位名叫嫦娥的仙女。嫦娥长得清丽脱俗，异常美丽，尤其是当她在轻歌曼舞时，更是散发出一种常人难以抗拒的巨大魅力。吴刚是凡人出身，尚未修炼成功，所以心中常常俗念不断，特别容易受到外界的干扰和诱惑，每当他在月宫中修炼时，一听到嫦娥那轻柔美妙的歌声就会不由自主地走神，然后又情不自禁地跑去广寒宫去欣赏嫦娥优美绝伦的舞姿。

日子就这样一天一天地过去了。半年后，太上老君按例来月宫检查吴刚修行的进展情况，却发现他根本没有多大的进步，经过仔细观察才发现：原来是吴刚凡心不定，修炼时常常走神所导致的。于是，太上老君告诫吴刚道："当初我一片好心带你上天修行，就是看你心诚向道，希望你以后真能修成正果，没想到半年过去了，你的道行并没有多大进展。如果像你现在这样下去，经不住外界的诱惑，不能全神贯注地修炼，恐怕修炼再长的时间，你都没有办法修成正果。"

吴刚听了师父的教诲，愧疚地低头回答说："弟子知错了！我以前曾反省过自己的错误，也曾下决心改正，但总是感到心有余而力不足，希望师父能够帮助弟子……"太上老君看吴刚的确有悔改之意，心想跟他总算是有师徒之缘，也希望他能早日修成正果，于是便想出一条妙计来帮助他。太上老君对吴刚说道："广寒宫外面有一棵桂花树，现在你就拿着这把斧子去砍树，倘若有一日你把它

砍倒了，那么就表示你真的已经去除凡心，再无杂念了，那样的话，也就离你修成正果的日子不远了。"

吴刚听完师父的话，急忙拿起斧子跑去砍树。但他哪里知道那棵桂花树是一棵神树，有自己愈合伤口的能力，每当吴刚砍下一道口子，还没有来得及砍下第二道，那口子就自己合上了。所以，吴刚只能不停地砍了又砍，再也没有空闲时间去欣赏嫦娥的歌舞。

现在，我们用这句话来形容事情的琐碎和繁多，做完一件还有一件，让人根本没有休息的时间。

◎ 拓展阅读

春天的柳树枝——落地生根 / 三伏天穿皮袄——不是时候 / 粉搽到屁股上——不顾脸面；顾不得脸面 / 半夜起来穿衣服——为时过早 / 苍蝇的世界观——哪里臭往哪里钻

○ 品画鉴宝　嫦娥执桂图·明·唐寅

本则歇后语来自民间流传的"武松打虎"的故事。

武松是一名壮士,力气很大,而且武艺高强,他在外面当差,很多年都没有回过自己的家了,因此,县衙特地给他一个月的时间,让他回家探亲。武松连日长途跋涉,终于来到了离家不远处的景阳冈,只要越过这座山,离家的路程也就不远了。

景阳冈的前面有家酒店,酒旗迎风飘荡,上面写着"三碗不过冈"。武松看了看那个酒旗,不知道什么意思,也不管三七二十一,跨进酒店,一坐下来就大声嚷嚷着要酒喝。店家给他打了三碗酒就再也不给了,武松很生气,店家解释说酒的后劲很大,怕他酒劲上来走不了路。武松却不管那些,还是一口气连喝了十五碗,这才心满意足地对老板说道:"你家的酒确实不错,我才喝了十五碗就不行了。"店家一听,笑着说道:"这位兄弟,你已经很厉害了,在我家喝过酒的人从来都喝不过三碗就醉倒了,你可真是好酒量啊!"武松哈哈大笑,付完钱,提起哨棒就往山上走。

这时,店家急急忙忙地拉住他,紧张地说道:"这位兄弟,你现在可不能上山!天色已经晚了,景阳冈上有恶虎,官府已经贴了告示,说绝对不能一个人只身上山的,更何况你现在又喝了那么多酒!"武松挥挥手,认为店家是想让他住店才这样撒谎,毫不在意地上山去了。店家无可奈何地摇摇头,心想:"这位年轻人肯定是喝得太多了,连这样的话都不听,到时候遇见了老虎看他怎么办。"然后只好自己回去了。

天色已经渐渐晚了,武松走着走着,酒劲也开始慢慢地上来了,他敞开上衣,找到一块光滑平坦的石板躺了下来。正睡得迷迷糊糊的时候,他忽然感觉到有一阵狂风袭来,只听"噗"的一声从乱林后面跳出了一只大老虎,武松猛地被惊醒,他赶紧抓起哨棒,一个翻身闪到了石板后面。老虎紧紧地盯着武松,仿佛一顿美味可口的晚餐就在面前。武松这才知道原来真的有老虎,他也吓得满头是汗。双方对峙了一会儿,老虎径直就扑了上来,武松一闪,躲了过去……

几招下来,老虎始终没有抓住武松。当老虎再次调转身子想要再扑武松时,说时迟那时快,武松赶紧抢起哨棒,用尽全身的力气朝老虎的头狠狠地打了过去。没想到的是,他用劲太大,哨棒被断成了两截。

老虎见老抓不住武松,本来就很气恼,现在又见武松没了武器,气焰更强盛了,于是它又扑了上来。武松没有办法,只好迎了上去,赤手空拳地一阵猛打猛踢。他抱住老虎的身子,骑在老虎的头上,拼命地用拳头打老虎的脑袋,直到老虎开始七窍流血,瘫在了地上。武松见老虎动弹不得,这才松了一口气,回身捡过断了的哨棒，精疲力尽的下山去了。山下的人知道武松打死了老虎，都说他为当地百姓除了一害，武松从此也声名远扬了。

后来，若有什么人武艺高强，又胆大过人，人们就常用"武松打虎——艺高胆大"这则歇后语来形容，表示对他的钦佩和赞赏。

◎ **拓展阅读**

跛脚马上战场——有死无活 ／ 苍蝇的肚子——有屁（蛆） ／ 春天的蜜蜂——闲不住 ／ 粉刷的乌鸦——白不久 ／ 三月里扇扇子——满面春风

本则歇后语来自《东周列国志》中的一个小故事。

公元前6世纪，当时楚国的国君楚平王被奸人所迷惑，决心要废掉太子建，但他担心太子建的老师伍奢不满，因此就决定先设计除掉伍奢及他的两个儿子——伍尚和伍子胥。

楚平王派人招来伍奢，先跟他说了自己要换太子的想法。一切都在意料之中，伍奢极力反对。于是，楚平王怒气冲冲地把他关进了监狱，并逼迫他写信叫自己的儿子伍尚和伍子胥进宫，企图斩草除根。慈爱而仁孝的伍尚接到信后，马上进宫见楚平王，很快就跟父亲一道被楚平王处死了。

万幸的是，太子建见自己的老师伍奢被关押，马上意识到事态危急，就连忙带着自己的儿子公子胜连夜逃离了楚国，来到了宋国。后来，机智勇敢的伍子胥也巧妙地摆脱了楚平王的追杀，辗转逃到宋国，找到了太子建和公子胜。这时，宋国开始了内乱，伍子胥只好带着太子建父子离开宋国，来到了郑国。但是当时郑国国力弱小，无力对抗楚国，于是他们三人又来到了晋国。

楚国和晋国都是大国，向来有仇，所以晋国国君表示愿意帮太子建灭楚。但是过了一段时间，伍子胥看出了晋国国君的心思，他答应帮助太子建取代楚平王，但最终还是要灭掉楚国。伍子胥和太子建父子就准备逃走，这件事被晋国的国君知道了，他就派人杀掉了太子建。事情突然转变，伍子胥在不得已之下，只好又带着公子胜逃离了晋国，准备去投奔楚国的宿敌吴国。

伍子胥不仅遭到楚国的通缉，同时还得躲避晋国的追拿，他带着公子胜一路躲躲藏藏，好不容易来到了楚国边境昭关，这是吴楚两国交界的重要关口，来往的百姓都要受到极其细致的检查。伍子胥看到城墙上到处粘贴着他的画像，守卫城门的士兵又检查得十分认真，不由得焦急万分，一夜之间，竟然愁得头发全都白了。幸运的是，伍子胥遇见了一位名叫东皋公的人，他曾经听说过伍子胥一家人的遭遇，深为他们感到不平。于是他就主动把伍子胥和公子胜接到自己家中，积极地为他们出谋划策。

这时，东皋公突然想起自己的一个朋友长得与伍子胥很相似，便叫朋友化装成伍子胥的模样假装过关。果然守卫城门的士兵一见到这位假装过关的伍子胥纷纷上前来抓，城门口顿时一片混乱。真正的伍子胥就带着公子胜趁乱过关，守门的士兵见他头发花白，和年轻的伍子胥判若两人，所以也就没有对他起疑心，伍子胥就这样顺利地逃到了吴国。

后来，人们便根据这个故事改编成歇后语"伍子胥过昭关—— 一夜愁白了头"，比喻事态危急，让人极度发愁。

伍子胥过昭关——一夜愁白了头

◎ 拓展阅读

三两银子放账——稀（息）少 / 吹糖人的改行——不想做人 / 苍蝇打哈欠——没好气 / 跛子拔萝卜——歪扯 / 风吹落叶——一扫光

春秋时期，晋献公灭掉了虞国之后，听说虞国大夫百里奚是个很有才能的人，就想重用他。但因为虞国是被晋国所灭，所以百里奚死活不愿在晋国当官。晋献公无奈，就把百里奚作为陪嫁的奴仆送到了秦国。

秦穆公完婚之后，按照名目清点陪嫁奴仆的人数，才发现少了百里奚这个人，一打听，才知道百里奚在半路上趁人不注意逃跑了。谁知他刚跑到楚国，就被当作奸细抓了起来，后来又被流放到南海去牧马。秦穆公早就听说百里奚是个很难得的人才，觉得自己少了他的辅佐非常可惜，很想见见百里奚，然后再委以重任。于是，他便对大臣公孙枝说："百里奚是个难得的人才，我很想重用他。我现在想派人到楚国去，用重金把他换回来，你觉得怎么样呢？"

公孙枝急忙劝阻他说："大王

有所不知，这个百里奚被楚国俘虏后并没有受到重视，楚成王根本没有看出他是个旷世奇才，认为他不过是个平庸无能的人，所以才会让他到南海地区去牧马。如果大王您兴师动众地用重金去换百里奚，那么楚成王肯定就会知道百里奚是个非常了不起的人了。那样的话，他肯定也就舍不得让我们把百里奚带走，这样一来，大王您的计划就要落空了。按照现在的规矩，五张羊皮就足以换得一个奴隶，百里奚现在既然是一个逃跑的奴隶，我们不如就用五张羊皮去把他赎回来。这样，楚成王也就不会产生怀疑了。"秦穆公一听，点头笑道："你果真是个很机灵的人！这个主意实在不错，那你就照这样办吧。"

于是，公孙枝奉秦穆公之命，拿着五张羊皮来到楚国。见到楚成王之后，公孙枝就说："我们有个名叫百里奚的奴隶，偷偷跑到贵国来了。我们国君想把他赎回去好好惩罚一顿，也好给其他的奴隶一个警告，让他们不敢再逃走，希望大王您能够成全。"楚成王一听，根本就没把这当回事，认为百里奚不过是个一般的奴隶罢了，就没有起任何疑心。更何况，秦国当时已经日益强大，楚成王也不愿为了一个奴隶而回绝秦穆公的请求，于是就派人到南海将百里奚带回，交给公孙枝带回了秦国。

等百里奚到了秦国之后，马上便得到了秦穆公的重用，被封为大臣，而百里奚也为秦国的发展和壮大做出了极其重要的贡献。楚成王后来听说了百里奚在秦国的作为，心中十分后悔，但也没有办法了。

◎ **拓展阅读**

木匠带枷——自作自受 ／ 苍蝇包网子——好大的脸皮 ／ 跛子踩高跷——早晚有他的好看 ／ 风吹云朵——飘浮不定 ／ 三伏天的电扇——忙得团团转

○ 品画鉴宝　洛神赋图·东晋·顾恺之

○品画鉴宝　山水图·清·王鉴　图中重峦叠嶂，树木苍郁，白云、清泉环绕山间林丛，体现出一幅幽雅的景象。构图疏密结合，繁中有简，设色清润，笔致松动，不乏清俊淡雅之趣。

X篇

蟋蟀斗公鸡——各有一技之长

本则歇后语出自于一个寓言故事。

蟋蟀大王因为出远门参加了一项比赛，因此，有好长一段时间没有回家，等从外面回来一看，吓了一大跳：蟋蟀王国已经惨遭破坏，宫殿被毁，自己的子民也死伤惨重，好像遭遇了什么很大的劫难。

蟋蟀大王吃惊地看着眼前的这一切，不知道他走的这段日子里，蟋蟀王国到底出了什么事。这时，恰好有一只黑头蟋蟀从旁经过，蟋蟀大王就急忙问道："我们王国到底出了什么事？为什么被破坏得如此惨重呢？"黑头蟋蟀一见它们的国王回来了，眼里含着泪，委屈地回答道："大王，您有所不知，自从您走了以后，不知从哪里来了一只大公鸡，它在我们的领地上胡作非为，肆意破坏，还吃掉了我们好多的兄弟呢！"蟋蟀大王痛心地问道："仅仅是一只公鸡啊，怎么就能在我们王国肆意妄为呢？我们有那么多兄弟，反而受制于一只势单力薄的公鸡，难道你们就没有起来抵抗吗？"

在旁边的另外一只金翅小蟋蟀听到蟋蟀大王的问话，伤心地回答说："不是的，大王，那只大公鸡可不是一般的公鸡啊！它长得很强悍，站起来比泰山还要高，它的嘴和脚比钢铁还要硬，头上的鸡冠比火还要红。我们抵抗了许多次，可是完全不是它的对手。"说着说着，这只小蟋蟀就伤心地掉下眼泪来。蟋蟀大王听完，顿时气得火冒三丈，忍无可忍。它转过头对黑头蟋蟀说道："马上去召集

○品画鉴宝　春山秀色图·清·高伊

大伙过来，我就不信我们这么多神勇的蟋蟀，居然会战不过一只公鸡。只要我们能像以前一样齐心协力，勇敢地战斗，大声地歌唱，就一定能打败那只可恶的公鸡。我们现在坚决不能灰心丧气，更不能长他人志气，灭自己威风！"

在蟋蟀大王的号召下，蟋蟀们又纷纷聚集在了蟋蟀大王的身边。蟋蟀大王将所有的蟋蟀分成四队，让它们分别到大公鸡附近的几个地方藏了起来。

这一天，正当大公鸡得意洋洋地歌唱之时，蟋蟀大王一声令下，其中的一支蟋蟀队伍开始朝大公鸡唱起歌来："公鸡死了去喂鱼！"大公鸡一听，顿时大怒，但是闻声跑过去，却找不到一只蟋蟀。同时，另外一边的蟋蟀队伍也开始唱起来："气得公鸡眼发绿！"公鸡更加气急败坏，又匆忙跑到这边来，但还是没有发现一只蟋蟀的影子。"捉住公鸡剥了皮"，"公鸡是个强盗鸡……"

蟋蟀们的歌声从四面八方传了过来，公鸡东奔西跑可就是不见蟋蟀的影子，反而累得头昏眼花，气喘吁吁。这时，公鸡突然听见头顶上传来一声："大笨鸡，我在这里呢！有本事你来抓我呀！"这一下子，可把公鸡惹火了，它发疯似的漫无目标一阵乱咬乱抓。蟋蟀大王趁机照着公鸡的鸡冠狠狠咬下去，顿时公鸡的头上血流成柱。其他的蟋蟀见此情景，也都扑了上来，对着公鸡一阵乱咬，很快就制服了那只长期以来在蟋蟀王国肆意横行的大公鸡。

这则歇后语告诉我们：遇到困难，不要气馁，每个人都有自己的优点和缺点，要学会发现和运用自己的优点去战胜敌人。

◎ 拓展阅读

大白天打劫——明目张胆 ／ 绊倒趴在粪池边——离死(屎)不远 ／ 风吹麦苗——一边倒 ／ 蚕肚子——私(丝)心 ／ 三伏天喝凉茶——正是时候

瞎子摸象——各说各有理

本则歇后语是根据印度佛经中的一个故事改编而成的。

很久很久以前，在今天的印度地区有一个小国。一天，它的邻国派使者给国王送来了一只大象，以结友好。那位使者领着大象，声势浩大地向王宫走去，沿途的人们因为以前都没有见过大象，心中十分好奇，他们在路边一边看，一边吵吵嚷嚷地议论个不停。

这时恰好有几个盲人结伴从旁经过，他们听到路人的议论，也感到非常好奇，很想知道大象到底长什么样子。于是，他们就尾随着邻国的使者一起来到了王宫，并请求国王满足他们的心愿，告诉他们关于大象的有关情况。国王听完他们的请求，觉得很有意思，便对他们说道："现在大象就站在你们的面前，可是你们却看不到。这样吧，我允许你们上前亲手摸一摸大象，自己去感觉一下大象的真实面貌，然后把你们认为的大象的外貌告诉我，如果有哪一个说得最接近，我会重重地赏赐他。"

盲人们听了，都感到非常的兴奋，他们涌上前去，迫不及待地摸起自己跟前的大象。但是，由于大象长得实在是太高大了，所以，每个盲人都不能摸到大象身体的全部。过了一会儿，摸到大象腿的盲人对国王说："大象长得像一根柱子，又圆又粗"。他的话音刚落，摸到大象尾巴的盲人就焦急地纠正说："不对，不对，大象长得像一条绳子，又长又细的，怎么会像一根又圆又粗的柱子呢。"接着摸到大象肚子的盲人说："你们说的都不对，大象长得像一堵墙，又高又大。"而摸到大象耳朵的盲人却十分肯定地说："大象长得像一个簸箕，圆圆的有点凹。"那个摸到大象的鼻子的盲人也急切地说："大象长得像一根水管，卷卷的有点中空。"

盲人们各说各的，而且都认为自己说的最正确，所以互不相让，争吵不休。国王听完他们的答案，哈哈大笑起来，并对他们说道："你们说得虽然都有点道理，但那只是大象身体的一部分啊，你们都没能形容出大象的全貌来。"

后来，人们常常用这则歇后语来比喻某人做事只看部分，不注重整体，说的道理只是部分正确，但是并不充分、不全面，就像盲人摸象一样。

◎ 拓展阅读

膀子一甩——不干了 / 蚕宝宝牵蜘蛛——私（丝）连私（丝） / 大虫打哈哈——笑面虎 / 丰收年景的粮囤子——冒尖 / 三九天谈心——冷言冷语

项庄舞剑——意在沛公

○ 汉高祖像　汉高祖即刘邦，汉朝的开国皇帝。秦末趁天下大乱之机率众起义，称『沛公』。后率先攻入咸阳，灭了秦朝，又在与项羽的『楚汉之争』中以弱胜强，最终做了皇帝。

　　秦朝末年，皇帝昏庸残暴，民不聊生，农民起义此起彼伏，国家政局一片混乱。当时，西楚霸王项羽拥兵四十万，割据一方，势力非常强大。而刘邦还只是一个小小的汉王，只有十万兵马，力量很弱小，和实力强大的项羽相比，实在是天壤之别。然而刘邦却是一个很有远大志向的人，他用各种手段笼络了一大批人才辅佐自己，势力因此慢慢扩大。

　　范增是项羽身边的一位重要谋士。有一天，他上谏项羽说："目前刘邦的势力虽然还很弱小，但他网罗了一批英雄豪杰，其实力也是不可低估的。日后，他必定成为我们统一天下、建功立业的心腹大患。所以，我建议大王当机立断，趁刘邦现在羽翼尚未丰满之时及时将他除掉，以免后患。"项羽听范增说完，觉得言之有理，就点头称是。于是，范增便开始着手设计除掉刘邦的计谋。

　　刘邦听说项羽有意要灭掉他的势力，心里很着急，但因他和项羽力量相差实在很大，正面冲突根本没有取胜的机会，所以他决定亲自上门去向项羽请罪，以打消项羽对自己的猜忌。刘邦的重要谋士张良是个十分机敏聪慧的人，他看刘邦要去项羽的军中谢罪，便精心为他挑选了一百多精锐骑兵随同前往，以保护刘邦的安全。

291

楚之霸王

刘邦一行人浩浩荡荡地来到了项羽驻扎的鸿门，准备当面向项羽谢罪。范增对项羽说："刘邦带了一百多个人前来谢罪，大王也不便生起事端。既然如此，我们就干脆设宴款待刘邦，等在席中饮酒时，我们再找机会除掉此人。"项羽点头答应。

鸿门大宴上，项羽不断地仔细观察着刘邦，他见刘邦态度诚恳，彬彬有礼，对自己更是毕恭毕敬，心里十分得意，觉得范增对刘邦的顾虑实在是多余，便迟迟没有下令对刘邦动手。在一旁作陪的范增不禁心急如焚，他一再地给项羽丢眼色，并且三次举起身上佩戴的玉玦作暗示，请项羽赶快下决心杀掉刘邦。然而项羽默不作声，既不表示同意，也不表示反对。无奈，范增只好找个借口出去，把项羽的堂兄项庄找来，说道："现在时间已经不早，大王却迟迟不肯动手杀刘邦，一旦错过这个大好时机，以后再想动手恐怕就很难了。那么，刘邦势必会成为大王争夺天下的最强大的对手。所以，我想请您出面杀死刘邦，这样一来，大王今后一统天下也就容易多了。"接着，范增便对项庄低低耳语了几句，安排了计策。

过了没多久，项庄进入晚宴的大厅，他对项羽说道："大王，沛公（刘邦）今日前来乃是我们的贵客，就让我为大家舞剑助助酒兴吧！"项羽听完，点头称好。而机智的张良一听，心中马上明白了范增的计谋，知道项庄要借舞剑的机会，要动手杀掉刘邦。

当然，后来范增的这一计策终究没能成功，但人们却根据这个故事编成了歇后语"项庄舞剑——意在沛公"用来形容某人别有用心，要小心提防。

◎ 拓展阅读

风吹灯草——心不定 / 大虫头，长虫尾——虎头蛇尾 /
蚕宝宝吃桑叶——胃口越来越大 / 半夜敲门心不惊——
问心无愧 / 三个菩萨两炷香——没你的份

292

本则歇后语来自于我国古代传说。

钟馗，字正南，唐朝德宗年间人。相传，他才高八斗、学富五车，是中南山一带很有名气的秀才。但造化弄人，这个满腹经纶的钟馗相貌却极其丑陋，他豹头环眼、黑脸虬须，一副凶狠强悍的样子，完全没有一丝文人的儒雅风范。

这一年，身为秀才的钟馗又进京赶考，希望自己能够一举夺魁，为国效力。他原想，以自己过人的聪明才智和渊博的学识，考取头名状元不过是区区小事。然而，令他失望的是：金榜上的状元却是别人，而他只是考中了一个普通的进士。更加令他感到不平和气愤的是：经过多方打听，他才知道自己没中状元的原因并不是因为自己学识低于其他人或是考场发挥不如别人，而仅仅是因为自己丑陋的相貌所致。

其实，在判卷时，钟馗的文章是非常优秀的，也深得皇上的赏识，排在第一名，状元之位应该非他莫属。但唐德宗不知从哪所说他长得非常丑陋，觉得如果将状元郎的头衔赐给他，似乎有损大唐的国威。再加上其他很浅薄的考官也纷纷上谏，认为作为大唐的状元应该内外双兼，既要有才，又要有貌，即使不要求他长得貌若潘安，但无论如何也不能长得像钟馗那样五大三粗、凶神恶煞的。就这样，才华横溢的钟馗只因外貌丑陋，就被挤了下来。听到这个消息，钟馗很受打击，觉得自己实在是冤屈难申，有苦难诉，一气之下，就撞墙死了。

钟馗死后，因冤屈太大，其阴魂久久不散。等他来到阴曹地府见到阎罗王时，才把一肚子的苦水倒了出来。阎罗王听完，也为钟馗深感不平，觉得阳间的皇帝和官吏实在太不像话了。然而，事已至此，钟馗人已经来到阴曹地府，又不能随便放他还阳。因此，阎罗王就封钟馗为"平鬼大元帅"，并对他说："你才华横溢，在阳间却壮志未酬，既然来到这里，准你任意出入阴阳两界，再赐你一本平鬼录、一把青锋宝剑、一匹追风乌骓马，希望你恪尽职守，荡平人间一切妖魔鬼怪，给人间一个太平盛世"。

自此以后，钟馗就做起了阎罗王的"平鬼大元帅"，他不辞辛苦，兢兢业业地为人间斩妖除魔。

尽管一千多年来，人间不断地改朝换代，江山也数易其主，然而钟馗却始终不忘自己肩上的责任，除尽人间恶鬼无数，使阴阳两界妖魔鬼怪"谈馗色变"。如今，在民间还随处可见钟馗的画像，人们将他的画像粘贴在门上，据说这样可以保全家幸福平安。

所以，后人就用"小鬼遇钟馗——有死无生"来形容某人某物遇到了自己的天敌和克星。

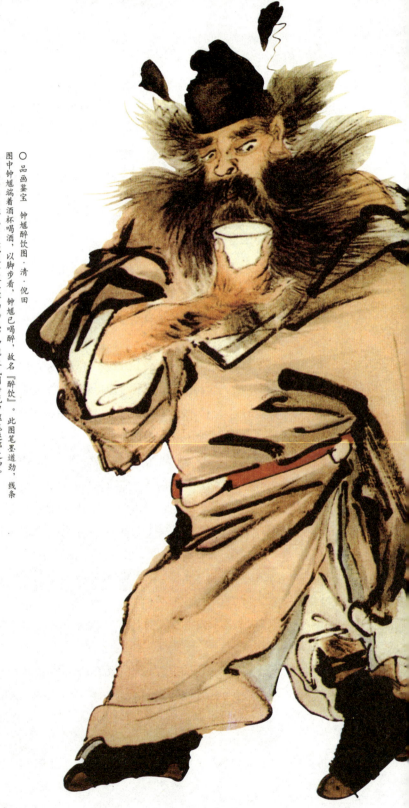

○品画鉴宝　钟馗醉饮图·清·倪田

图中钟馗端着酒杯喝酒，以脚步看，钟馗已喝醉，故名『醉饮』。此图笔墨道劲，线条流畅笔法杂而不乱，更似随手泼墨挥洒而成。钟馗是民间传说中驱鬼逐邪之神。

◎ 拓展阅读

三九天喝姜汤——热心肠／跛子上台——立场不稳／大刀斩小鸡——小题大作／参天的大树——高不可攀／风不摇树不动——事出有因

本则歇后语来源于我国历史上一个著名的故事。

秦朝末年，天下大乱，群雄并起，征战不断。在各路势力的联合打击下，秦朝终于走到了尽头。秦朝灭亡后，在当时的各股势力中，尤以西楚霸王项羽的实力最为强大。然而，项羽是个性情暴躁、有勇无谋的武夫，他目光短浅，对当时全国的形势缺乏正确地了解和判断。在灭秦以后，他竟然大行分封，恢复古制。此外，他还十分固执，刚愎自用，对部下的建议常常充耳不闻，更不重视吸纳有才能的人。与他相比，当时力量相对弱小的汉王刘邦，头脑就要清醒许多，他广泛笼络人才，励精图治，野心勃勃，一心想要雄霸天下，建立起一个统一的大帝国。

韩信是淮阴（今江苏省淮阴县）人，他刚开始在项羽帐下当兵，但长期得不到项羽的重用。他听说刘邦在招贤纳士，就离开项羽，投奔到刘邦门下，希望可以在刘邦这里找到施展自己才华的空间。可是一开始，刘邦在与韩信的接触中，并没有发现韩信有什么过人之处，只是出于礼节接待了他，仅仅给他安排了一个无关紧要的小官让他当。这让韩信大大地失望了，他认为自己就这样留在刘邦手下做事，也没有什么大的前途，于是就在一个夜晚偷偷地逃走了。

刘邦手下有一个名叫萧何的人，此人深谋远虑，见识非凡，是个不可多得的人才，深得刘邦的信赖和器重。他曾经找韩信谈过几次话，发现韩信满腹经纶，眼光独到，对很多事情都有自己独特的认识，是一个十分了不起的将才，正准备找机会向刘邦推荐。萧何听说了韩信逃走的消息，心里非常着急，于是就立即骑上快马，连夜追赶韩信去了。幸亏萧何及时追赶，才在半道上追上了韩信，好言相劝，终于把他拉了回来。

刘邦一连两天不见萧何的影子，误以为他离开了自己，投奔他人去了，立刻像失去了左右手一样，心里急得不知如何是好。后来见萧何回来了，刘邦就责问他："你干什么去了，事先也不和我说一声？"萧何回答说："我去追赶逃走的人，因为来不及，所以没有告诉您。"听萧何说是去追韩信，刘邦很不理解。他满不在乎地说："我手下每天都有十几个人逃走，别人你都不去追，为什么偏偏去追韩信呢？我也没发现他有什么高明之处！"

萧何郑重地回答道："千军易得，一将难求。如果汉王您只想在汉中呆一辈子，那么可以不要韩信，但是如果您想要入主关中，一统天下，韩信就是必备的大将，无人可替代。"刘邦听萧何这么一说，就虚心地接受了他的建议，选了一个吉日很隆重地封韩信为大将。

萧何果然没有看错人，在后来的楚汉战争中，韩信出色的军事才能得到了充分地发挥。他东征西讨，几乎所向无敌，为刘邦争夺天下建立汉王朝立下了汗马

功劳。在这件事情中，萧何凭借自己独到的眼光为刘邦留住了一个非常卓越的人才，于是后人就用"萧何月下追韩信"来形容一个人爱才。

◎ 拓展阅读

三条腿的驴——没多大奔头 / 风吹鸡毛——忽上忽下 / 大肚子罗汉写文章——肚里有货 / 蔡辐迎刘备——好话说尽，坏事做绝 / 把鼻涕往脸上抹——自找难看

本则歇后语是根据我国北宋时期的一个历史故事改编而成的。

相传在北宋真宗年间，北方辽国的势力日益强大，他们屡次侵犯中原，妄图吞并大宋江山。有一次，大辽国兵马大元帅韩延寿亲率大军，再度兴兵进犯密云城，与大宋三关总兵元帅杨六郎在密云城西北面三十里远的一座山上交兵。双方实力相当，久久相持不下。

当时正值三伏天，天气酷热难耐。两方的人马经过长时间的对阵，早已经体力不支，疲惫不堪。由于对当地的地理环境不很熟悉，杨六郎率领的军马被困在山上。辽军眼看再这样硬攻下去，取胜的把握很小，元帅韩延寿便想出了一个狠毒的计策：他悄悄地派人切断了宋军的水源粮道，将杨六郎的兵马死死地围困起来。

果然，计谋一得逞，宋军将士就马上呈现出即将崩溃的趋势。没有粮食，也没有水喝，宋军将士们一个个饥渴难当。特别是因为缺水，大家更是有气无力，无心应战。

看着士兵们个个口干舌燥，无精打采的样子，杨六郎心里十分着急，可也没有办法。他现在唯一能做的就是鼓励将士们忠于职守，尽心尽力地守卫密云城，希望朝廷的救兵能尽快赶到，解脱将士们的困境。

这一天，杨六郎像往常一样骑着爱驹到各处去巡查。他来到山后时，不仅自己渴得嗓子直冒烟，连他心爱的白马也"呼哧呼哧"地喘着粗气。杨六郎一看，跳下马来，十分心疼地抚摸着它，心中无限感慨道："老朋友啊，你多次跟随我出征，转战沙场，出生入死，立下了多少汗马功劳，还多次在危难中救过我的性命。我还没有让你过上一天安稳平静的生活，却又要让你陪我一起苦熬这缺水断粮的日子。现在救兵迟迟不到，难道是天将灭我杨六郎吗？我死不足惜，可眼看众将士身陷绝境，却束手无策，我身为一军统率，对不起大家，对不起你啊！"

杨六郎说着说着，忍不住掉下泪来。马儿似乎真的很通人性，它摇着头，甩甩尾巴，用身体亲密地来回蹭着杨六郎。看着爱驹如此聪明乖巧，又善解人意，杨六郎心里更加难受。

突然，马儿挣脱开杨六郎手里的缰绳，飞快地跑到附近的一块空地上，扬起前蹄，"嗒嗒"地刨起地来。杨六郎不知是怎么回事，吃惊地追了过去。忽然，一股清泉从马蹄下喷涌而出，杨六郎顿时惊喜得目瞪口呆。三军将士得知宝马找到水后，一片欢腾。这时，山下又传来宋军救兵赶到的消息，众将士立刻士气大振。经过一场浴血奋战，杨六郎终于率领将士们突破了辽军的包围，并将韩延寿打得落荒而逃。

战争结束后，杨家军在山上大摆酒宴，以庆祝这来之不易的胜利。席间，众

将士们都觉得穿着盔甲饮酒十分不便，便纷纷将盔甲脱下来挂在山上的松树上，接着开怀痛饮。当时山上正刮着大风，再加上笨重的盔甲，松树被风吹得歪倒了。后来，这座山被人们称为"卸甲山"，所以有了这句歇后语"卸甲山的松树———边歪"。

◎ 拓展阅读

菜籽里的黄豆——数它大 / 三九天的豆腐干——冷冰冰，硬邦邦 / 风车过马路——没辙 / 大风天吃炒面——难开口；口难开；不好开口 / 把肥料浇到莠草上——劳而无功；有劳无功

本则歇后语是根据我国传统戏剧《徐策跑城》改编而成的。

在唐朝时期，以张泰为首的一帮奸臣向皇上大进馋言，陷害薛丁山一家。薛丁山是唐初名将薛仁贵的后人。皇上听信了他们的馋言，竟然下旨将薛家上下老小全部斩首。当时朝廷中有个叫徐策的人，他为人正直，刚正不阿，在听说了薛丁山一家的遭遇后，内心极度的不平。

于是，他上书皇上，希望皇上能看在当年薛家曾为国立下汗马功劳的情面上，收回圣旨，赦免薛家大小的死罪。可是，皇上早就被张泰等人所迷惑，认为薛丁山一家罪不可恕，又怎么可能轻易地改变主意不杀他们呢？所以，他对徐策的请求十分反感，非但没有听进去半句，还将正直的徐策严厉地训斥了一顿。

事已至此，徐策无力回天，然而他实在是不忍心看到薛家世代精忠报国，到头来却反而落得个满门抄斩的下场。于是，他狠下心来，偷梁换柱，暗中悄悄地用自己的幼儿换回了薛家唯一的命脉薛蛟。执行之日，徐策在人群中亲眼看着自己的孩子被施以斩刑，他心如刀割。从此以后，他待薛蛟比自己的孩子还要亲许多，教他读书写字、练功习武，精心抚养他成人。

薛蛟天资聪慧，又勤奋好学，从小到大，在各个方面都表现得非常的优秀。徐策看在眼里，心中甚是欣慰。等到薛蛟长大成人时，徐策已经晋官为宰相。他身居高位，但一直没有忘记要给薛家大小平反，也没有忘记自己自小亡命的孩子。于是，有一天，他找了个机会将薛蛟的身世以及自己用亲生儿子换他出牢的经过，详细地告诉了薛蛟，希望他能为自己的父母和家族尽一份力。

当时，薛蛟的叔叔薛刚占据了青龙山，已经集聚了一股很强大的人马，打算为当年含冤而死的薛家老小报仇雪恨。身为宰相的徐策知道这件事后，就在暗中包庇和保护他们。他希望有一天能亲眼看到薛蛟为自己的父母和家族平冤昭雪，那样自己的孩子也就没有白白地牺牲了。于是，徐策就让薛蛟去青龙山投奔他的叔叔薛刚。

后来，时机终于成熟，薛刚发兵报了仇。徐策听到这个消息，感到非常高兴，他觉得自己多年的心愿就要实现了，就不顾年老体迈，身体虚弱，头昏眼花，亲自登上城楼观望，并答应帮薛刚和薛蛟书写奏本，请求皇上诛杀张泰等恶人，为薛家平反伸冤。

因此，有了"徐策跑城——头昏眼花"这则歇后语。

◎ 拓展阅读

把人赶到墙根下——走投无路 ／ 大风吹翻麦草垛——乱糟糟 ／ 菜园里的羊角葱——越老越辣 ／ 风吹墙头草——两边倒 ／ 三伏天的狗——上气不接下气

本则歇后语来源于我国古代《说唐》一书中的一个故事。

陈朝末年，国君陈叔宝荒淫无道，不理朝政，导致政治腐朽，军备废弛，国库亏空，民不聊生。

当时，有个叫徐德言的青年贵公子娶了乐昌公主为妻，两人情投意合，相敬如宾，恩恩爱爱。徐德言是个很有远见的人，他看到国君昏庸无能，周围的官吏又都不思政事，只图寻欢作乐，知道不久以后，国家就要败亡了。于是，有一天晚上，他十分郑重地对妻子乐昌公主说道："爱妻，我们现在的生活是多么美满幸福啊！但是你也看到了，如今国家政局混乱，百姓怨声载道，我想终有一日会发生可怕的变故。到那个时候，也许我们就再也不能像现在这样过舒适安稳的日子了。而且，也许由于形势逼迫，我们还会分开，再也不能夫唱妇随、双宿双飞了。尽管这只是我的推测，但是不怕一万，就怕万一啊。为此，前几日我特地买了一面独特的铜镜。现在，我把它一分为二，你收藏一半，我保存另一半。倘若有一天，你我夫妇不幸真的失散了，你就让人在正月十五那一天，拿着你那半面铜镜到街上叫卖。如果我有幸还活着的话，看到那半面铜镜，我一定会设法找到你，那样我们就可以再次团聚了。"

过了没多久，果然不出徐德言所料，天下政局大乱，群雄并起，征战不休。徐德言在战乱中不幸和妻子失散，等到战乱刚刚平息，他就立刻赶回京城寻找，然而找了很久都没有妻子的下落。

这时，杨坚已经灭陈，建立了隋朝。开国功臣杨素被封为越国公，并被赐予了许多金银珠宝和大量女妓，乐昌公主也在其中。她和丈夫失散后，也是日夜思念，做梦都想和丈夫重聚。于是，在正月十五这天，她将自己收藏的那半面铜镜交给一位老者，让他到闹市去卖。此时，徐德言正在闹市焦急地寻找妻子，当

他听到有人在高声叫卖铜镜时，就慌忙跑上去看。他从那位叫卖的老者手里接过那半面铜镜，再从自己怀中掏出另外一半，往一块儿一放，果然就是一面镜子。徐德言抚摸着铜镜，心里想着失散的妻子，忍不住潸然泪下。

老者看他对妻子情深义重，也深受感动，就详细地向徐德言告知了乐昌公主的下落。徐德言听完，提笔写下一首诗："镜与人俱去，镜归人不归。无复嫦娥影，空流明月辉。"然后，他把这首诗交给了老者，拜托他带给妻子。

乐昌公主看过老者带回来的诗后，更加思念漂流在外的夫君，整天茶饭不思，精神恍惚。后来，杨素知道了这件事，也被他们夫妇俩的深情所打动，便派人将徐德言请进府中，领乐昌公主回去了。

后来，人们便用"破镜重圆"来形容分散的亲人或朋友在历尽千辛万苦之后终于重新团聚。

◎ **拓展阅读**

风刮尘土——不费吹灰之力／大风吹倒帅字旗——出师不利／菜园里的辘轳——由人摆布；任人摆布／把娃娃当猴耍——愚弄人／三个厨子杀六只鸡——手忙脚乱

本则歇后语出自我国三国时期的一个历史故事。

东汉末年，曹操的势力很大，在扫平了北方袁绍后，他打算继续南下，直接夺取刘表驻守的荆州。但是要夺取荆州，首先就得先攻破新野这个小县城，当时的新野是由刘备驻守的。刘备没有多少人马，但是在军师徐庶的协助下，刘备还是能够牢牢地守住新野。曹操大军经过多次苦战，仍然没有攻破新野城，反而被刘备的人马夺去了很多的粮草。又过了不久，他们又被刘备趁机夺取了守备空虚的樊城。

曹操攻打新野没有成功，反而又被刘备夺取了樊城，得不偿失，心里很是郁闷。他不住地在军营里来回地踱步，对这个结果百思不得其解。

这时，他身边的谋士程昱看出了曹操的心思，就上前说道："主公，其实刘备也没有多少势力，他之所以能顺利的固守新野，夺取樊城，就是因为有人为他出谋划策。我已经派人调查过了，那个人名叫徐庶。他是颍川人，从小就很喜欢学习，也很聪明，成年之后遍访名师，对古今的事情都很通晓，是当世不可多得的奇才啊，也正是有了他的帮助，刘备的实力才增强了不少！"

曹操听完后赶紧问道："徐庶真的有你说得那么厉害么？难道他的才干还在你之上？"程昱笑着回答道："是的，如果徐庶这个人能够为主公所用，我相信他的聪明才智一定能助主公一臂之力，我们的实力也会大大的增强，到时候统一天下也就不难了。"曹操一听，高兴极了，于是迫不及待地问有没有什么良策可以把徐庶挖过来，让他辅佐自己。

程昱想了想，回答道："徐庶从小就没有了父亲，与母亲相依为命，因此他对自己的母亲很孝顺。现在，他自己去辅佐刘备，随刘备在战场上出生入死，想来家中老母一定是无人照看，丞相可以派人把他的母亲接到许昌来，给她好房子住好衣服穿，好好地对待她，然后让她写信给自己的儿子，邀其前来，想必事情就可以办成了……"曹操一听高兴极了，马上派人去办。

曹操设法把徐母接到许昌，谁知道，徐母深明大义，不愿意就范，对曹操也是破口大骂。曹操没有办法，只好让谋士程昱模仿她的笔迹给徐庶写信，就说自己病了，请他赶紧回来。徐庶接到信后，知道自己的母亲在曹操手中，不得已只能答应回去，他告别了刘备，准备北上到曹操那里去。

临行前，徐庶哭着对刘备说："我本想跟随主公驰骋天下，帮助主公建功立业，没有想到曹贼竟然用这种办法逼我就范，我实在是没有办法啊，现在不得已只能告别主公。但是我今后在曹营之中，无论曹操如何待我，我决意终身不为他出一谋、划一策以报答主公知遇之恩啊！"

　　徐庶来到曹营之后，才知道自己上当了，其母也极为生气，认为徐庶不忠，在晚上上吊自杀了。徐庶心灰意冷，虽然一直身处曹营，但是终身都没有为曹操真心实意地打过江山，也从来没有为曹操出过计策。

　　后人就根据这一个故事，编成了"徐庶进曹营———一言不发"。

◎ 拓展阅读

大个子盖小人被——顾头不顾脚 ／ 把妖猜当成菩萨——善恶不分 ／ 风刮帽子扣麻雀——意外收获 ／ 菜园里的苦瓜——越老越红 ／ 三分面粉七分水——十分糊涂

东汉末年，军阀马腾割据凉州，也就是今天的甘肃河西走廊一带，势力很大。后来，北方的曹操崛起之后，就不断地征战，消灭了很多大军阀，在统一北方的过程中，马腾被曹操打败，马腾自己也被杀。马腾的儿子马超是当时有名的大将，武艺超群，在当时鲜有敌手。为了报杀父之仇，马超联合西凉太守韩遂等人起兵共同攻打曹操。由于马超一心报仇，勇猛异常，而且西凉军队一向以勇猛著称，他们气势极盛，在两军交战初期，马、韩军队取得了大胜，曹操出师不利，心中非常忧虑。

随着战争形势的发展，两军形成了对峙的局面。两军之间不断地斗智斗勇，曹操在手下谋士的帮助下，开始渐渐地扭转了屡战屡败的局面，开始稳住阵脚，不像最初那么被动了。在相持了一个阶段后，两军又发兵交战。马超在阵前连斩曹操几员大将，面对马超咄咄逼人的气势，曹操一时竟然不知如何是好。

就在这时，曹操手下的大将许褚自告奋勇地出战了，他拍马迎上前去，与马超大战起来。两人真是棋逢对手，只打得天昏地暗，斗了百余个回合也还是不分胜负。这时二人的马匹都累得不行了，他们二人还是没有休息一下的意思，于是就都回阵换了战马再战。这一打又是百多回合过去，仍然是胜负未分。这下许褚恼火了，心中一着急，回阵脱了战甲，就赤裸着上身，跑过来就要与马超再次决斗。许褚越打越起劲，又过了三十几个回合，马超看准了一个机会，就挥枪向许褚的心窝里捅去，说时迟，那是快，许褚扔下了手中的刀，就用手夹住了马超的长枪。两个人都各自施展神力，一个在马上，一个在地上争夺起枪来了。坚持了一会儿，只听喀嚓一声，马超的枪竟然被折成了两截，两人也不管那么多了，就各持了半截又恶斗起来。

曹操在阵中观战，眼见着许褚并没有必胜的把握，恐怕斗下去许褚会有什么闪失，那就会损失一员心爱的大将，就急忙令夏侯渊、曹洪二人护着许褚退回阵中，马超趁机命部下冲杀出来，曹军大乱，往回就跑，许褚在逃跑的过程中不慎手臂中箭，曹操也损失了不少兵马。曹操看自己没占到什么便宜，就下令鸣金收兵了，往后退了好远才安下营寨。

事后，马超回忆起来，对许褚在战场上那种势如猛虎、奋不顾身的表现也是由衷的佩服。后来，人们就用"许褚战马超——赤膊上阵"来形容为了某事而不顾一切地往前冲的人。

漠漠威名镇九州当年帅帻

果如彪虎只因孟起军前见天

不逆著播冤床 一李道人

◎ 拓展阅读

三尺长的梯子——答（搭）不上言（檐）／靶场上的老黄忠——百发百

中／菜园里的海椒——越老越红／大姑娘拜天地——头一回；头

一遭／拿着豆腐去垫台脚——不顶事

306

本则歇后语源自我国唐朝的一个民间故事。

唐太宗李世民时期，张士贵将军旗下有一员名将，名叫薛仁贵，他武艺超群，作战勇敢，很得张士贵将军的赏识，在军营里也颇有名气。

据说，薛仁贵在参军以前，是个农夫。他家境穷苦，以种田为生。然而，他从小聪明机智，曾拜名师学习武艺，而且志向远大，希望有一天能竭尽所能，为国效力。成年后，他娶了一名温柔贤惠的女子为妻。他的妻子虽是女流之辈，却很有远见，她常常鼓励薛仁贵说，"大丈夫立于世间，一定要有所作为"，并建议他参军入伍，报效国家。薛仁贵听从了妻子的劝告，加入了张士贵将军统领的剿匪队伍。后来，他又加入了唐太宗东征高丽的大军。

公元645年，唐太宗下令征讨高丽，高丽派大将高延寿率军二十万前来应战。在双方的激烈交战中，唐太宗见有一个身穿白色战袍的人表现得十分勇猛，他拿着武器奋不顾身地几度冲进敌方阵营里，来回厮杀，毫无惧色。众将士在他的带动下，士气大为高涨，不久战争便取得了胜利。

事后，唐太宗对这个人仍然印象深刻。他询问身边的侍从："你们知道战场上那个身穿白袍的将领是谁吗？"侍从回答道："陛下，那人名叫薛仁贵，打仗十分勇敢，在军中名气很大。"唐太宗听完侍从的介绍，对薛仁贵更是喜欢，便下令召见他，与他开怀痛饮，畅所欲言，并封他为"游击将军"。等到班师回朝之后，唐太宗又特意提拔薛仁贵为右领军中郎将。后来，唐太宗病逝，他的儿子高宗继位，薛仁贵仍然很受重用。他数次带兵出征，为大唐江山的巩固立下了汗马功劳。

后来人们便根据这个故事编成歇后语"薛仁贵的行头——白袍"，并根据袍的谐音有了"白跑"一说。

◎ **拓展阅读**

白布进染缸——洗不清；洗不净 / 毛驴和牛顶架——豁出脸来干 / 菜篮子装泥鳅——走的走，溜的溜 / 风门上的皮条——来回拽 / 丈二的和尚——摸不着头脑

薛仁贵的行头——白跑（袍）

Y 篇

本则歇后语源自《东周列国志》。

晏子，春秋时齐国大夫，名婴，字平仲。虽然他身材矮小，相貌丑陋，但却博学多才，机敏过人，因此深受齐景公的赏识和重用。有一次，齐景公想要派遣一人出使楚国，经过反复考虑，他认为晏子是最佳人选，便下令让他去。晏子虽然也知道当时楚国比齐国强大，而楚灵王又十分强横，此次出使楚国困难重重，但他还是欣然受命。

果然，刚愎自用、目空一切的楚灵王，听说齐国派了矮小的晏子为使臣出使楚国后，就决定要好好地羞辱他，借此侮辱一下齐国，也好长长楚国的威风。

当晏子的车队到达楚国都城时，楚灵王不但没有按照当时迎接使臣的礼节欢迎晏子，反而极不礼貌地命人紧闭城门，而且还在城门的旁边开了一个小洞。迎客官遵照楚灵王的命令让晏子从这个小洞进入楚国的都城。晏子受到这样的侮辱，心里自然是十分生气，但是他仍然面不改色，只是冷笑着说："这就是楚国的城门吗？如果我出访的是个狗国，那么我就只好从狗洞里进去了，可我如今是出使楚国呀，怎么能从狗洞进去呢？说老实话，我现在还不明白你们楚国到底是不是狗国呢？"迎客官听晏子这么一说，觉得面红耳赤，无言以对，于是就飞快地跑回去告诉了楚灵王。楚灵王无奈，只好命人重新打开城门，用隆重的礼节把晏子迎接进去。

楚灵王在朝上接见了晏子，当着满朝文武百官的面，他想再羞辱一下晏子。于是他傲慢地对晏子说："难道你们齐国没有人了吗？怎么派你来出使楚国呢？"晏子不慌不忙地回答说："我们齐国的都城临淄，人们摩肩接踵，挥袖遮日，甩汗为雨，可谓人才济济，怎么能说我们齐国没有人才呢？只是大王有所不知，在我们齐国有个不成文的规定，"如果要出使一个圣主统治的国家，就一定派遣有贤能的人去，但是如果要出使一个平庸的君王统治的国家，那就会派遣一个平庸的人出使。说句让大王您见笑的话，在齐国，我晏婴是最平庸的人，所以就被派来出使楚国了！"说完，晏子冲着楚灵王谦虚地笑了笑。楚灵王听了十分恼火，他原想羞辱晏子，没想到却被晏子羞辱了。但事到如今，他也无话可说。

为避开这个尴尬的场面，楚灵王只好设宴招待晏子。在宴会上，大家正吃得开心，门前有几个侍卫押着一个犯人路过。楚灵王叫住了他们，问这个人犯了什么罪。侍卫说："禀告大王，这是一个来自齐国的强盗，他在大街上抢劫，被我当场抓获了。"楚灵王听了十分得意，就转过头问晏子："难道你们齐国是强盗之国吗？怎么这么多为非作歹的人呢？"

晏子明白楚王又开始戏弄他了，就站起来严肃地对楚灵王说道："大王，不知您以前有没有听说过'桔生淮南则为桔，桔生淮北则为枳'这句话呢？虽然桔和枳两者表面看起来极为相似，但是尝起来味道可就大不一样了。这是因为各地的水土差别很大的缘故。我们齐国的百姓在齐国从来不做强盗，可是不知道为什么到了楚国就突然变成了强盗呢？难道这是楚国的水土造成的吗？"楚灵王顿时哑口无言。

　　楚灵王几次三番想戏弄晏子都没有得逞，反而被机智的晏子所羞辱。他在心中暗暗佩服起晏子来，甚至十分羡慕齐国有晏子这样的人才。于是对晏子以礼相待，再不敢自讨没趣了。就这样，晏子出色地完成了使命，保全了齐国的尊严。

　　后来人们就根据这个故事，编出了"晏子使楚——不辱使命"这则歇后语。

◎ 拓展阅读

盲人上街——目中无人 / 白菜帮子——中看不中吃；好看不好吃 / 鱼网里的山鸡——有翅难飞 / 扫把赶客——不留情面 / 菜地里少水——蔫啦

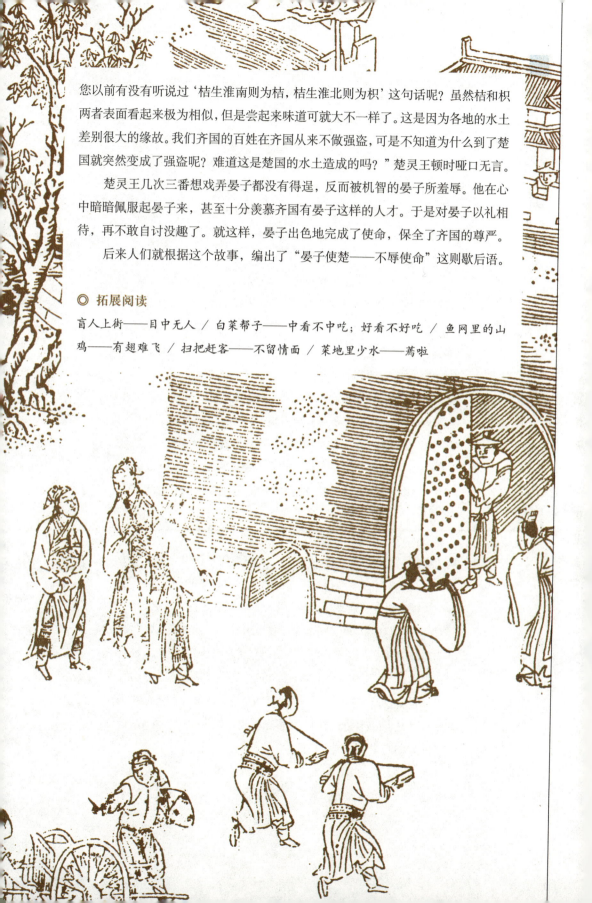

杨家将出征——男女老少齐上阵

杨家将的故事在我国可谓家喻户晓，他们精忠报国、视死如归的精神直到今天还让人们敬佩不已。

北宋年间，北方的辽国逐渐强盛起来，它对宋朝构成了极大的威胁，两国因此交战不断。当时北宋有一个著名的武将世家，后人称为"杨家将"。一家之主杨继业，一共有七个儿子。在宋太宗时，杨继业随皇帝北伐，想要从辽国手中夺回幽云十六州，可惜不慎与长子一起落入辽军的圈套被俘，最后他们拒绝了辽国的各种威逼利诱，绝食而死。

不久之后，杨二郎和杨三郎也都在对辽的战争中先后牺牲。而杨四郎则在对辽的战争中被俘，阴差阳错地被辽太后看中，招为女婿。杨五郎在对辽的战争中，因心里受到谴责，寝食难安，不久便削发为僧，皈依了佛门。杨六郎和杨七郎也同样是在对辽的战争中为国捐躯的。

尽管如此，杨家精忠报国之心丝毫没有减退，虽然后来杨家只剩下一些老幼妇孺，但是只要有机会，他们仍然奋不顾身地为国请命。在后来的辽宋战争中，因为辽兵实在锐不可当，宋军无法抵挡，只能请杨继业的老伴余太君率领一家的妇孺，甚至家丁和仆人出征迎敌。但他们也令辽军闻风丧胆，在战争中取得了很大胜利。

后来，杨六郎之子杨宗保逐渐长大成人，很快成了杨家的一员猛将，他跟随祖母余老太君出征，为捍卫北宋江山立下汗马功劳。他的妻子就是至今仍被人们津津乐道的奇女子——穆桂英。她早年随军出征，后来又担当一军主帅，独当一面，威名远扬。

"穆桂英挂帅"的传奇故事，在中国谁人不知谁人不晓？她的出色表现更是为杨家将增添了不少光彩。我国历史上名将辈出，可是像杨家这样男女老幼人人都能披挂上阵、为国杀敌的武将世家也就仅此一例而已。从此，"杨家将"的故事便渐渐在民间流传开来，人们将他们的艺术形象反复地搬上舞台！可见，杨家将在人们心中的影响实在很大。

后来，人们根据杨家的这一传奇历史，编出了歇后语"杨家将出征——男女老少齐上阵"，来形容某一团体为某事业前仆后继、不断奋斗的精神。

风箱换上鼓风机——一个比一个会吹 ／ 背着八面找九面——没见过世（十）面 ／ 菜刀剃头——与众不同 ／ 白菜地里耍镰刀——散了心 ／ 色盲病人——不分青红皂白

○ 品画鉴宝　仿李公麟洗兵图·明·吴伟

羊角插进篱笆里——伸头容易回头难

本则歇后语是根据一个寓言故事改编的。

一只山羊在篱笆外看到有家院子里长着绿油油的蔬菜，于是就动了偷吃的念头，但是因为它害怕被这家院子的主人发现，就犹豫着不敢上前。这时，一只小猪也看见了院子里长的那些翠绿可口的蔬菜。令山羊吃惊的是，小猪想都没有想就直接穿过篱笆，跳进院子里大口啃起蔬菜来。

看见这一幕，山羊感到非常惊讶，它心里暗暗想道：小猪的胆子可真够大的！我应该像它那样直接进去偷吃算了，干吗非要想这么多呢？看着小猪在院子里面吃得津津有味，山羊羡慕得口水都快流出来了。于是，它也不再犹豫，急急忙忙地将羊头伸进篱笆，想赶快尝尝那鲜美无比的蔬菜。可是，山羊实在很倒霉！它不但没有顺利地吃到蔬菜，反而一不小心被篱笆挂住了两只羊角。

山羊急得"咩咩"地叫起来，可怎么动也挣脱不开篱笆的束缚。万般无奈之下，它只好苦苦哀求小猪说道："小猪老弟，请你快过来帮帮我吧，我的羊角被篱笆卡住了。"小猪慢慢悠悠地将头从蔬菜堆里抬起来，嘴里塞满了蔬菜，它一边嚼着菜，一边含糊不清地对山羊说道："老兄，难道你也想进来偷吃蔬菜吗？"山羊急忙回答道："那是当然了！篱笆内的蔬菜看起来多么鲜嫩啊，一定美味极了，我也很想尝尝。你既然已经吃了那么多了，就帮帮我，让我也进去吃一点吧！"小猪看着山羊，摇摇头，说道："这怎么行呢？院子里的蔬菜就这么一点，我还没吃饱呢，怎么能让你进来吃？"

山羊听小猪这么一说，知道自己今天大概是没法吃到那些蔬菜了。但不管怎样，总不能老让自己的角卡在篱笆上啊！再说，要是不幸被这家的主人发现了，自己连逃命的机会都没有了。于是，它只好低声下气地对小猪说道："那好吧，这些蔬菜我不跟你抢了。但是，无论如何你得帮帮忙，先把我的羊角从篱笆上拿下来，放我出去好不好？"小猪听它说完，又摇了摇头，不慌不忙地回答道："那更不行了，我可得防着你点！我把你放出去，万一你嫉妒我偷吃院子里的蔬菜，跑到蔬菜的主人那儿告我一状，那我就要'吃不了兜着走'了。我可没那么傻，坚决不会上你的当！"小猪说完，又埋下头来大吃起来，根本不再理会山羊"咩咩"的哀叫声。

看着对自己的哀求无动于衷的小猪，山羊真是气急败坏。它后悔自己当初太冲动，没有仔细考虑就将羊头伸进了篱笆来，如今是进退两难。要是被这家院子的主人发现了，还不知道会怎样呢。

这则歇后语告诫人们：做事情不要冲动，要"三思而后行"，不然就会像那只想偷吃蔬菜的山羊一样，"伸头容易回头难"。

○ 品画鉴宝　匡庐秋瀑图·明·吴镇　此图竖长构图，上不留天，下不留地，只截取瀑布周围最险峻的一段。瀑布飞流直下，空谷回响，气势磅礴。

◎ **拓展阅读**

扁豆绕在竹竿上——有靠了／白菜烩豆腐——谁也不沾谁的光／菜刀切藕——片片有眼／大姑娘当媒人——先人后己；／自顾不暇；有嘴讲别人，无嘴说自己／风筝脱了线——扶摇直上；摇摇欲坠／森林里生火——就地取材（柴）

杨志卖刀——无人识货

本则歇后语是根据名著《水浒传》中的一个故事改编的。

北宋末年，宋徽宗统治时期，荒淫无道，为了满足自己的贪欲，官府对百姓巧取豪夺，征敛苛刻。后来，为了修建一座人工的万岁山，宋徽宗不仅征伐了无数的百姓，大兴土木，而且还派出了十个专使作专门的负责人巡游南方，搜刮各种奇花异草、嶙峋怪石，用来装点即将建成的万岁山。

在出巡的专使中，除了杨志之外，其他九个都顺利地完成了任务。杨志他负责押运的花石船在水运的途中遇到了风浪，所有的东西都被风浪打翻了，回到京城之后，宋徽宗知道了很生气，但是念及杨志曾经有过不小的功劳，就没有杀他的头，而将他削官为民，永远不能再入官府做事。

杨志丢了官职之后，也没有别的事情可以谋生，就断了经济来源，没有安身之所，就只好在京城里四处流浪。没过多长时间，自己所有的积蓄就都花完了，除了一把祖传的宝刀之外，杨志真的是一无所有了。无奈之余，杨志心里想：现在我丢了官，身上的钱也花完了，这样下去也不是个办法，不如暂时卖掉宝刀，换回一些碎银子，然后再想别的办法。等自己拿到钱之后，再找个别的地方，想办法用剩下的银子做点小买卖，等挣足钱后，再把宝刀赎回来。

这么想了之后，杨志就找了个草标儿，插在自己那把祖传的宝刀上，到市场上去叫卖。

一个上午过去了，一直到中午吃饭时，也没有人来买他的宝刀。杨志的肚子很饿，但没有钱吃饭，只好垂头丧气地坐在路边。正在这时候，突然听到前面一阵嘈杂，市场上头东西的人们都纷纷的四散逃开，杨志仔细一看，原来是当地的一个名叫牛二的泼皮又在闹事。

牛二在京城里是出了名的无赖，他经常带领一群人在街上惹是生非，横行霸道，大家都不敢招惹他。如果以前遇见这种事情，杨志一定会上前狠狠地教训他一顿，但是现在已经今非昔比了，他想：自己现在连饭都吃不上，还管那么多闲事干什么？于是，杨志就往边上闪，让牛二过去。可是，牛二走过来的时候却故意挡在了他的面前，他眯着眼睛盯着杨志看，然后猛地抓住宝刀，问道："小哥，这刀怎么卖啊？"杨志不想惹事，就低着头，应付地回答道："三千贯。"牛二听了，故意找茬，不可一世地说道："什么破刀？居然敢卖这么贵！"杨志忍着气说："这是我家祖传的宝刀，砍铜削铁，吹毛断发，杀人不沾血，是把名副其实的好刀，所以一定要卖这个价的。"

牛二听了，嘿嘿一笑，一副不以为然的样子，他从兜里拿过一叠铜钱，往地上放了，然后摆整齐，让杨志试试刀。杨志挥起一刀，一叠铜钱立即被削成了两半，周围的人都叫好刀。牛二不屑一顾，又从自己的头上扯下一缕头发，让杨志再表演看看。杨志把头发往刀锋上一放，一口气吹过，头发马上就断成了两截。

牛二见状，心里还是不服，于是，就非要杨志证实一下宝刀"杀人不沾血"是不是真的。杨志忍气吞声地说道："那我们就拿一条狗来试试吧。"牛二哪能这么轻易地放过杨志，他故意刁难杨志说："这怎么行，你刚刚明明说的是'杀人不沾血'，又不是'杀狗不沾血'，要杀人才行。"杨志见牛二不断地挑衅和纠缠，实在忍无可忍，两人争执着。过了一会儿，杨志实在忍不住，一气之下，杀了牛二……

所以，后来人们便用"杨志卖刀——无人识货"比喻没有眼光的人，看不出东西的好坏。

◎ 拓展阅读

耍皮影的手——尽捉弄人 / 蜂糖蒸核桃仁——又甜又香 / 踩着银桥上金桥——越走越亮堂 / 白骨精扮新娘——妖里妖气 / 大姑娘的脊梁——女流之辈（背）

杨五郎削发——半路出家

本则歇后语出自于《杨家将》中的一个故事。

北宋时期，官僚机构膨胀，朝政腐败，国势渐渐开始衰弱，而位于西北部的辽国却强盛起来。辽国屡屡侵犯北宋的边境，骚扰边疆的百姓，大有吞灭北宋，入主中原的猖狂企图。杨令公（即杨继业）是北宋王朝的一位重要武官，他带领一家人多次出生入死，转战沙场，为抗击辽国的侵略，保卫北宋王朝立下了赫赫战功。

这一日，北宋皇帝宋太宗见天气不错就想去太原五台山进香拜佛，于是便让杨令公一起前往，随身保驾。接到皇帝的命令后，杨令公不敢迟疑，带着儿子们随驾来到了太原。太宗皇帝似乎兴致很高，到五台山进香后，紧接着又带领随从去了出州的昊天寺，一直游玩到很晚，这才余兴未尽地归来，在幽州城下榻。到了半夜三更时分，令太宗皇帝和杨令公意想不到的事情发生了，只听到外面军鼓震天，辽国军队的大批人马将幽州城围了个水泄不通。原来辽国不知怎么打听到了宋太宗出游太原的消息，并料到他们一定会落脚幽州城。机会难得，他们于是调集大批人马，埋伏在幽州城下，专等着宋太宗一行人前来。

宋太宗在睡梦中被一阵锣鼓声和冲杀声惊醒，慌忙大喊杨令公护驾。此时，杨令公正带着自己的儿子及手下诸位将士在奋勇杀敌。无奈寡不敌众，再加上辽军这次偷袭是有备而来，布署十分周密，一场激战之后，杨令公一行人抵挡不住，败下阵来。杨令公怕再这样与辽军纠缠下去，会威胁到太宗的安全，于是下令长子、七子与自己一道先护送太宗冲出辽兵的包围，其他各子与诸将士负责掩护他们突围和拖延时间。又是一场激烈的拼杀，在部下的掩护下，杨令公等人终于护驾成功，将太宗安全地送回了都城汴梁。

然而，让杨令公万分悲痛的是，他的二子、三子先后战死，四子身负重伤被辽军擒获。而五子在奋力冲出重围后，又恰好碰上了辽国元帅韩昌，两人苦苦对战了

杨五郎

几十回合，仍然难以分出胜负。杨五郎苦于自己势单力薄，怕再战下去，对自己不利，就想方设法地摆脱韩昌的追缠。二人一前一后，纵马跑到了一片大树林里，杨五郎心中一急突然想起了白天陪皇上拜香的五台山。看离这很近，于是灵机一动，有了主意。他匆忙跳下战马，脱下战袍、头盔，又拔刀割去头发，悄悄混进五台山，做起了和尚。韩昌追过来时，没有想到杨五郎已经变成了"和尚"，到处寻他不着，只好垂头丧气地回去了。杨五郎依靠自己的聪明机智躲过了一劫，保住了性命。

后来，人们用"杨五郎削发——半路出家"来比喻那些并非科班出身，而中途突然改行的人。

◎ **拓展阅读**

白骨精打跟头——鬼把戏 / 踩着石头过河——脚踏实地 / 大姑娘坐花轿——迟早一回；迟早有一次 / 耍猴的碰上敲锣的——对一点了 / 挑着棉花过刺林——走一步，挂一点

319

叶公好龙——口是心非

本则歇后语源自我国一个著名的故事。

相传在很久以前，有个叫叶公的人非常喜欢龙。他家中房子的墙壁上和屋内的家具上，全都画上或者雕上一条条形态各异的龙。他穿的衣服上也绣着龙。家中的装饰品，也全都是龙。连看书，他都看那些与龙有关的书籍，还夜以继日地查找那些有关龙的记载资料，并对这些资料进行仔细地研究和总结，甚至不惜重金收集了很多与龙有关的古书和古画。同时他自己也常常舞文弄墨，写一些有关龙的文章，画各种栩栩如生的龙。他开口谈的是龙，闭口想的还是龙。可以这么说，龙就是他人生的全部乐趣，是他的宝贝。

渐渐地，叶公喜欢龙的嗜好被左邻右舍知道了，随后这一消息被好事者添油加醋地越传越远。远近几百里的人都知道有一个叫叶公的人非常地喜欢龙，并且有很多与龙有关的收藏。大家对此非常感兴趣，不辞劳苦，纷纷来到叶公的家里参观询问，有些好奇的人还忍不住问了叶公很多与龙有关的问题。叶公对这些问题，自然是对答如流。于是，那些来他家里参观询问的人便渐渐夸奖起他来。听到人们的称赞，叶公心里很是得意，好像他一下子成了什么很有声望的名人似的。他非常热心地接待参观者，耐心认真地给大家介绍与龙有关的很多事情，整日忙得不亦乐乎。但是叶公似乎还有一件心事没有了却，心里多少有点遗憾。他常常对那些来访者说："我是多么喜欢龙啊！可是到现在为止，我还没有见过一条真正的龙。要是能见一次，哪怕仅仅只有一次，我就心满意足了。"

后来，叶公喜欢龙的嗜好，连天上的神仙都知道了，他们就跑去告诉了龙王。龙王一听人间竟然有人如此地喜欢自己，心里十分得意。特别是当他知道这个叫叶公的人，生平最大的愿望就是见自己一面，就决定亲自去拜访叶公，满足他的这个心愿。

于是在一个漆黑的晚上，龙王携带着风雨来到了凡间，很容易就找到了叶公的家。当龙王在窗外看到叶公家里到处是自己的图像时，心中更是激动，就迫不及待地把头伸进叶公的窗子里去，想和叶公打个招呼，好给他一个惊喜。没想到叶公一见真正的龙王来了，顿时吓得心惊胆战，魂不附体，掉头就往屋里钻，东躲西藏，不知所措。一边跑还一边大叫救命。龙王看他这样，一下子就明白过来了：原来叶公喜欢龙，只是在嘴上说说，做做样子给别人看看而已，并不是真正地喜欢龙，甚至他还非常害怕龙啊！想到这里，龙王感到非常失望，就无精打采地走了。

这件事情传开后，成为人们茶余饭后的谈资，后来人们用"叶公好龙"来形容那些口是心非的人。

◎ 拓展阅读

大姑娘想婆家——难开口；口难开；不好开口 / 白骨精化美女——人面鬼心 /

疯狗跳墙头——急红了眼；逼的；逼出来的 / 踩着井绳当是蛇——胆小鬼 /

耍把戏的猴子——认人牵着走

殷洪上了太极图——灰飞烟灭

本则歇后语是根据我国古代传说故事改编的。

据《封神演义》记载，商纣王的次子殷洪，为姜皇后所生。自从商纣王的宠妃妲己进宫以来，许多后宫佳丽被她用计杀害，就连贤德的姜皇后也未能幸免。而殷洪与其兄长也眼看就要在妲己的挑唆下被亲生父亲杀害。也是他俩命不该绝，就在被施以斩刑那天，碰巧被赤精子与广成子二仙遇见，二位仙人见他俩十分可怜，就动了恻隐之心，略施法术，将他们救了回来，并且分别收二人为弟子，精心教他们研习武艺。

斗转星移，时光飞逝，转眼之间，两兄弟便长大成人，也学得了一身好武艺。就在这个时候，姜子牙等人正在策划灭商兴周的大事。他们到处寻找奇人异士，结交天下英雄豪杰，来扩充自己的实力，准备一举推翻纣王，救百姓于水火之中。于是，赤精子便吩咐自己的徒弟殷洪下山，去投奔姜子牙，以帮助他早日伐纣成功。

在殷洪下山之前，赤精子怕他发生意外，特地借给他三样宝物，让他随时带在身上，以备不时之需。这三样宝贝分别是：紫绶仙衣，穿上它，不但刀枪不入，还能够抵御水火的侵袭；阴阳镜，它分为两半，一半为红，一半为白，红让人生，白让人死，十分的厉害；还有水火锋，也是随身护体的重要宝物。

殷洪对师父当年冒险救自己性命，还亲自传授自己武艺十分感激，如今又见师父将这么贵重的宝贝借给自己防身，鼻子一酸，扑通一声跪倒地上说："师父的大恩大德，弟子永记在心。我今日下山，定不负师父重托，尽心尽力辅佐姜子牙师叔，如有他意，灰飞烟灭。"说完，给赤精子磕了几个响头，含泪拜别师父，下山去了。

然而，不幸的是，殷洪一下山，就遇到了申公豹。这申公豹是姜子牙的同门师弟，但他和姜子牙大不相同，不但心胸狭隘、嫉妒成性，还特别爱搬弄是非，处处和姜子牙作对。他听说殷洪要去投奔姜子牙，就决定从中破坏。他假惺惺地对殷洪说："你是纣王的儿子呀，怎么能够帮助外人去攻打自己的父亲呢？这会让天下人耻笑的。不如你跟我回去面见大王，帮助他讨伐叛逆的西周，等到大王百年之后，这大好河山不全是你的了吗？"殷洪被他说动了心，完全忘记了当初对师父所发的誓言，投向了纣王这一边。

在战场上，殷洪凭借下山时师父借给他的三样护身宝物，每战必胜，就连师父赤精子也奈何不了他。看到这种状况，赤精子心里暗暗叫苦，后悔当初轻信了殷洪，可事到如今，他也无可奈何。听闻这件事情之后，慈航道人及时送来了太极图。这太极图很是厉害，被它所附的人，心里害怕什么就会出现什么，直至精疲力竭。

两军再交战时，姜子牙悄悄将太极图打开，转眼间，这太极图化为一座金桥。殷洪不知道底细，冒然上了金桥，他刚走进太极图就觉得精神恍惚，感觉像做梦一样。这时候，殷洪忽然看见西周大军向自己冲杀过来，之后他又看见了暴虐的纣王，接着又看见了死去的母亲姜皇后。突然，他想起了下山时对师父所发的誓言，想起自己因贪图荣华富贵而背叛了师父，会不会遭到上天的报应，真的灰飞烟灭啊？他刚想到这，只见太极图轻轻一抖，殷洪瞬间便化成了灰烬。

后人便使用这则歇后语来告诫人们不要背信弃义，要做到言出必行，遵守自己的诺言。

○ 品画鉴宝　瑶池仙庆图·元·张渥

◎ **拓展阅读**

疯狗咬人——叼住不放 / 踩着肩膀撒尿——成心糟踏人 / 大姑娘绣花——细功夫；九曲十八弯 / 白骨精说人话——妖言惑众 / 要饭的起五更——穷忙

依样画葫芦——毫无新意

本则歇后语源自于我国古代的一个历史小故事。

《东轩笔录》上记载，北宋初年，有一个名叫陶谷的人，他是翰林院的学士，自幼便熟读四书五经，对其它书籍也很有研究，学识非常渊博，此外他还写得一手好文章。而且，他从小就很有抱负，深明大义且志向高远，一心想为国家尽自己的一份力量。

这时候，宋太祖赵匡胤刚建立宋朝不久，深谋远虑的他为了使国家得到巩固和发展，稳定民心，改变五代以来重武轻文的局面，开始对文人墨客十分推崇。因此北宋的科举制度和以前比较起来得到了很大的提高和完善，利用科举选拔的人才也比以前增加了很多。通过这项政策，北宋朝廷笼络了一大批的文人。

可是这么一来，虽然读书人中举的几率大大提高了，但是因为中举的人太多，文人在中举之后的竞争也随之更加激烈。如果想要从一大堆中举的文人中脱颖而出的话，那自然就更加的不容易了。很多人虽然经过努力，通过科举考试走上了仕途之路，但是因为中举人较多，而一直不能受到朝廷的重用，只是做一些闲职，胸

○ 宋太祖像　宋太祖即赵匡胤，宋朝的开国皇帝。原为后周的将领，后在陈桥驿被将士拥立为帝。为防止手下将领仿效他拥兵自立称帝，他实行重文抑武的政策。

中的抱负久久难以施展，陶谷就是这群人当中的一个。

面对这种情况，许多人安于现状，得过且过，可是陶谷却和别人不一样。他不甘心任人摆布，希望通过自己积极的努力有朝一日改变现状。要想达到这一目的，最好的办法当然是引起当时的皇帝宋太祖的注意。只要皇帝心里高兴，一道圣旨，就什么难题都会迎刃而解！于是他四处奔波，请其他官吏在宋太祖面前帮忙举荐自己。

可是令陶谷失望的是，尽管别人在宋太祖面前替他说了很多好话，可是宋太祖并没有表现出很大的兴趣，只是淡淡地说："文人写文章不过都是照着前人的样子，略做一些改动罢了，这种依样画葫芦的事儿，普天之下会做的人实在是太多了，没有什么值得夸耀的呢！"旁人听皇上都这么说了，还敢再说些什么呢？这些话后来通过好事者传到了陶谷的耳朵里，陶谷心里自然是很不开心，抱怨几句也是在情理之中。可是他的运气实在不好，没想到抱怨的话又被宋太祖知道了，这样一来，他的处境也就可想而知了。

后来，宋太祖的这番话被人反复的使用，并编成了歇后语"依样画葫芦——毫无新意"，用以形容那些做事缺乏创意，只是知道胡乱模仿的人。

◎ **拓展阅读**

疯姑娘讲笑话——嘻嘻哈哈 ／ 大观园里的闺秀——四体不勤，五谷不分 ／ 白骨精送饭——有野心；没安好心 ／ 踩着高跷过独木桥——艺高人胆大 ／ 要饭的打狗——穷横

优孟扮相国——装得真像

相传在我国春秋时期，楚国有一个大名鼎鼎的艺人，名字叫孟，根据当时人们称呼艺人为"优"的习惯，人们又称他为"优孟"。身为艺人的优孟在当时的社会地位是十分低下的，然而因为他为人非常正直坦率，所以，深得当时楚国国相孙叔敖的赏识和厚爱。

孙叔敖临死之前对他的儿子说道："优孟与我交情深厚，如果在我死后，你不幸遇到了十分难办的事，可以直接去找他。他念及我和他的友情，一定会尽心尽力帮助你的。"儿子听完父亲的临终遗言后，心里很不以为然，他想："父亲实在是太多虑了！他为国家做了那么多的贡献，深得楚王的欢心和重用，就算父亲不幸逝世，楚王也不会对我们家置之不理吧？我们毕竟也是功臣之后啊！他优孟不过是个卑微的艺人，又能帮上我们家什么忙呢？"

孙叔敖果然是很有远见，在他去世后不久，楚王就真的把他和他的一家人忘得干干净净。因为孙叔敖生前为官清廉，几乎没有什么积蓄，所以，在他过世之后，他家人的生活很快就陷入了困境，一家人过着异常清苦的生活，有时一日三餐都没有着落。日子苦得实在是熬不下去了，孙叔敖的儿子这才突然想起了父亲临终时的遗言，便决定向优孟求助。优孟听完孙叔敖儿子的叙述，对他们一家人的苦难深表同情，于是就对孙叔敖儿子说："公子放心！你父亲生前和我是挚友，我不会眼睁睁地看着他的亲人挨饿受苦的。不久以后，你们就会有好日子过了。"

天，宫廷聚会，优孟装扮成孙叔敖的样子，参加了酒会。以前优孟常常和孙叔敖在一起把酒言欢，对孙叔敖的音容相貌、言谈举止，可谓烂熟于心。再加上他演技十分高超，模仿起孙叔敖来，就连孙叔敖的家人也难辨真假，更别说楚王了。果然，在优孟上前向楚王敬酒时，有些醉意的楚王还以为站在自己眼前的就是足智多谋的孙叔敖，于是热情地同他聊了起来。可不一会儿，楚王就想起，国相孙叔敖不是已去逝了么？这时，优孟看出了楚王的心思，于是对楚王说："小人确实并非孙叔敖，之所以如此装扮，是想看看您是否还记得为相多年、一生为楚国做了那么多的贡献、为百姓做了那么多的好事的国相孙叔敖。虽然您心中仍然挂念着他，可是他刚去世不久，自己的亲人却开始为衣食忧虑，这是一件多么让人心寒的事啊！如果孙叔敖相国地下有知，也会死不瞑目的呀！"楚王听完优孟的话，这才恍然大悟，明白了优孟假扮孙叔敖的意图。他认识到了自己的过失，不但没有责怪优孟，还派人赠给孙叔敖的家人许多金银珠宝。从那以后，在楚王的关照下，孙叔敖一家人终于过上了富足的生活。

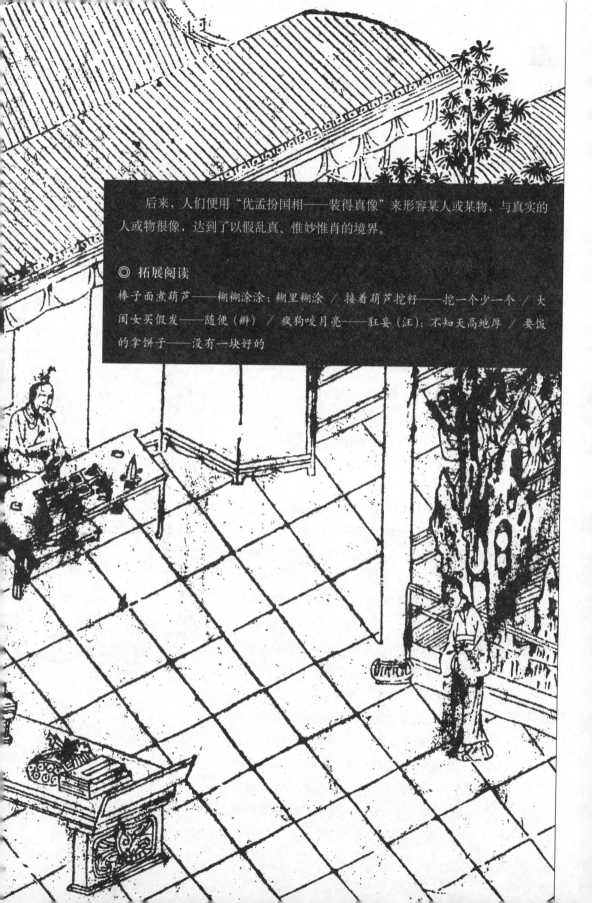

后来，人们便用"优孟扮国相——装得真像"来形容某人或某物，与真实的人或物很像，达到了以假乱真、惟妙惟肖的境界。

◎ 拓展阅读

棒子面煮葫芦——糊糊涂涂；糊里糊涂 ／ 接着葫芦挖籽——挖一个少一个 ／ 大闺女买假发——随便（辫） ／ 疯狗咬月亮——狂妄（汪）；不知天高地厚 ／ 要饭的拿饼子——没有一块好的

鄂國公尉遲敬德

尉遲恭双纳二女——黑白分明

本则歇后语出自于我国古代的一个民间故事。

隋朝末年，秦王李世民手下有一名武艺超群的爱将，名叫尉迟恭。尉迟恭非常擅长使用雌雄两条竹节鞭，再加上他是铁匠出身，力大无比，因此，在战场上，他显得十分威猛，很少遇到对手。他跟随李世民南征北战，建下了赫赫战功。

随着战争形势发展的需要，李世民开始着手讨伐王世充。眼看秦王军队马上就要攻占洛阳，王世充慌忙向曹州、楚州、明州和相州的兵马求援。收到王世充的求援信后，曹州宋义王孟海公带着他的三万兵马以及自己的三位夫人前来救助。

两军交战，孟海公的二夫人黑氏上前叫阵，秦王军队派出程咬金迎战。可让自以为武艺高超的程咬金大丢颜面的是，还没战几个回合，他就被区区女流所伤，黑夫人的流星锤打得他叫苦不迭，无奈败下阵来。尉迟恭接令上前对阵，还没出手，却发现黑夫人长得实在是俊俏可爱。于是他便对着黑夫人大声喊道："美娘子，你身为女流之辈，怎么也在阵前舞刀弄枪的？我这竹节鞭可没长眼睛，伤到你可不是闹着玩的。不如你直接投降，归顺我们秦王，我们可以结为夫妇！"黑夫人见他口出狂言，竟敢当着众人的面公然调戏自己，便一言不发，恼怒地冲杀了过来。但她哪里是尉迟恭的对手？没过几招，就被尉迟恭制得服服帖帖，并被他趁机抓了回来。尉迟恭得胜归来，李世民见他非常喜欢黑夫人，便当场作主，强迫黑夫人嫁给了尉迟恭。

听说姐姐黑夫人被尉迟恭抓走几日未归，孟海公的三夫人白氏为此忧心忡忡。她放心不下姐姐，怕她遭遇什么不测，于是就来到秦军阵营前叫阵讨战，希望借此机会打听到黑氏的有关消息。李世民曾经听人说过，孟海公三个夫人一个个貌美如花，而这个三夫人白氏更是美若天仙。于是，他便招来尉迟

○ 品画鉴宝　莲塘纳凉图·清·金廷标

恭，对他许诺道："这个前来叫阵的白氏与你刚娶的黑氏亲如姐妹，感情深厚，而且听说也长得美丽动人。如果这次你也能将她擒获的话，我便也让你娶了去。"

尉迟恭听完秦王李世民的话，哈哈笑道："大王放心，这事不难！只是大王答应我的话，到时候可是要兑现的。"说罢，就提着竹节鞭上了阵前。见了白夫人，尉迟恭心里暗暗欢喜，那白氏果然生得貌如桃花，端庄秀丽，想娶她的愿望变得更加强烈了。没费多大功夫，尉迟恭便轻而易举地抓住了白夫人，并带她回了军营。在李世民的安排下，尉迟恭与白氏成了亲。

因为尉迟恭先后娶了黑氏、白氏二女，因此人们便说"尉迟恭双纳二女——黑白分明"。后来，人们用这句话来比喻两个事物对比很鲜明，界限明确，或是形容某人知善明恶，通晓是非，能分清黑白。

◎ 拓展阅读

大河边上的望江亭——近水楼台　/　关上门做皇帝——自尊自大　/　要饭的给龙王上供——穷人有个穷心　/　蜂窝里挖蛋——想换蜇了　/　踩着鼻子上脸——欺人太甚；太欺负人

愚公的家——开门见山

本则歇后语来源于《列子》上的一个故事。

相传在很久很久以前，冀州以南、汉水以北，坐落着太行和王屋两座大山。它们海拔很高，每座大山大约都有一万多丈，高耸入云，十分险峻。

在北面的山脚下，住着一户人家，最年长的大概有九十岁了，人们都称他为"愚公"。从愚公记事起，他和他的家人每天开门看见的就是这两座大山。如果想去外面办点什么事，就不得不绕山而行。可是，绕这么一圈就必须走七百多里的路，花费的时间很长。如今愚公已经年迈体弱了，但是他对门前这两座大山的厌恶却与日俱增。

愚公的孩子们一天天长大成人，有些已经结婚生子了。如今他也是儿女成群、子孙满堂。然而，令老愚公非常不开心的是：他的子孙还要像他自己一样，被这两座大山隔阻，无论干什么事都极其不便。于是，他便下定决心，一定要移去这两座大山。愚公把家里人召集在一起说了自己心中的想法后，大家都非常赞同，纷纷表示一定齐心协力，竭尽所能，力争早日将这两座山移走。说干就干，第二天一大早，天刚蒙蒙亮，愚公就带领着自己的子孙们开始了移山的工作。

愚公一家人个个都干得非常卖力，没有一个偷懒的。他们挖山掀石，然后再把挖下来的泥土和石块运送到渤海去，这样仅仅走回一次，就必须花掉整整一年的时间。然而，愚公一家人并没有被困难吓倒，而是日复一日，年复一年，坚持不懈地进行着搬山的工作。他的邻居中有一个寡妇，渐渐地被他一家人的精神所感动，于是就叫自己刚刚七八岁的小孩子过去帮忙干活。

有一天，一个叫智叟的老者从这里经过，看见愚公一家人的所作所为，觉得十分可笑，就上来劝阻道："愚公啊，你都一大把年纪了，不在家里呆着享几天清福，却在这里忙着移山。我看以你的体力，连山上的一草一木都拔不掉，又怎么能挖掉这两座大山呢？还是听我一句劝，赶紧停止这种愚蠢的举动吧！"愚公看着智叟平静地回答道："我虽然老了，但我的孩子们都还很年轻啊，他们也有自己的孩子。就算我死了，我后人还可以继续挖下去啊，这两座山虽高，可我的后人是没有穷尽的。我相信总有一天，他们一定会挖平这两座大山。你看看，连寡妇的七八岁的小孩子都来帮忙了，你怎么连他们都不如呢？我看你才是真的糊涂呢！"听了这番话，智叟顿时满脸通红，哑口无言。

愚公移山的事很快被山神如实地禀告给了天帝。天帝知道后，被愚公移山的决心和毅力所打动，就决定要帮助他。于是，天帝就派了夸娥氏的两个儿子搬走了那两座大山。从此以后，在冀州与汉水之间再也没有什么隔阻了，附近的人们都欢天喜地过起了新生活。

　　人们根据这个故事编成歇后语"愚公的家——开门见山"，后来常用来喻指某人在说话、做事时主旨明确，让人一目了然。

◎ 拓展阅读

逢年过生日——双喜临门 ／ 踩死蚂蚁也要验尸——过分认真 ／ 白骨精遇上了孙悟空——原形毕露 ／ 大河漂油花——一星半点 ／ 要饭的拿戳子——逞（称）什么

本则歇后语源自冯梦龙《警世通言》中的一个故事。

春秋时期，楚国人俞伯牙非常通晓音律，尤其喜好弹琴。他在晋国做了上大夫，多年没有再回楚国去。有一次，晋王派俞伯牙到楚国办理一些公事，于是他回到了阔别十多年的故土。办完公事之后，俞伯牙就选择了走水路回晋，因为这样他可以顺路看看故乡的山水。

八月十五月圆之夜，皓月当空，如同白昼。此时，俞伯牙的船正停泊在汉阳江口的山脚下休息。他步出船舱，遥望明月，心中不禁感慨万千。他命随行的童子取出古琴，调了调琴弦，便情不自禁地弹奏起来。正弹到忘情处，一根琴弦却突然断了，俞伯牙不免心中一惊。他想，一定是有什么人在附近打扰了自己，要不然琴弦不会无缘无故地断了。

他连忙命童子上岸去找找，看是否真的有人在附近。果然不出俞伯牙所料，童子很快就将一个樵夫带到了俞伯牙的面前。这个樵夫向伯牙自我介绍说："我叫钟子期，因为打柴晚归路过此地，被先生悠扬的琴声所吸引，便停下来听了一会儿，不想打扰了您的雅兴。"俞伯牙没料到在这荒郊野外的地方，居然还有个懂音律的樵夫，心里很是高兴，就热情地邀请钟子期过来同坐。俞伯牙问了一些乐理知识，钟子期回答得头头是道。俞伯牙听了以后，心中暗暗佩服。

他觉得自己的心情似乎从来没有这么好过，于是就接好琴弦，重新弹奏起来。他弹着弹着，感到自己好像是站在山顶上俯视大地一样心旷神怡。正陶醉其中时，坐在对面听他弹奏的钟子期突然说道："听这首曲子感觉就像是站在山顶上一样，令人心里无比舒畅！"俞伯牙听了心里微微一惊，接着又更加投入地弹奏起来。弹着弹着，俞伯牙又感觉到自己好像是站在大江边上，看着滚滚东去的江水，顿时豪情万丈。正在这时，钟子期又说道："听这首曲子，让人感觉到好像是站在大江岸边一样激情满怀。"

钟子期的话音刚落，俞伯牙就激动地站起身来，拉着他的手说道："能遇到你，是我三生有幸啊！先生您真是我的知音呀！"当即他就与钟子期结为兄弟。两人一直促膝畅谈，直到天亮还不愿分离。临别时，他二人约定明年的同一时间还在这里相见。

时光飞逝，转眼又到了八月十五，俞伯牙如期前来赴约。不料等到第二天天明时分，仍然不见钟子期的影子。俞伯牙觉得很是奇怪，心中疑惑不解，便一路打听来到了钟子期生活的小村里。听钟子期的邻居介绍后，俞伯牙才渐渐明白：原来钟子期自从遇到俞伯牙之后，心里一直非常激动，回家后就开始夜以继日，废寝忘食地刻苦钻研各种乐理，再加上白天还要上山打柴，时间一长，元气大伤，因过度劳累而不幸死去！

俞伯牙心中悲痛万分，他来到钟子期的坟头，为他弹奏了最后一曲。曲终之后，俞伯牙站起身来，毫不犹豫地砸了琴。因为他知道知音已逝，自己再弹奏下去也没什么意义了。

后来人们就根据这件事编了歇后语"俞伯牙不遇钟子期——不弹（谈）喽"。

○ 品画鉴宝 山水图·清·程邃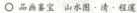

◎ **拓展阅读**

白鹤站在鸡群里——突出 / 麻子跳伞——天花乱坠 / 踩高跷的过河——半截不是人 / 缝衣针当锥子使——难通过；通不过 / 沙滩上拣小米——不够工夫钱

Z篇

本则歇后语源于我国古代的一个历史故事。

三国时期，刘备入蜀称雄之后，割据一方，与曹操、孙权形成三足鼎立的局面。三方为了扩充势力，不断地进行战争，但是在战争之余，三方也都非常重视发展生产，尤其是蜀国。诸葛亮任丞相期间，鼓励农耕，实行与民休养的政策，维护社会的治安，以求增强国势，壮大自己在政治、经济以及军事各方面的实力。

一天，刘备到各地去巡查。途经广都这个地方时，他发现那里的百里长蒋琬在大白天里居然喝得酩酊大醉，根本不理政事，身为地方官员竟然不理政事，刘备顿时勃然大怒，下令要将蒋琬抓来，砍头治罪，以儆效尤。

诸葛亮知道了，忙对刘备说道："主公千万不能生气，这个蒋琬可是一个不可多得的人才。当年，他随大王入蜀有功，因此，主公建功立业之后，才特地提拔他为百里长管辖广都地区。虽然大王今天看他喝醉酒，但是为臣曾经留心观察过此人的政绩，他上任以来，广都地区的治安很稳定，人民也能够安居乐业，这些都得归功于蒋琬治理有方。为臣认为，让蒋琬一直屈于百里长这个职务，似乎是有点大材小用啊！"

刘备十分信任诸葛亮，也能够知人善任，听他这么一说，豁然开朗，就改变了刚才对蒋琬的成见，不仅没有惩罚他，反而提拔了他。后来，蒋琬果然如诸葛亮所想的那样，功绩连连，表现非常突出，先后被委任为丞相府的参军、长史等重要职务。

刘备死后，诸葛亮又向后主刘禅极力推荐蒋琬，他上表书："臣若不幸，后事宜以付琬。"诸葛亮逝世后，刘禅听从他的遗言，起用蒋琬，并封他为丞相，总管军国一切大事。当时，有一位名叫杨敏的官员，看后主如此重用蒋琬，心里很不服气，便妒忌地对人说："蒋琬做事哪里赶得上诸葛亮啊！"别人把他的话向蒋琬告状，蒋琬却谦虚地说道："他说的没有错啊。我的才干的确比不上诸葛丞相。"

没有多久，杨敏因为犯罪而坐牢了，正好这件案子需要蒋琬来办理，大家都以为蒋琬会趁机报复他，没有想到，蒋琬只是秉公办理，对杨敏量刑定罪，因此，人们就纷纷传颂蒋琬的名声，说他"宰相肚里能撑船"，度量如此之大，果然没有辜负诸葛亮对他的赏识和后主对他的重用。

后人常用这则歇后语比喻某人心胸宽广，为人坦荡，善于包容别人，宽宏大量。

◎ 拓展阅读

沙漠里的水——点滴都可贵 / 大伙都唱一个调——异口同声 / 踩瘪了的鱼泡——泄气 / 凤凰跌到鸡窝里——落魄了 / 白开水画画——轻（清）描淡写

灶王爷上天——有一句说一句

民间有这样一个风俗，每年的农历腊月二十三，家家户户都会供上灶王爷的神像，摆上美味佳肴供奉他。同时，在这一天，各家各户都比往常要和气许多，大家都尽量多做好事，多说好话，打架骂人之类的事情十分少见。腊月二十三这一天是民间的送灶日。相传，这一天灶王爷要回到天庭，向玉皇大帝回报一年以来人间的情况。对表现好的人，玉帝就会赐福给他；对那些表现不好的，玉帝就会对他们加以惩罚。

有一年送灶日，灶王爷像往常一样向玉帝禀告他在人间的所见所闻。当他谈及湖广地区时，特地提到了一位农妇。灶王爷对玉帝说道："这位湖广地区的农妇，善良贤惠，吃苦耐劳，对公婆非常孝顺，对丈夫非常体贴，对待子女十分疼爱，但也要求严格。在她的协调下，一家人过得其乐融融。同时，她对神灵也很尊敬，做事小心谨慎，惟恐有所不恭，亵渎了神灵，乡邻们对她也是交口称赞。"

说着说着，对这位农妇的喜爱使灶王爷开始喜形于色、忘乎所以，不知不觉中，他就把有关农妇的事情全部都说了出来。"前段时间正值农忙时分，农妇忙里忙外，辛勤料理家务。她在家洗衣做饭，照顾公婆，教导小孩，将家务事处理得井井有条，还抽出时间到地里帮助干活。她平常都表现得非常好，真可谓人见人爱。但今天早上却发生了一件令我十分不满意的事。她早上起床后，发现昨晚的饭没有吃完，就把一些剩米饭倒掉了……"

听到这里，原本频频点头的玉帝突然雷霆大怒。他厉声指责农妇道："这个农妇也太不像话了！居然把好好的米饭白白倒掉。难道她不知道，天下还有很多人食不果腹、忍饥挨饿吗？我非得好好惩罚惩罚她，以警告那些浪费粮食的人！"接着，玉帝招来雷公，下令他于第二天劈死农妇。

灶王爷见玉帝突然发怒，还下令劈死农妇，心里一下子着急起来。他想：我本来是想为农妇说两句好话啊，没想到有一句说一句，反而把农妇给害了。虽然她早上倒掉了一些剩米饭，但也罪不至死啊！再说，她平常为人那么好，我本来是想请玉帝赐福给她的，没想到现在……为了弥补自己的过错，挽救农妇的性命，灶王爷赶紧在半夜里投梦给她，让她赶紧将早上倒掉的剩米饭捡回来，然后换成一些石灰粒。农妇半夜梦醒，心想：这一定是仙人给我的暗示。于是她半夜便连忙起身，照灶王爷梦里的交代做了。

第二天，雷公奉玉帝的命令来到农妇家，本来是准备劈死农妇的，但因为没有发现倒掉的剩米饭，心中十分疑惑，便又回到天庭如实报告了玉帝。玉帝听雷公这么一说，心里想：这一定是灶王爷在下面玩忽职守，没有仔细观察，以致报错了情况。于是，玉帝就免了那个农妇的死罪，但却命雷公劈去了灶王爷的两只

神角，以示惩罚。

后来，人们便根据这个传说改编成歇后语"灶王爷上天——有一句说一句"，并用这句话来告诫大家，说话和做事之前一定要三思而后行，且不可莽撞行事，否则就会像灶王爷那样害人害己。

◎ 拓展阅读

凤凰身上插鸡毛——多此一举 / 棒槌里插针——粗中有细 / 裁衣不用剪子——胡扯 / 开弓不放箭——虚张声势 / 杀猪开膛——搜肠刮肚

张飞是三国时期蜀国的名将，他的名字在中国可谓是家喻户晓。当然，和他的名气一样大的还有他的坏脾气。尤其是他爱喝酒，每次喝起酒来都是不醉不休，连刘备都管不了，这就更是助长了他的坏脾气。因此，张飞虽然勇猛异常，在战场上几乎无人能敌，但是他暴躁的脾气却也经常让他吃亏。时间长了，他的兄长刘备和家人就常常为他这一点而感到担忧。

有一次，张飞又要领兵出征了，尽管他自己一点也不担心，可是他的妻子赵夫人心里却着实有些放心不下。于是她就在张飞出征的前一天晚上，想出了一个好办法，想要通过一件小事劝劝他。

当天晚上，张飞回到房间以后，赵夫人就对他说："夫君，你能帮我一个忙吗？"张飞马上爽快地说："是什么事情，不管是上刀山还是下火海，我都能帮你办成！"赵夫人笑了笑说："我不用你上刀山下火海，但是对你来说，这件事可不比你说的那些事情轻松多少！"张飞听了，迫不及待地问："快说快说，夫人，究竟是什么事情？"赵夫人笑了笑，拿出了一针一线，说："你能帮我穿根针吗？"

张飞大笑起来："我还以为是什么了不起的事情呢，就这事情啊，拿来，我三两下就帮你穿好了！"

说着，他就拿过针线穿了起来。可张飞没想到，本以为一下子就可以完成的事，却一次又一次地失败了。明明看见是穿好了的，可是拿过来一看，又没有穿进去，一会儿偏左了，一会儿又偏右了。越穿不进去，张飞就越着急，连着戳了好几下，还是不行。张飞停下来看了看，几下猛戳，不但没有穿成功，线头还分叉了，这样就更不容易穿上了！

尽管张飞瞪大了自己圆圆的大眼睛，死死地盯住了针眼，可是他的努力还是无济于事，线好像故意和他过不去似的，始终不愿意从针眼中穿过去，急得他满头大汗。

赵夫人见状，从旁边提醒他说："战场上打仗的时候，有时不是要用到水攻吗？"这一句话提醒了张飞，他赶紧拿舌头添了添线头，然后用手指头搓了一下，对准了针眼，一下就穿了过去。张飞自己也长长地舒了一口气，没想到还真不简单！

看到张飞将针穿过去后，赵夫人微笑着说："夫君，我不仅仅只是想让你帮我穿个针眼，其实我是想告诉你一个道理，不管干什么事情，不能着急，不能动不动就暴跳如雷，都要找到其中的关键和奥妙。遇事要仔细想想，要粗中有细，做一个有勇有谋的将军！你就要出征了，我希望你不要让家人为你担心！"张飞听了感动不已，这才知道夫人是在规劝自己细心，不可鲁莽行事。

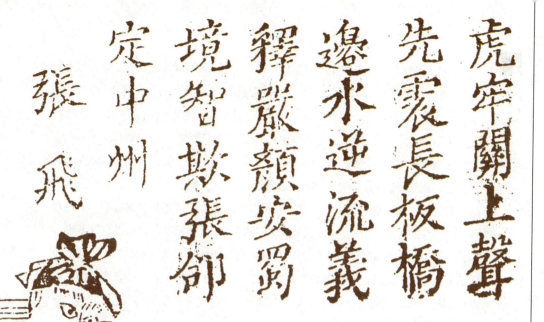

虎牢關上聲　先霆長板橋　邊永逆流義　釋嚴顏安蜀　境智欺張郃　定中州　張飛

　　后来，张飞出征之后，果然在很多时候注意运用自己的计谋，立下不少奇功，他也成了一个有名的粗中有细的大将。

　　后来人们根据这个故事，编出了歇后语"张飞穿针——大眼瞪小眼"，形容那些做事一味蛮干，不知道仔细观察动脑筋的人。

◎ 拓展阅读

杀猪不褪毛——先吹起来看 ／ 凤凰下鸡——一辈不如一辈；一代不如一代 ／ 大家看电影——有目共睹 ／ 裁缝做衣服——要良（量）心（身）／ 白蜡杆结桂花——根子不正

张飞和曹操打哑谜——你猜你的，我猜我的

相传，曹操有一次邀请刘备到曹营参加宴会，刘备知道曹操诡计多端，拿不定主意去还是不去，因此就找军师诸葛亮来商议，诸葛亮想了想，说道："曹操这时候请主公去营中赴宴，一定是别有所图，主公千万不能去。可要是不应约的话，他又要看不起我们，以为我们怕他。依我之见，不如派主公的一个心腹前去，这样既应了曹操的邀请，同时万一有什么不测的话，主公也可以免去性命之忧啊！"刘备点头称是，但是派谁去合适呢？诸葛亮笑了笑说："这个人非张飞莫属。"刘备就听从了诸葛亮的建议，就派张飞去赴宴了。

第二天，张飞早早地来到了曹操的军营中，曹操赶忙将他迎进帐中，一边寒暄一边问刘备为什么没来，张飞就谎称刘备病了，正卧床不起，曹操也就不再多问了。两人分宾主落座后，曹操说道："我对将军的酒量早就有所耳闻，论酒量我是无法与将军相比的，我们不如先猜几个哑谜，谁要是猜不着，就自罚三杯，如何？"张飞心想，自己是一介武夫哪里懂得这个，可是来之前军师又再三嘱咐，说不能让曹操笑话，于是就只好硬着头皮同意了，并让曹操先来。

曹操便伸出双手在空中划了一个圈，暗示他想统一中原，张飞看了之后，起初不明白什么意思，后来一寻思，觉得曹操的意思可能是说呆会儿要请自己吃烙饼，可是张飞想吃面，于是就想了一下，做了一个拉面的动作。曹操一看，以为张飞是说他的长矛可以阻止自己统一中原，心里不禁暗暗吃惊，可是表面上还是不动声色。接着，他又用右手大拇指指了指自己，那意思是要告诉张飞，让他知道他曹操才是当时真正的统治者，而张飞看了，却以为曹操的意思是自己只能吃一小碗拉面。他心想曹操真小气，无论如何也得让客人吃饱了啊。因此他就摆了摆手，显得很生气的样子。曹操看了，更加吃惊了，以为张飞并没有把他放在眼里，就伸开五个手指表示他手卜有张辽等五个能征善战的大将。张飞一看，心说这还不错，可以让我吃五碗了，可是那也不够啊！最起码也得煮三锅面才行，这么想着，他就伸出了三个手指头。曹操这一看又吃了一惊，以为张飞在说："你有五个大将军又怎么样，他们能敌得过我们刘、关、张三兄弟吗？"

哑谜猜到这里，曹操不知道该怎么应对了，他心里暗自思忖，自己一直以为这张飞是一个有勇无谋的莽夫，没想到什么时候变得如此聪明了，诸葛亮料事如神，莫非是诸葛亮事先教他这么做的，看来人家是有备而来啊！既然如此，再猜下去就没什么意义了，于是只得认输，自己饮三大杯酒。

现在用这个歇后语比喻误打瞎撞。

◎ 拓展阅读

大脚穿小鞋——难受；钱（前）紧；迈步难；硬撑；死撑／白蜡杆子翻场——独挑／裁缝做嫁衣——替别人欢喜／凤仙花结籽——碰不得／傻大姐下棋——见一步走一步

三国时期的蜀国名将张飞喜欢喝酒是出了名的，不管有事没事，也不管开心不开心，都要喝酒，而且还不是小喝，一喝往往就酩酊大醉。虽然张飞在战场上打仗时无人能敌，英勇非常，但是喜欢喝酒这一点还是让刘备等人放心不下，他们常常劝张飞少喝酒，张飞就是不听。

刘备曾经在徐州驻扎过一段日子，那时候吕布正好被曹操打败，万般无奈之下，就只好投奔刘备。刘备见识过吕布的英勇，觉得他是个人才，不忍心将他拒之门外，就把吕布安顿在离徐州不远的沛县。曹操不死心，一方面，他想继续置吕布于死地；另一方面，又想借机会除掉刘备这个心腹大患。于是就从中作梗，想挑起刘备和袁术之间的争斗，这样自己就可以从中渔利了。

袁术果然上当了，派大军来攻打刘备，刘备准备带上关羽等人一起迎敌，但是又怕后方空虚，被敌人占了老巢，自己无容身之地，因此必须留下一员大将守城，可是留下谁呢？

正在发愁时，张飞自告奋勇地站起来，要求留守徐州。刘备不同意，说道："我不放心让你守城。你喜欢喝酒，喝酒喝醉了就鞭打下属，做事情又冲动，听不进别人的意见。徐州是个重要的地方，怎么可以让你留守呢？我怕到时候你不慎丢了徐州，那哥哥我可是没有栖身之地了！"

张飞听刘备这么说，马上就着急了，他红着脸争辩道："哥哥你也太小瞧人了，大不了从今天起小弟我不喝酒、不胡乱打人就是了。遇到什么事情我多听听谋臣的意见，保证不会有什么意外的！大哥你就放心去就是了！"听张飞说得这么诚恳，刘备虽然心里还是不太放心，但是也不好再说什么了，只好暗中嘱咐下属要看紧张飞，不要让他随意喝酒，以免闹出什么事情来不好收拾！

刘备走了之后，刚开始的几天张飞做的还真不错，每天起早贪黑地办理军务，其他的事情也安排的很有条理。可是时间一长，他就忍不住了。有一天，他的酒瘾上来了，就把当初的话忘了，他摆开了酒宴，请了好多的人来陪他喝酒。有人就劝他说，刘备不让他喝酒。可是他却不以为然地说："哥哥不让我喝酒是怕我喝酒之后闹事，这几天我已经把哥哥交代我的事情办好了，而且别的事情也都办得井井有条，我决定今天就放开肚子好好喝一次酒。等喝过瘾了，从明天开始，从上到下，大小官员都必须滴酒不沾！"说完，就开始大口地喝开了。刚开始还有喝有说的，到后来就连说话都顾不上了，一个劲的猛喝，直至大醉不醒！

在旁边小县驻扎的吕布早就嫌自己的地盘太小，对徐州这个地方一直虎视眈眈，现在听说张飞喝醉的消息后，觉得机会很难得，就调兵遣将，乘机攻下了徐州。张飞在随身侍卫的保护下才勉强得以脱身，灰溜溜地去找刘备大军。

○ 品画鉴宝　醉归图·清·袁江

　　人们根据这件事情编成了歇后语"张飞戒酒——明天"，来形容那些做事不能下定决心、坚持到底的人！

◎ **拓展阅读**

包公杀亲任——先治其内，后治其外 ／ 裁缝师傅做衣服——有尺寸；千真（针）万真（针） ／ 拉磨的驴断了套——空转一遭 ／ 凤有凤巢，鸟有鸟窝——互不相干；各不相干 ／ 晒过的麻秆——宁折不弯

张勋复辟——痴心妄想

辛亥革命之后，清王朝的统治土崩瓦解，孙中山成立了中华民国。虽然，在中外反动势力的阻挠下，新的政府并没有能够实现真正意义上的民主，也没有能够真正地完成民族解放的任务，实现中国的独立自主。但是，令人高兴的是，辛亥革命推翻了清朝的封建统治，结束了两千多年来的封建专制制度，使民主共和的观念深入人心。所以，在袁世凯称帝之后，全国上下为之愤然，人们纷纷起来反对，袁世凯也在人们的唾骂声中很快下台，不久便病死了。

可是袁世凯的失败，并没有让一些顽固不化的守旧势力彻底觉醒。他们躲在黑暗的角落里，伺机以动，企图再次恢复帝制。徐州军阀张勋就是其中的一个。他和他的部队在清王朝覆灭之后，仍旧一直拖着长长的辫子，以表示对满清的忠诚，人称"辫子军"。1917年，张勋的机会终于来临了。

1917年6月，当时任中华民国大总统的黎元洪和国务总理段祺瑞为争夺权力，发生了激烈的冲突。黎元洪苦于没有军队，无法强硬地和段祺瑞争斗，就很积极地邀请张勋入京援助，没想到引狼入室。张勋见多年来的愿望马上就要实现了，心里非常高兴，就急急忙忙率领他的"辫子军"进驻北京城。他以武力相威胁，威逼黎元洪解散国会。然后又联系保皇党领袖康有为，迎回满清末代皇帝溥仪，积极准备复辟。7月1日，溥仪重新登基，恢复年号宣统，并大封百官。当时仍然有不少清朝的遗老遗少，都欢呼雀跃。他们以为，从此以后清王朝便可以江山永固、万年永存了。张勋强令北京百姓留辫子、挂黄旗，张灯结彩庆祝清朝复辟。

可是，张勋万万没有想到，他的复辟行径引起了全国上下激烈的反对。全国各地纷纷声讨张勋，强烈要求溥仪迅速退位。在这种情况下，善于投机的段祺瑞乘机组织"讨逆军"，攻进了北京，成功地将张勋和溥仪轰下了台。这出复辟闹剧前后仅仅持续了12天，便在全国人民的反对声中草草收场了。张勋复辟这种不合时宜的做法终于得到了应有的下场。

后来人们就根据这个历史事件，编了歇后语"张勋复辟——痴心妄想"，借此来形容那些异想天开、根本无法实现的事情。

◎ **拓展阅读**

山中的小溪——掀不起大浪 / 棒子面煮鸡子儿——糊涂蛋 / 泥佛爷的眼珠儿——动不得 / 大街得信小街传——道听途说 / 裁缝师傅对绣娘——一个行当

战国时期，赵国大将赵奢的儿子赵括，从小便熟读兵书，因此只要一谈到如何用兵，他便会引经据典，说得头头是道。所以，不少听过赵括高谈阔论的人，都觉得他是个不可多得的大将之才。然而，他的父亲赵奢却说："我的儿子只通兵书，一旦真的领兵打仗，绝对会出大错。因此，他万万不能担当大将之职，否则，绝对是个败军之将。"

公元前三世纪中叶，秦国攻打韩国，韩国向赵国求救。于是，赵国就派老将廉颇率兵前去救援。廉颇是赵国的名将，身经百战，作战勇敢，打过不少的胜战。廉颇率军行至长平，却遭到秦军的阻截，双方相持不下，足足对峙了三年。由于秦军战线拉得太长，远离后方，因此，常常感到供给不足。如果双方再这样相持下去的话，对秦国十分不利。

为了早日结束战争，赢得胜利，秦军想出了一个妙计。他们派人到赵国去散播谣言，诋毁老将廉颇，说他年纪大了，办事十分糊涂，也不像以前那样勇猛善战了，跟秦军对峙三年，也没能获胜。他们还故意吹嘘赵括如何如何的年轻有为，是百年不遇的大将之才，如果赵王英明，派赵括去带兵打仗的话，说不定早就赢了。"众口铄金，积毁销骨"，赵王听见大家的议论，也觉得廉颇老了不中用了，就下令改派赵括为大将军，让他代替廉颇领兵打仗。其实，这是秦国精心策划的反间计。

○ 品画鉴宝　岁华纪胜图·明·吴彬　图绘阅操时的情景，画面布局严谨。

　　赵括奉命率兵二十万来到长平，连同廉颇以前的二十万驻军，共计四十万人，声势十分浩大。但是，目空一切的赵括一来，马上就改变了廉颇三年来的作战方针，下令赵军直接去攻打秦军。他本人又自以为是、刚愎自用，根本听不进去部将的建议。

　　秦军看老将廉颇被赵王撤走了，根本没把赵括放在眼里。很快，秦国以白起为将，先假装战败，使赵括更加目空一切。同时，他们在暗中设好埋伏，略施小计就将赵括率领的大军诱入迷局。在粮草断绝、外无救兵的情况下，赵军将士们个个心灰意冷，斗志全无。在如此严峻的形势下，糊涂的赵括竟然没有认识到自己的错误。他企图率兵突围，没想到却被秦军乱箭射死。很快，群龙无首的赵军全军覆没。赵王接到军情后，这才后悔不迭。然而，已经晚了。

　　后来，人们从这个故事中提炼出歇后语"赵括徒读兵书——纸上谈兵"，比喻不切实际的空谈。

◎ **拓展阅读**

裁缝铺的衣服——一套一套的 ／ 大理石做门匾——牌子硬 ／ 棒打鸳鸯——难分开；两分离 ／ 佛爷脸上刮金子——刻薄；浅薄

348

本则歇后语来自于我国的一个民间故事。

相传，木工的祖师鲁班曾收了一个姓赵的弟子。因为这个小孩心灵手巧，反应敏捷，每当鲁班制作东西，他只要看一遍就马上会做了，因此，大家都称他为"赵巧儿"。但是另一方面，赵巧儿非常骄傲自大，他认为自己聪明伶俐、过目不忘，不久就连自己的师父鲁班都不是很尊敬了，对他的话也是左耳进右耳出。

有一天，鲁班突然对龙宫建筑产生了浓厚的兴趣，便向东海龙王借来龙宫图，并许诺以一盏神灯作为酬谢。三天后，鲁班做成了神灯，便打发赵巧儿给龙王送去。赵巧儿拿过神灯看了看，见它朴实无华，构造简单，也看不出它跟别的灯有什么两样。但是鲁班却很认真地告诉他，这盏神灯很神奇，只要点燃它，便能驱魔避鬼、破江分湖，具有镇海平浪的神力。赵巧儿临行之前，鲁班再三叮嘱他，一定要照看好神灯，千万别让它熄灭了。一听说师父要让自己去龙宫送灯，赵巧儿那个高兴劲儿就别提了！他的心思早就飞到东海去了，对师父的嘱咐，完全没有当回事，认为鲁班不过是在他面前故弄玄虚罢了。赵巧儿以前曾听一位见识广泛的老人说过，龙宫如何的神奇美妙，里面的宝物又是如何的珍奇罕见。于是，他不禁动了小聪明。他心想：像我赵巧儿这么聪明的人，自己也精心制作一个比师傅的神灯漂亮百倍的灯台，龙王见了一定会非常喜爱、爱不释手，一高兴说不定会送自己几件宝物呢。他这么想着，忍不住手舞足蹈起来。

这天夜里，巧儿手里提着师父送给龙王的神灯，怀里揣着自己制作的灯台，来到了东海边上。只见东海海面烟雾缭绕，看上去波涛汹涌，非常壮观。但是，神灯一照，奇迹就出现了：大海立即平静下来，像一面镜子似的，并且在巧儿的脚下分出一条道路来，形成两道高达万丈的水墙。

巧儿顺着道一直往前走，不久就来到了富丽堂皇的东海龙宫。东海龙王坐在宝座上对他说："你是鲁班派来送神灯的吧？走近点儿，让我仔细瞧瞧。"看完后，龙王连声称好。巧儿心想：师父做的这么个破灯，就让老龙王欢喜成那样。我制作的那个要比它精美得多，还不知道龙王会怎么喜欢呢。想到这，他急忙拿出自己的灯台，大声朝龙王喊道："你看，我这个灯台多好看啊！精美无比，比那个强多了！"说完，也不等龙王说话，就把神灯的灯芯、灯油倒进了自己的灯台里去。神灯一下子就熄灭了。说时迟那时快，神灯一灭，海水立刻扑了过来，顿时天昏地暗，龙宫重新变成了一片汪洋大海，赵巧儿还没反应过来是怎么回事，就被海水吞没了。

后来，人们为了从中吸取教训，便根据这个传说编成歇后语"赵巧儿送灯台——一去不回来"，告诫后人做事一定要谦虚谨慎、戒骄戒躁，千万不要像赵巧儿那样狂妄自大、自以为是，以至于在得意忘形之下，白白丢掉了自己的性命。

◎ **拓展阅读**

老虎挂念珠——假慈悲 / 包办的婚姻——身不由己；不由自主 / 夫妻吵架家不和——不知谁是谁非；难断是非 / 山间竹笋——嘴尖皮厚腹中空 / 裁缝拿线——认真（纫针）

山水图 清 程正揆

秦末汉初时期，在我国的北方草原，活跃着一个被当时人称为匈奴的游牧民族。当时中原大乱，群雄并起，征战不休。然而匈奴却逐渐地强大起来。为了扩充实力，匈奴不断地进攻中原，边疆百姓的生命财产受到了很大威胁。

当时西汉刚刚建立，国力比较弱小，和匈奴抗衡是很困难的，因此西汉的统治者不得不对匈奴采取守势。经过汉初几代人的努力，特别是在"文景之治"出现后，汉朝国力渐渐强大起来。到了汉武帝的时候，西汉统治者开始对匈奴展开大规模的进攻。在汉军几十年不断地打击之下，匈奴实力日益削弱，并在汉宣帝时最终分裂。其中靠近汉领土的南匈奴，在其首领呼韩邪单于的领导下逐渐强大，为了巩固自己的统治，以便在各部争斗中占据有利的位置，就主动向汉朝靠拢，自愿做了汉朝在北方的第一道屏障，并在公元前33年汉元帝在位时到长安要求和亲。

这个时候，汉朝统治者也认识到，虽然在对匈奴的战争中取得了不小的胜利，但是连年征战，劳民伤财，国力也受到很大削弱。长此下去，对西汉和匈奴都没有什么好处。因此，汉元帝非常隆重地接待了呼韩邪单于。当呼韩邪单于提出和亲的要求时，汉元帝同意了。他决定选一位貌美的公主嫁给呼韩邪单于。但是因为当时匈奴生活在塞外的苦寒之地，生活条件要比地处中原的汉朝相差很远。加上出嫁之后，就可能永远地告别了自己的亲人，不能再回故土了，因此别说是公主，就连一般的宫女都不愿意出嫁匈奴。

这时，汉宫里有一位端庄秀丽、聪慧娴雅的宫女，名叫王昭君。她熟知宫廷礼仪，歌舞诗画也很擅长。看到这种情况后，她主动表示自愿到匈奴和亲。汉元帝听了非常高兴，就把她封为公主，并为她准备了丰厚的嫁妆，挑选了一个黄道吉日，把昭君风风光光地嫁了。

呼韩邪单于见王昭君既漂亮又贤淑，心里非常高兴，对她自然是宠爱有加。在以后的日子里，他们积极地维护匈奴与汉的和好局面，加强了西汉和匈奴百姓之间的交流。在王昭君出塞后的几十年里，汉朝与匈奴之间再没有发生过大规模战争。两地百姓安居乐业，共同称颂王昭君的贤良美德！

后来人们根据这段历史编了歇后语"昭君娘娘和番——出色（塞）"，来纪念王昭君在历史上的杰出贡献。

◎ **拓展阅读**

小炉匠打铁——修修补补 / 老虎头上拍苍蝇——好大的胆子 / 蚌里藏珍

珠——好的在里面 / 山中的野猪——嘴巴厉害 / 下雨天出太阳——假情（晴）

我国民间长期以来有这样一种说法"天下老，偏向小"。这在郑武公的王后武姜身上似乎表现得尤其突出。

据《左传·隐公元年》记载，郑武公与武姜皇后生下两子，大儿子就是后来的郑庄公，小儿子取名段。据说，因为武姜生庄公时出现难产，先出脚后出头，姜氏受到惊吓，就给庄公取名叫"寤生"，并因此很讨厌他。而姜氏对小儿子段却很宠爱，多次向武公请求立段为太子，但武公始终没有答应。根据国家的惯例，郑武公立长子寤生为太子，让他将来继承王位，而只封给了次子段一座很小的共城，所以段又被称为共叔段。两个孩子相继长大，待郑武公驾崩之日，长子顺利继位，称郑庄公。

但是，事情的发展并不是一帆风顺的。

郑武公驾崩后，姜氏排挤郑庄公，更加偏袒小儿子共叔段。她先逼迫庄公将浩大的京城封给次子段，然后她又开始处心积虑地帮次子夺权，希望有朝一日，段能成为国君。她教唆共叔段在暗中招兵买马，集聚力量，准备造反篡权。有位大臣提醒庄公说："姜氏和段的野心太大了，如果任由他们这样下去，以后想要铲除，恐怕就很难办了。"庄公是个很有远见的君主，他说："多行不义之事，一定会自取灭亡。您就等着瞧吧！"

为了戳穿母子俩的不轨意图，庄公假装有事离开了都城，却躲在暗处静观其变。果然不出所料，武姜派人送信给次子段，商议谋反之事。庄公私下里派人截住了密信，然后将计就计，趁共叔段攻打都城之际，派兵攻占了段的领地京城。共叔段被两头夹攻，看事情败露，又没有退路，只好上吊自杀了。事后，郑庄公将武姜送往城颍，并对她发誓说："不到黄泉决不相见！"与武姜断绝了母子关系。

武姜被冷囚之后，人们不知真相，纷纷传说庄公不孝，竟然连自己的母亲都不认了。庄公听见别人的议论，也突然意识到，母亲再有什么不对，毕竟曾经生他养他，骨肉相连，他又怎么能这样对待母亲呢？但是，君无戏言，他曾经发过誓的，又怎么能轻易改变呢？

庄公手下有个叫颍考叔的人，听说此事后，便向庄公建议说："君王何必对此事感到为难呢？如果掘地见到泉水，你们母子两人在隧道中相见，又有谁说这不是黄泉相见呢？这样一来，您既可以见到母亲，又没有违背自己的誓言了"。庄公一听，非常高兴，便让人挖了地道，并与母亲重新相认。两人见面，百感交集，抱头痛哭，分别向对方承认了自己的不对。

后人常用这句歇后语来形容双方反目成仇，誓死不相往来的情况。

◎ 拓展阅读

夫妻俩看热闹——又说又笑/裁缝的肩膀——有限（线）/棒槌

打缸——四分五裂/大力士背碾盘——好大的力气/上坟不带烧

纸——惹祖宗生气

一只狼被猎人打伤后，仓皇逃走，而猎人又在后面紧追不舍。尽管狼拼命地跑，但终因有伤在身，渐渐地感到疼痛难忍、没了力气，眼看就要被猎人追上了，这时却刚好遇见了东郭先生。

于是，狼便上前苦苦地哀求道："这位先生，我知道你是一个好心人，我身上有伤，又被一个猎人追赶，请你救救我吧！"东郭先生是个读书人，心地善良，哪里知道人兽有别？他看着楚楚可怜的狼，顿时生了恻隐之心，遂决定救狼一命。他关切地对狼说道："我有心救你，但却不知道该怎么做才好呢？"这时猎人追赶的脚步也近了。狼见东郭先生背着一个装书的袋子，便急中生智，慌忙说道："让我躲进你的袋子里去吧，等猎人走了，你再放我出来。"

东郭先生听从狼的建议，把它藏进了书袋子。刚将狼藏好，猎人便追到这里了，他找不到狼，于是便问东郭先生。东郭先生一心想要救狼，哪里肯说实话？猎人见找不到狼，也没有办法，便只好悻悻离去。见猎人走远了，好心的东郭先生打开袋子，放出了狼。谁知道狼刚从书袋里钻出来，便凶相毕露，张开血盆大口就要吃东郭先生。东郭先生大吃一惊慌忙说道："我救了你，你怎么能恩将仇报呢？"狼恶狠狠地说："我已经好几天没吃东西了，又带伤跑了那么多路，现在肚子饿得厉害。你人这么好，既然救了我，就干脆好人做到底，让我吃了你吧！"说着就朝东郭先生扑了过去。东郭先生吓得四处闪躲。也算是东郭先生运气好，这时，又恰好来了一个聪明的农夫，东郭先生便让他给评评理。话还没有说，狼就抢先说道："刚才我是向他求助，可也没让他把我塞进书袋里呀？袋子里有那么多的书压在我的身上，他分明是想憋死我嘛！"农夫听完狼的辩解，微微一笑，心生一计，于是说道："你们说的话都有道理，我也不知道谁说的是真，谁说的又是假。但是，有一点我不敢相信，这么小的书袋子，怎么能装得下一只如此大的狼呢？况且，里面还装了那么多的书。"狼听农夫这样一说，便主动钻进书袋子，要向他再演示一下当时的情景。

农夫见狼中计钻进了书袋，连忙捆住袋子口，拿起锄头，三两下就打死了狼。接着，又对糊涂的东郭先生进行了一番教诲。

后来，人们就根据这个故事编成了歇后语"中山狼出了书袋子——凶相毕露"，来形容那些像狼一样恩将仇报的人，告诫人们不要一味地充当好人，而是要看清坏人的本质，以免惹祸上身。

○ 品画鉴宝　秋林观瀑图·清·张空　图绘两位隐者观赏瀑布的情景。画面着色均匀，极力渲染了秋色的寂静和幽远。瀑布自远及近，表现了秋林的广阔和幽美。

◎ 拓展阅读

裁缝的顶针——当真（针）／大老粗看佛经——茫然不懂／夫妻俩下饭馆——对吃对喝／棒槌

上天——总有一天落地／上天的气球——飘飘然

公元前781年，周宣王死后，他儿子继位，就是周幽王。这周幽王暴戾昏庸、不理朝政，整天只知道吃喝玩乐，完全置国家社稷的安危于不顾。当时，周幽王身边有个极其宠爱的美女，名叫褒姒。为了哄她开心，周幽王不惜除皇后、废太子。可是，褒姒这个人非常的奇怪，自从进宫以来，她从来没有开口笑过。

周幽王为了博得美人一笑，真可谓费尽心机。金银珠宝、美味佳肴、歌舞音乐、游山玩水等等，各种办法都用尽了，可是均不能打动褒姒，她依旧是个"冷美人"。

有一天，周幽王担心地询问褒姒道："美人，你对现在的生活有什么不满意的吗？我怎么很少看见你笑呢？不知道你到底喜欢的是什么，只要你说出来，我马上派人去找。"褒姒冷冰冰地回答道："大王，其实连我自己也不知道喜欢什么，什么比较好玩。"周幽王听她这么一说，觉得无计可施了，只能叹了口气。但他仍不死心，向全国发出诏令：不管是王侯将相还是黎民百姓，只要有人能逗褒姒一笑，立刻赏赐千金。

俗话说："重赏之下，必有勇夫。"

周幽王手下有个叫虢石父的小人，这人很有点小聪明，又爱溜须拍马、奉承大王。他突然想到一计，便对周幽王说："过去，先王曾在骊山下修筑烽火台二十多座，放置大鼓几十架，以防备边疆的敌人入侵。在以前，一旦有人来犯，马上就会狼烟骤起，鼓声大作，通知附近的诸侯国前来救助。但是，长久以来，国家歌舞升平，人民安居乐业，封火台已经被闲置多年了。如果大王能命人重新点燃烽火，骗取各诸侯国前来骊山，娘娘看到诸侯国的兵马像无头苍蝇那样跑过来跑过去，肯定会觉得很有意思，说不定就真的笑起来了呢。"昏庸的周幽王听到这个办法后，连声叫好，笑眯眯地对虢石父说道："举国上下还数你最聪明、最有智谋，如果此法真能奏效的话，我一定会重重赏你。"

刻不容缓，周幽王马上传令下去，命人布置烽火台。随后，他携着褒姒一同来到骊山，假装游玩。这天夜里，按照周幽王的命令，烽火台被点燃。一时间，狼烟四起、火光冲天，军鼓也咚咚地响个不停。附近的诸侯国闻讯，以为京都有难，就急急忙忙带兵赶来。等他们发现原来是大王为了博得美人一笑而同他们开了一个玩笑，全都愤然离去。褒姒见状，果然忍俊不禁，笑出声来。周幽王见状大喜，重赏了虢石父，还给了他一不小的官职。

后来，西戎大犯边疆，周幽王命虢石父再度点起烽火台，希望各诸侯国能领兵前来支援，可是，诸侯国曾经被戏弄，哪里还敢再轻信？很快，都城被攻占，周幽王也被敌兵杀死了。

后来，人们根据这个故事编成"周幽王点烽火台——千金一笑"这则歇后语，

讽刺周幽王荒淫无道，拿国家大事开玩笑，最终招来杀身灭国之祸，被后人耻笑。
同时，也用来形容某事很难办到，就像哄褒姒一笑那样。

◎ **拓展阅读**

地狱里活命——难见天日 ／ 伏天的蝈蝈——叫得欢 ／ 马群里的骆驼——高一等 ／
生意佬的秤——斤斤计较 ／ 土地菩萨打哈欠——神气

这则歇后语来自于三国时期的一个故事。

北方平定之后，野心勃勃的曹操挥师南下，想一举吞掉东吴、灭掉刘备，实现独霸天下的愿望。

曹操八十万大军驻扎于长江北岸，极大地威胁着东吴的安全。面对这一紧张的局势，东吴大都督周瑜灵机一动，想出了火攻曹操的妙计。但是，要想实现这一妙计，还需要一个稳妥的"点火"办法，否则，这一计策也只能是空想了。

正当周瑜一筹莫展时，东吴老将黄盖献计说："主帅请勿忧虑。依末将之见，不如让我用'苦肉计'骗得曹操的信任，然后我再向他提议'以火船为信号，实行里应外合，共灭东吴'，曹操好大喜功，一定会积极配合这个计谋。到时候，我以投降为名，引火船冲向曹营，一定会烧他个措手不及。"

周瑜担心老将黄盖年迈体弱，怕一场苦肉计施行下来，他不一定能吃得消；但另一方面，情况确实危急，一时又想不出别的更好的办法，因此，只好点头默允。

第二天，周瑜像往常一样召集众将士商议对付曹操的计策。周瑜率先开口说道："如今东吴局势十分危急，曹操老贼势力强大，并不是我们轻而易举就可以攻破得了的。但是，我们也不能灰心丧气，只要我们广集粮草，做好长期作战的准备，三个月后，定能打败曹贼，解我东吴之围。"话音刚落，黄盖就起身反对道："曹操百万雄师立于长江北岸，敌多我寡，如何能打败他？都督您刚才说想三个月打败曹操，不会是在说大话吧？照这个形势看，别说三个月，我看三年也不行。不如我们干脆投降了吧，省得让众位将士白白送了性命。"

周瑜一听，勃然大怒，说道："黄盖，你好大的胆！我平日里看你是我东吴三代老臣，对你一向都很敬重。可是，万万没有想到，大敌当前，你不想着如何为国效力，居然说出这样动摇军心的话，实在令人失望。今天不杀你，如何能安定军心！"

众将士一听要杀老黄盖，纷纷替他求饶。周瑜见状，愤恨地说道："死罪可免，活罪难逃！"于是命令手下将黄盖拖出去，重重责打了一百大板。刑至五十，黄盖已经被打得皮开肉绽、血肉模糊。众将士看这样打下去，黄盖一定会丢了性命，又上前替他求情，周瑜这才作罢。

黄盖被人搀回军营后，心中积怨难平，便写下投降书，派亲信送给曹操，说周瑜气量狭小、嫉贤妒能，在东吴实难容身云云，决心要投奔他。曹操也听探子回报了黄盖被打一事，便信以为真。其实，这一切都是周瑜和黄盖事先商量好的。

曹操聪明一世糊涂一时，中了他们的苦肉计。

人们根据这个故事编成歇后语"周瑜打黄盖——一个愿打，一个愿挨"，常常用来形容两厢情愿。

◎ 拓展阅读

伏天的烂鱼——臭货；肮脏货 / 扮秦桧的没卸装——谁没见过那二花脸 / 财神爷要饭——装穷 / 大江边的小雀——见过风浪 / 十五的月亮——圆圆满满

这则歇后语也是三国时候的故事。

孙权想要回荆州，就采用周瑜的计策把刘备骗到了自己的地界，他本想设计谋害刘备，谁知后来却被诸葛亮识破了周瑜的计策，反而弄假成真，孙权的妹妹孙尚香因此也与刘备结为连理，他们二人成婚之后感情很好，彼此非常的恩爱。孙权见此计不成，反而为刘备谋得了一件好婚事，心里很生气，只能依照周瑜的意见再施一计。他看刘备与新婚妻子情深意重，就借机为他们修缮住所，又造了很多的园林，广栽花木，希望通过安乐的生活使刘备丧失远大的志向，把他软禁在东吴。

诸葛亮见刘备娶亲之后到年底还没有归来，就猜出了一定是孙权的计谋，就吩咐赵云前往东吴，说有紧急军情，让刘备赶紧回营商讨军机大事。刘备听说荆州被困，情况危急，顿时心急如焚。于是他向妻子商量，希望能尽早赶回大营，抵御敌军。但是，刚刚新婚燕尔的孙尚香哪舍得与刘备分开，她就哭着拜别了母亲，想同丈夫一道回荆州去，刘备见孙尚香对自己如此深情，就答应了下来。

孙权得知消息，一听刘备要回荆州，马上知道肯定是诸葛亮明白了自己软困刘备的意图，所以才让赵云来找刘备，想帮刘备脱身。看到事情很紧急，他不得已之下，只好公开挑明，派出大军在江边阻截刘备夫妻。刘备走投无路，只好向夫人透露了"东吴招亲"的实情，说："你哥哥招亲，其实只不过是想把你作为诱饵，用美人计诱我上钩。我原本也是视军情而来，但是没想到见到你之后，心里就十分的喜爱，后来就弄假成真。再到后来，你哥哥见我二人情投意合，夫妻情重，又想趁机把我软困在东吴。你是女人家，很多事情并不能明白，我也不便如实相告。现如今你我既然已经是夫妻，更何况，你为了我，甘愿舍弃荣华富贵，随我同去荆州，我又怎么忍心再欺骗你呢？现在我要把这些事情都和你说明白了，只怕我们今天是难脱一劫，唉，我真是对不起你。"

听完刘备的话，孙尚香心中百感交集，一边感动刘备对自己真心相对，一边又痛恨孙权居然不顾兄妹之情，把自己作诱饵。现在眼看着追兵已经近在咫尺，孙尚香就站在军前，大骂奉命前来追赶的蒋钦等大将，那些追兵也不敢冒然擒拿两人。等孙权亲自赶到江边时，刘备夫妻早已上船离开了好久。

因此，后人便将这段故事编为歇后语"周瑜谋荆州——赔了夫人又折兵"，用来形容周瑜聪明反被聪明误，这也就叫"偷鸡不成，反蚀一把米"。

◎ **拓展阅读**

打草人拜石像——欺软怕硬 / 伏天的太阳——毒极了 / 庵庙里的尼姑——没福(夫) / 财神爷敲门——福从天降；天大的好事 / 包脚布上飞机——一步（布）登天

自从《西游记》问世以来，深受广大人民群众的喜爱，在民间流传广泛。特别是那个肥头大耳、憨直可笑的猪八戒形象，尤其让人津津乐道。

在民间传说中，关于猪八戒有这么一个故事。唐僧领着孙悟空、猪八戒、沙僧三人去西天取经时，路过万寿山。这山中有一座道观，名叫五庄观，观里长着一棵奇异的果树。这宝树三千年开一次花，一万年才结一次果，而一次又只结三十个果子。果子的模样，就像刚生下来不到三天的小孩儿，因此称为"人参果"。谁若有福分，得了这果子闻一闻，就能活三百六十岁；若能吃一个，就能活四万七千年。可见这"人参果"是多么珍贵。

这天，恰好五庄观的主人有事外出了，他知道唐僧师徒要来，临行前仔细嘱咐两个道童好好款待他们。唐僧来到五庄观后，两个小道童遵照师父临走前的嘱托，把人参园里种的人参果摘下两个给唐僧吃。可是，状如小孩儿的人参果吓坏了唐僧，他战战兢兢不敢吃。小道童给唐僧说的话被猪八戒听到了，嘴馋的猪八戒就怂恿孙悟空去偷人参。孙悟空是个急脾气，经八戒这么一怂恿，就去摘了三个人参果，分给猪八戒、沙僧和他自己吃。

可是，那猪八戒嘴馋、食量也大。再加上先前就听童子说人参果如何如何好吃，见了果子，一张嘴就吞了下去，还贪婪地看着沙僧和孙悟空吃的人参果问道："你两个吃的是什么？"沙僧道："人参果。"猪八戒又问："那人参果是什么滋味？"孙悟空一听，知道贪吃的八戒又在打人参果的主意了，就对沙僧说："悟净！不要理他。本来是他先吃了，倒来问我们！"八戒央求道："好哥哥，我吃得忙了些，不像你们细嚼细咽，尝出滋味来了。我也不知那人参果有核没核，就吞下去了。你好人做到底，再去帮我弄几个来，俺老猪也像你们那样慢慢地吃。"孙悟空听他这么说，就生气了，骂道："八戒，你这个贪吃的家伙！好不知足！这个东西，可不比平日里的那些饭菜，让你往饱里吃。人参果一万年才结三十个。我们能吃一个，就是天大的福分了，你还想再吃。"骂完就不再理他了，猪八戒只好作罢。

后来，人们就根据这个故事引出了歇后语"猪八戒吃人参果——不知其味"。

◎ 拓展阅读

扶不上树的鸭子——贱骨头 / 老鼠钻进书箱里——咬文嚼字 / 包脚布做鞭子——文（闻）不能文（闻），武（舞）不能武（舞） / 财神爷摸脑壳——好事临头 / 道士做醮场——鬼使神差

猪八戒生孩子——难住猴哥了

凡是看过《西游记》的人，想必都不会忘了那个滑稽可爱、常惹人发笑的猪八戒。这不，这天他又"出事"了。

一天唐僧师徒一行四人继续西行，路过子母河时，唐僧和猪八戒因为口渴，喝了子母河的水。水喝下去不久，唐僧和猪八戒马上感觉肚子很痛，起初还误以为是饮了什么有毒的水。然而，令他们感到奇怪的是，肚子痛了一会儿居然渐渐变大了，用手摸时，肚子里好像有血团肉块，不住地咕嘟咕嘟乱动。好不容易来到一个村庄，当地的一位老太婆对他们说："我们这里是西梁女国，国内尽是女人，没有男人。到了一定年龄的女子只有喝了子母河的水，才能怀胎生子。两位长老既然都喝了子母河的水，那一定是有了胎气，不久就要生孩子。"

唐僧一听她这么说，大惊失色，顿时慌了神，不知如何是好。猪八戒也在一旁急得乱哼哼："这可怎么办呢？我们都是男儿身，如果要生孩子，哪里开的产门？怎么生得出来呀？"看他这个样子，孙悟空忍不住取笑道："古人说，'瓜熟蒂落'。若到了时候，小八戒一定会从肋下开一个窟窿自己钻出来的。"说着还拍了拍猪八戒圆鼓鼓的肚皮。猪八戒听了，战战兢兢地说："这可如何是好？如此以来，非得痛死我了！"沙僧笑道："二哥，别乱动！当心错了养儿肠，弄出了胎前病。"猪八戒一听，更加慌了，眼里含着泪，扯住孙悟空说："好哥哥，你一定要救我呀！你快去寻几个年轻的接生婆来，这一阵疼得厉害，想必是快生了吧？"

孙悟空虽然取笑他，但实际上心里却很着急。可是尽管这孙悟空神通广大，可在这个时候也只能是干着急没办法。后来，根据老太婆的指点，孙悟空几经周折终于到解阳山找到一眼落胎泉，弄来一钵泉水让唐僧和八戒喝下去，这才解了胎气。

于是后来便有了歇后语"猪八戒生孩子——难住猴哥了"。

◎ 拓展阅读

半夜弹琴——暗中作乐 / 大梁柁做文明棍儿——大材小用 /
扶起篱笆就是墙——不牢靠 / 倒长的山藤——根子在上头 /
财神爷翻脸——不认账

猪八戒照镜子——里外都不是人

猪八戒在《西游记》中是一个富有喜剧色彩的角色，他身强力壮，却好吃懒做；喜进谗言，爱占小便宜，贪恋女色，但却性情憨直，本质不坏。

据《西游记》中介绍，猪八戒原来是"天蓬元帅"，总管天河水兵。有一次，他在王母娘娘的蟠桃盛会上，因贪桃甜酒美，多喝了几杯，不觉酩酊大醉，贪恋美色的毛病一下子就暴露出来。他乘着酒兴闯进广寒宫中，调戏嫦娥，这下可闯了大祸，被纠察灵官奏到玉皇大帝那里。玉帝听了之后勃然大怒，决定要依天规处决猪八戒。多亏太白金星出来求情，说他是醉后失礼，饶了他的死罪。然而，死罪可免，活罪却难逃。猪八戒在被重打了三千锤后，被贬出天门，下凡投胎。可没想到，他居然误投到母猪肚里，变成了猪的样子。后来，观音菩萨给他取名叫"八戒"，叫他跟随唐僧前往西天取经。

在民间流传的歇后语中，有许多是与猪八戒有关的。因为他长着大耳朵、大嘴巴，猪头人身，相貌丑陋，后人于是就编出了"猪八戒照镜子——里外都不是人"、"猪八戒搽粉——遮不住丑"等歇后语。

◎ 拓展阅读

财神爷打官司——有钱就有理 / 大路上栽葱——白费功夫；白费劲；枉费工 / 扶着醉汉过破桥——上晃下摇 / 半夜里捉迷藏——瞎摸；摸不着 / 打灯笼走亲戚——明去明来

明朝开国皇帝朱元璋在建立帝业之后，为了加强自身的专制统治，确保朱家江山万年永存，他集军政大权于一身，设立厂卫特务机关，对官员和百姓加以监督和控制。同时，他还建立"八股"取士制度，控制人们的思想。

但即便如此，疑心很重的他还是整日忧心忡忡、提心吊胆，生怕有人对他不忠，以致密谋造反，颠覆他的帝业。特别是对那些曾跟随他东征西讨、建立赫赫战功的开国元勋和功臣们更是放心不下。这样，奸贼有了可乘之机，于是向他大进谗言、陷害忠良。

朱元璋为了巩固自己的帝位，他苦思冥想终于设计出了一条阴谋毒计，决心将那些功臣们一网打尽，这样他才能安心。

于是他传谕工部不惜耗费巨资兴建了一座富丽堂皇的庆功楼，还亲自题字制匾。接着他还假惺惺地对那些开国元勋们说，虽然以前曾对他们有所封赏，但还没有为他们庆功表贺，因此心里很不安。如今皇业安定，政通人和，天下太平，决定再为他们庆贺一番。朱元璋开列了参加表贺的功臣名单，张榜贴出。还为每个功臣另外加了一些封号，以示皇上的恩宠。功臣们也都为自己能参加这么隆重的庆功会而深感荣幸，个个奔走相告。

但智星刘伯温却发现，检校和锦衣卫在庆功楼后偷偷堆放了许多干柴。以他多年来对朱元璋的了解，很快识破了朱元璋决心火烧庆功楼、大杀功臣的阴谋诡计。但他既不敢劝阻，也不敢声张。为了保全性命，他只好上了一道奏折，请求告老还乡。朱元璋本来是想斩尽杀绝，一个不留的，但念及刘伯温曾为自己的帝业出了不少妙计，犹豫几天后，还是放走了刘伯温。

刘伯温还乡时，许多大臣都赶来相送。这些人大多是和他有过患难之交的老朋友，但此刻他也只有强忍眼泪，不敢透出半点风声。但是当他看到戎马半生的老将徐达时，再也禁不住悲伤之泪。徐达发现事情蹊跷，他寻了一个无人注意的机会，悄声问刘伯温出了什么事。刘伯温吐了实情，反复嘱咐徐达在庆功表贺那天，一定要紧紧跟着皇上，寸步不离。徐达牢牢记在心上，但也不敢声张。

很快便到了庆功表贺那天，楼下鼓乐喧天，爆竹震天。楼上文武老臣春风满面，欢聚一堂。朱元璋分外亲热，问寒问暖，还频频向老臣们敬酒。老臣们个个喜笑颜开，谢主龙恩，开怀痛饮。酒过三巡，朱元璋望望窗外，检校和锦衣卫打出暗号，示意已经准备就绪。朱元璋借故走出了楼门。一直紧随朱元璋，半步不离的徐达，也连忙离席，紧追下楼。徐达低声地哀求道："万岁，您当真要一个不留吗？"朱元璋见徐达已经发现了秘密，威胁说："此事只有你知我知，如若不然，万不容你。"他饶了徐达，放了徐达一条生路。

他们刚走，庆功楼下便起了熊熊大火。顿时，火光冲天，浓烟弥漫。还在酒兴上的老臣们还没来得及弄清楚是怎么回事，转眼之间，尽都葬身火海，化为焦土！

后来，便有了"朱元璋火烧庆功楼——心狠手辣"这个歇后语。

○ 明太祖像　明太祖朱元璋是明朝的开国皇帝，也是继汉高祖刘邦以来第二位平民出身的君主。

◎ **拓展阅读**

服务员上茶——和盘托出 ／ 大麦芽做饴糖——好料子 ／ 半夜里抡大斧——瞎侃
（砍）一通 ／ 财神爷吹牛——有的是钱 ／ 大厅里放盆火——满堂红

图书在版编目（CIP）数据

中华歇后语故事 / 金敬梅主编 . -- 北京：世界图
书出版公司 , 2016.5（2021.4 重印）
ISBN 978-7-5192-0908-7

Ⅰ . ①中… Ⅱ . ①金… Ⅲ . ①汉语—歇后语—青少年
读物 Ⅳ . ① H136.3-49

中国版本图书馆 CIP 数据核字（2016）第 049088 号

书　　　名	中华歇后语故事	
（汉语拼音）	ZHONGHUA XIEHOUYU GUSHI	
编　　　者	金敬梅　吴　波	
总　策　划	吴　迪	
责 任 编 辑	滕伟喆	
装 帧 设 计	刘　陶	
出 版 发 行	世界图书出版公司长春有限公司	
地　　　址	吉林省长春市春城大街 789 号	
邮　　　编	130062	
电　　　话	0431-86805551（发行）　0431-86805562（编辑）	
网　　　址	http://www.wpcdb.com.cn	
邮　　　箱	DBSJ@163.com	
经　　　销	各地新华书店	
印　　　刷	唐山富达印务有限公司	
开　　　本	720 mm×1000 mm　1/16	
印　　　张	23	
字　　　数	288 千字	
印　　　数	1—5 000	
版　　　次	2019 年 6 月第 1 版　2021 年 4 月第 3 次印刷	
国 际 书 号	ISBN 978-7-5192-0908-7	
定　　　价	46.00 元	

阅读国学经典·品鉴古今智慧

领悟先贤哲思·创造人生辉煌